O Mahabharata

Filipe Moreau

TRÊS ESTUDOS SOBRE A ANTIGUIDADE

01

O Mahabharata

1ª edição: São Paulo, 2023
LARANJA ORIGINAL

Notas Explicativas

01. Este livro é uma adaptação (rearranjo e resumo) da obra *Mahabharata* de William Buck, na tradução de Carlos Afonso Malferrari (São Paulo: Cultrix, 1988), originalmente publicada em Berkeley e Los Angeles pela University of California Press, em 1973.

Foram também consultados os livros:

> RAO, Shanta Rameshwar. *The Mahabharata*. Ilustrações de Badri Narayan. Bombaim: Orient Longman Limited, 1988.
>
> DHARMA, Krishna. *Mahabharata: o maior épico espiritual de todos os tempos*, volumes 1 e 2. Tradução de Thiago Costa Braga – Bhagavan Dasa. Pindamonhangaba (SP), Coletivo Editorial, 2018. Título original: *Mahabharata: the greatest spiritual epic of all time*.
>
> ARNI, Samhita. *Mahabharata – parte 2: pelos olhos de uma criança*. Ilustrações da autora. Tradução de Maria Cristina Vidal Borba. São Paulo: Conrad Editora do Brasil, 2004.
>
> LANMAN, Charles R. *Sanskrit-English Vocabulary*. Cambridge: Harvard University Press, 1920.

02. Para nomes próprios e palavras vindas do sânscrito, utilizou-se da mesma grafia desenvolvida pelos ingleses, por duas razões:

> * Uso já consagrado mundialmente de grafias como "Krishna", "Ganesha" e "Karma".
>
> * Não existir em português uma representação gráfica para a aspiração, como existe em inglês nas palavras escritas com h: "hand", "behind", "hold", "happiness". Assim, não haveria como representar de outra forma nomes como "Bhima", "Hastinapura", "Brahma" etc.

03. Na literatura antiga, a narrativa era toda construída por meio de diálogos, havendo os casos de histórias paralelas contadas por personagens. Aqui elas são poucas e aparecem em destaque (letra menor, com recuo), indicando desvio do fio central. Entre outras características desta adaptação, foram abolidos os diálogos.

SUMÁRIO

01. Histórias sobre o começo — 11
02. Regiões e ascendências — 17
03. Genealogia dos Kurus — 27
04. Instrução dos príncipes guerreiros — 31
05. Demonstração de perícia nas armas — 37
06. Em Panchala, nascem duas princesas e um príncipe — 41
07. Armadilha para os Pandavas: a cabana incendiada — 45
08. Hospedagem em Ekachakra — 49
09. Draupadi e Krishna — 53
10. Identidade revelada — 57
11. Arjuna sai à procura de Krishna — 59
12. Agni — 63
13. Maya constrói o palácio — 67
14. Lances de dados — 73
15. Partida dos Pandavas — 79
16. Andanças de Arjuna — 83
17. História de Nala e Damayanti — 89
18. Novas histórias contadas na floresta — 103
19. História de Rishyasringa — 107
20. Árvore de Narayana — 113
21. A flor de lótus – Bhima encontra Hanuman e o Senhor dos Tesouros — 115
22. Volta de Arjuna — 121
23. Kauravas em atrito com os Gandharvas — 123

24.	Inconformismo de Duryodhana	127
25.	Rapto de Draupadi	129
26.	Milagre de Krishna	131
27.	História de Savitri e Satyavan	135
28.	O Dharma em um lago	139
29.	Refúgio no Reino de Matsya	143
30.	Intervenção de Indra	149
31.	Draupadi sofre assédio	151
32.	Cerco de Duryodhana	157
33.	Volta à identidade guerreira	163
34.	Casamento de Arjuna	167
35.	Visita de Sanjaya aos Pandavas e reunião com os Kauravas	173
36.	O fim para Duhsasana	177
37.	Preparativos da guerra – notícias de Vyasa	183
38.	Premonição de Bhishma	187
39.	O Bhagavad Gita	189
40.	Início da guerra – 1º dia	193
41.	2º dia	197
42.	3º dia	201
43.	Vingança envolvendo Drupada, Drona, Dhrishtadyumna e Aswatthaman	205
44.	Karna e Arjuna	209
45.	4º dia – a grande luta	213
46.	5º dia	221
47.	Cerco a Duryodhana	225
48.	6º dia – Duryodhana luta com Bhima	229

49.	Últimos dias de Duryodhana – agonia e desconsolo	235
50.	Chacina promovida por Aswatthaman	239
51.	Sanjaya e Dhritarashtra	243
52.	Bhima persegue Aswatthaman	245
53.	Arjuna e Aswatthaman	247
54.	Dhritarashtra visita o campo de batalha	251
55.	Funerais	255
56.	Despedida de Bhishma	259
57.	Tristeza de Yudhishthira	263
58.	Sonho com o fim	267
59.	Yudhishthira torna-se rei	273
60.	Parikshita	277
61.	O grande festival	279
62.	Retiro de Dhritarashtra	283
63.	Visita dos Pandavas à floresta	287
64.	Paradeiro de Krishna	291
65.	Chegada a Dwaravati – festival e tsunami	295
66.	Exílio dos Pandavas	299
67.	Ascensões de Parikshita e Janamejaya	301
68.	Vyasa e Ganesha produzem o Mahabharata	303
I.	Algumas explicações, comentários e interpretações pessoais	309
II.	Relação de nomes próprios para consulta	325

01. Histórias sobre o começo

BRAHMA

Brahma, Senhor indestrutível no mais alto dos Céus, foi quem criou o Universo. Quando ele dorme, percebe algo perdido sendo mencionado em seu sonho de Vida. Então ele se lembra e tudo volta a surgir entre nós, como há muito tempo.

VISHNU

Sesha, Asuras e Devas

Quando o mar era de leite, Krishna disse aos deuses para revolvê-lo e extrair dele o *amrita*, néctar da imortalidade, assim como as preciosidades e todos os tipos de ilusão e revelação. No meio dele foi colocada Mandara, a montanha de neve. Sobre o oceano boiava a grande serpente Sesha, presa na cauda pelos Asuras – deuses sinistros da época – e no pescoço pelos Devas – os deuses mortais dos Céus. Quando puxavam ao mesmo tempo, a montanha estremecia fazendo cair árvores e pedras sobre o mar espumante.

Vieram a Lua, erguendo-se suave do mar de leite, Lakshmi, a esposa de Vishnu (é quem traz prosperidade aos homens) e a joia lisa que enfeita o peito de Krishna (ou Narayana).

Vieram depois Airavata (o elefante branco de Indra), Surabhi (a vaca branca capaz de realizar qualquer desejo), Parijata (árvore cheirosa dos desejos), a Apsara Rambha (primeira ninfa) e, finalmente, Dhanwantari (o brâmane curador, também vestido de branco) com um cálice de *amrita*, a essência da vida.

Nara e Narayana

Krishna, o Senhor Narayana, encontrou Arjuna – então Nara, o primeiro homem (ou espírito do homem) – quando caminhava às margens do mar de leite. Deu-lhe boas-vindas e andaram juntos.

Nas proximidades do Himalaia, estiveram à sombra de uma grande árvore – a árvore de Narayana, que tem suas raízes em uma montanha de prata e os galhos e folhas na noite e no dia.

Urvasi e Indra

Nara e Narayana deixaram os homens para irem juntos ao Himalaia. Algumas Apsaras celestes se aproximaram para perturbá-los e eram belas demais para serem ignoradas. Ao vê-las, Narayana apenas sorriu e, sentando-se na terra, pôs uma flor caída em sua coxa nua. Dessa flor surgiu Urvasi, tão bela que as outras pareciam vulgares e se envergonhavam.

Narayana enviou-a a Indra, Senhor das Chuvas e rei dos deuses, que deu a ela um lar nos Céus.

SHIVA

De repente um veneno evaporou dos mares e o leite se tornou água salgada. Shiva, Senhor das Montanhas e das Canções, tratou de engolir o veneno para salvar os mundos. Com o veneno preso à garganta, o seu pescoço passou a se colorir de azul, com reflexos brilhantes como asa de borboleta.

HISTÓRIA DE RAHU – PEQUENO DEMÔNIO OU REI DOS METEOROS (CONTADA POR VIRATA)

Quando Rahu roubou um gole de *amrita*, o Sol e a Lua alertaram Narayana, que usou o disco para decepar sua cabeça antes que pudesse engolir o néctar. Mas sendo uma cabeça imortal, até hoje provoca tormentos quando lhe surge uma oportunidade.

EXPLICAÇÃO SOBRE A MORTE (CONTADA POR DURYODHANA)

No começo do Tempo, os homens viviam em uma atmosfera clara e se moviam livremente, sem qualquer esforço. A Terra era de mel, doce e deleitosa, e os homens vinham do céu para saboreá-la.

Mas eles excederam a simples prova, mesmo não precisando de alimento para sobreviver. E pelo tanto que comiam, estavam pesados demais para voar. Foram perdendo as asas, e a Terra se tornou seca e dura, soltando suas sementes. Então as chuvas começaram a cair.

Quando os homens já não podiam voar, surgiram as mulheres – elas eram antes também chamadas de homens –, e as que voaram uma vez não se modificaram mais. Mas passaram a desejar os homens e depois a conceber seus filhos, como é até hoje.

Como todos eram imortais, a Terra não suportava mais peso, e Brahma, percebendo as lamentações, decidiu destruir todas as suas criaturas. Mas ele não conseguiu, e mais e mais pessoas passaram a viver na Terra. Tomado de ira, ele encheu os céus e a Terra de fogo, até que Shiva, caindo aos seus pés, implorou para que ele não destruísse sua criação.

Brahma disse não haver em si bondade nem clemência, mas Shiva contestou-o, dizendo que o fogo estava aniquilando tudo que lhe pertencia. Brahma disse que a Terra chegara a ele cheia de dor, e, não podendo ajudá-la, encheu-se de ira. Sabia por que ela chorava, mas não tinha como atender a seu pedido, e então ela se afastara, triste e abatida.

Shiva disse que assim ele a transformaria em cinzas, e Brahma, mesmo em dúvida, aceitou recolher a ira e guardar o fogo dentro de si. Mas quando o fez, surgiu dos portais de seus seis sentidos uma mulher morena de olhos vermelhos, com brincos e braceletes brilhantes, sorrindo para ele e para Shiva. Ela prosseguiu em seu caminho na direção sul, mas Brahma gritou à Morte para que destruísse todas as criaturas, incluindo os tolos e os sacerdotes. A Morte se negou, correu para longe e, escondendo-se em um canto, pôs-se a chorar.

Brahma encontrou-a e disse que ninguém iria maldizê-la, pois estaria obedecendo-o. E disse que só os seres vivos morreriam. Ela se negou, dizendo que aquilo era cruel e pediu que ele fosse embora. Brahma a deixou e não falou com mais ninguém. Apenas sorria, sem ira, para os mundos. E a Morte vagou pela Terra sem tirar nenhuma vida durante 100.277.000.008.000 anos até que Brahma voltou a procurá-la. Perguntou o que andava fazendo, e ela disse não gostar de ser chamada de Morte, pois jamais mataria por ele.

Olhou para aquela moça atraente e disse que faria todos iguais, que ela não precisaria arrebatá-los, nem homens, nem deuses ou demônios. Criaria a *cobiça*, a *avareza*, a *raiva*, a *malícia*, a *vergonha*, a *inveja* e a *paixão* e os faria ter essas características. E com as lágrimas dela, criaria a *doença* e a *guerra* – só essas duas ele faria desse modo. E assim ela não precisaria fazer nada, porque eles cedo ou tarde iriam a ela: bastaria saudá-los quando fosse chegada a hora de cada um. Não precisaria dizer nada e eles próprios se matariam. E só os tolos se lamentariam e chorariam *pelo que ninguém poderia evitar*.

Então Shiva começou a dançar, pois embora já estivesse com o pé levantado, ainda não pudera baixá-lo.

HISTÓRIA DE GANESHA (CONTADA POR ELE MESMO)

Ganesha nasceu adulto, na lágrima de pérola do corpo de Devi, sua mãe. Estavam a sós, e ela precisou tomar banho, então pediu que ele guardasse a porta e não deixasse ninguém entrar. Ganesha nunca tinha visto Shiva, seu pai, e quando ele voltou para casa, confundiu-o com um mendicante e não quis que entrasse. O deus disse que podia estar seminu, mas era o dono do mundo, mesmo que este não lhe interessasse.

Ganesha respondeu que ele podia ser mesmo o dono do mundo, mas não na casa de montanha de Parvati, onde ele era o filho de Shiva e guardava aquela porta com a própria vida. Shiva disse que o reconheceria se fosse seu filho, e os insultos continuaram até que Shiva cortou a cabeça de Ganesha com um golpe e jogou-a longe, além do Himalaia. Devi veio correndo e chorou, brigou, deitou sobre o corpo e se queixou do marido que sempre saía sem rumo e a deixava com todos os trabalhos da casa.

Shiva, Senhor de Todos os Mundos, tranquilizou-a e olhou à volta. A primeira cabeça que encontrou foi a de um elefante, então a colocou em Ganesha, que voltou à vida.

ORIGEM DE KURUKSHETRA (CONTADA POR BALARAMA)

Também muito tempo atrás, Kuru arou os campos do reino sem desviar para lá qualquer curso d'água ou semear semente. Indra se mostrou curioso e perguntou ao rei o que fazia em meio àquela poeira, quando bem podia passar os dias nos jardins refrescantes de seu palácio na Cidade-Elefante de Hastinapura.

Kuru respondeu que lá ele não estaria tão bem, e quando Indra disse que aquele campo era um deserto de pó, Kuru respondeu que ainda seria um *campo de batalha* que abriria *caminho para o Céu*. Indra insistiu ser apenas um descampado agreste e que não valeria a pena Kuru gastar o seu tempo precioso com ele. Mas o rei continuou a arar, até que o deus voltou dizendo que a guerra era um pecado e o assassinato um mal, perguntando onde estaria o campo para matadores de reis. Kuru disse que ele faria parar todos os sacrifícios e apagarem-se os fogos: chefiaria os Kurus para a floresta, onde não havia livros.

Naquela mesma noite, o Senhor dos deuses entrou pela janela de Kuru, no terceiro andar, levando no tornozelo pequenos sinos claros silenciosos e, na cabeça, uma coroa de luz cheirosa. Disse que o rei estava com sono e que ele mesmo resolveria aquilo. Kuru fez sinal para Indra sentar-se ao lado, mas ele recusou, dizendo que viera apenas entoar-lhe um canto. E assim o fez, para depois curvar-se e desaparecer.

ATRAVÉS DOS TEMPOS

Hoje, milhares de rios desembocam no mar e competem por seu amor. Sobre cada um governa o rei-serpente de seu palácio no fundo do oceano. E lá nas profundezas, bem longe das margens, ressoa o fogo submarino avermelhado, que ferve a água e cria as nuvens de chuva.

As *fases da Lua* provocam nos mares as marés, seguindo o ritmo lento do Tempo. E assim bem longe das terras dança o oceano, *como ondas de mão erguidas*, amplo como o espaço, *vasto como o Tempo*.

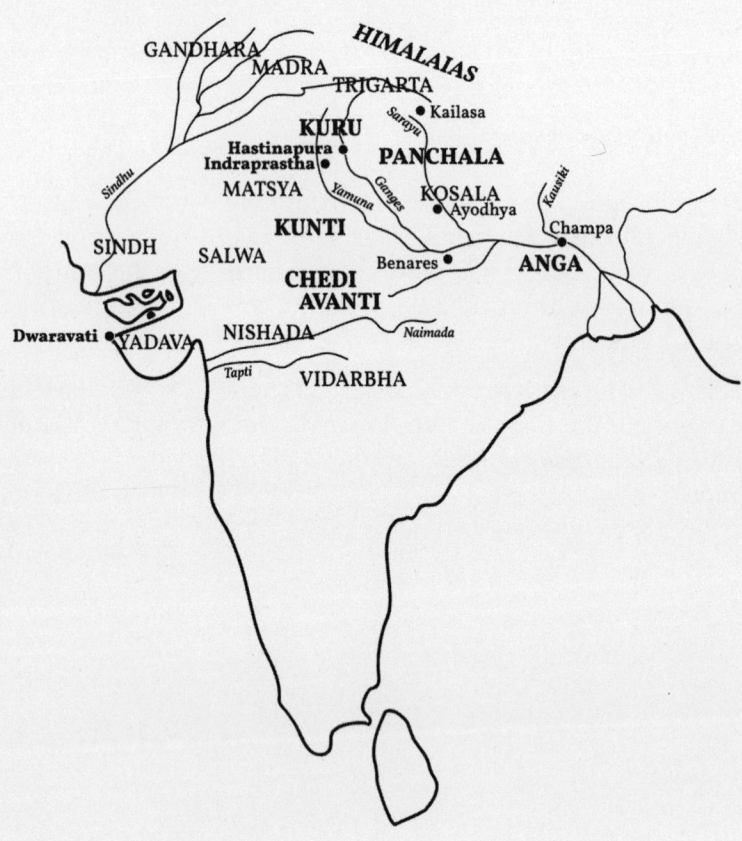

Ocupação Bharata por volta de 1.400 a.C.

02. REGIÕES E ASCENDÊNCIAS

REINO DE CHEDI

Uparichara

Era primavera, e na terra dos Chedis o rei Uparichara saiu para caçar. As árvores estavam floridas, e as abelhas se jogavam sobre seus brotos, enquanto os pássaros cantavam para chamar uns aos outros, e uma leve brisa cheirosa permeava a floresta. Depois de algum tempo, o rei precisou descansar e acabou adormecendo. Ele sonhou com a rainha e, ao perceber que ejaculara sobre uma folha, intimou um gavião a levá-la até a esposa. Mas quando a ave voava, foi atacada por outra que estava em busca de alimento. A folha caiu sobre o rio Yamuna e, quando mal tocou a água, foi engolida por uma mãe-peixe.

Satyavati

A mãe-peixe nadou rio acima até o reino dos Kurus e meses depois foi apanhada em uma rede. O pescador abriu suas entranhas e encontrou uma menininha bebê viva, que foi chamada de Satyavati. O pescador passou a educá-la, e ela cresceu, ficou linda, mas tinha cheiro de peixe. Os dois passavam o dia em um barquinho no rio Yamuna, e ela o ajudava com a rede.

Um dia vagou por lá um poeta brâmane de nome Parashara, que pediu o amor da menina. Satyavati ficou vermelha e disse que o dia estava claro, com inúmeras pessoas passando por aquele rio. Mas Parashara não desistiu e pediu que ela saísse do barco para estar a seu lado, e quando ela assim o fez, recitou um mantra mágico e uma neblina espessa encobriu o rio e as terras à volta. Em meio à gritaria dos barqueiros para evitar batidas, eles seguiram até uma pequena ilha, e lá ela se entregou alegremente ao amante.

Vyasa

Ele, em agradecimento, resolveu tirar o cheiro de peixe dela, e com o encanto ela se tornou tão cheirosa quanto as flores. Ainda naquela ilha, Satyavati deu à luz o poeta Vyasa.

Passado algum tempo, Satyavati voltou ao pai, e Parashara levou o menino para a floresta. Vyasa continuou morando com o pai na natureza, e alguns anos depois, aproveitando seu tempo livre, organizou o *Veda*, o livro sagrado.

REINO DOS KURUS

Pratipa

Hastinapura, a Cidade-Elefante, ficava à margem do rio Kurujangala, entre o Ganges – vindo das montanhas – e seu afluente Yamuna, ao norte da região dos Chedis.

O rei Pratipa, dos Kurus, era velho e não tinha filhos. Um dia ele e a rainha deixaram a capital e foram morar na floresta perto do Ganges, desejando muito ter um filho.

Nos Céus, o falecido rei Mahabrisha estava cansado de ouvir Brahma e, ao perceber a passagem de Ganga, a linda Deusa dos Rios – clara como os raios da Lua –, era como se ela andasse sobre as águas prateadas trajando mantos de seda: *ocultava* pouco *e insinuava* muito.

Quando ela sentiu o olhar dele, os olhos dos dois se encontraram e ele suou – o que só acontece a quem está pronto para renascer –, sorriu para a deusa e desapareceu do Céu acompanhado pelos olhos dela, entrando no útero da rainha Pratipa.

Santanu

Quando nasceu Santanu, a rainha levou-o para a cidade, mas o rei Pratipa ficou na floresta em agradecimento à graça que recebera. E numa noite viu surgir das águas uma mulher especialmente linda, que se aproximou e sentou em seu colo como se fosse filha. Declarou-se apaixonada por Santanu antes mesmo dele nascer, e assim conseguiu a promessa do rei de que os dois se casariam.

Então mergulhou novamente e nadou rio acima para voltar ao domínio dos deuses, passando pelo portal de onde o Ganges cai do Céu. Antes de morrer, Pratipa avisou Santanu que ele deveria se casar com uma linda moça que ele conhecera perto do Ganges.

HISTÓRIA DOS DEUSES VASUS GESTADOS POR GANGA

Já no Céu, deitada em uma pedra para secar os longos cabelos negros, Ganga foi procurada pelos oito deuses Vasu, servos de Indra, entre eles Prabhasa, o espírito do amanhecer. Eles queriam que ela fosse a mãe deles, pois Vasishtha, filho de Brahma, os havia *condenado* a nascer na Terra. E combinou-se que todos renasceriam pela esposa do rei Kuru.

Já como rei, Santanu cavalgava às margens do grande rio quando viu uma moça de beleza resplandecente, em trajes transparentes de seda azul-clara, enfeitada de ouro e usando um cinturão de pérolas. Eles se olharam e, *nos olhos um do outro, cada um desejou olhar-se eternamente.*

Ele a pediu em casamento, e ela aceitou na condição de que, se transformada em mulher, não poderia saber seu nome, jamais poderia falar com ela rispidamente nem interferir nas coisas que ela fizesse.

Casaram-se na cidade.

HISTÓRIA DOS DEUSES VASUS (CONTINUAÇÃO)

A cada ano Ganga paria um filho para Santanu, e os sete primeiros ela afogou no Ganges dizendo que era para o bem dele e libertando todos os Vasus, exceto Prabhasa.

Como prometido, até o sétimo, Santanu não interferiu, mas no oitavo ele insistiu para que ela não o matasse.

Bhishma

Ela então lhe deu o bebê como presente, deixando de libertá-lo da vida. Entrou no Ganges, rio que vai do Céu ao oceano, revelando ser Ganga. Santanu abraçou o filho e voltou-se quieto.

Ganga e Santanu

O filho de Santanu chamou-se Bhishma. A grande alegria de Santanu era vê-lo crescer e tornar-se um homem forte e inteligente.

Vichitravirya

Enquanto governou, Santanu foi um bom rei e manteve a paz entre os Kurus. Tinha o dom de rejuvenescer os homens com as mãos.

Um dia, perto do rio Yamuna, mesmo não sendo primavera, o rei sentiu cheiro de flores, e era Satyavati. Tomou-a na carruagem e levou-a para Hastinapura como rainha.

Bhishma, feliz com a felicidade do pai, propôs que *o filho que ele tivesse com Satyavati herdasse o trono, enquanto ele, Bhishma, o protegeria, e aos descendentes*. O filho de Ganga dizia não querer ser rei ou casar, mas tornar a raça dos Bharata a mais poderosa de todas as terras. E recebeu do pai a seguinte dádiva: *não morrer enquanto desejasse viver*.

E então nasceu Vichitravirya, filho de Santanu e Satyavati. Ainda jovem ele foi reconhecido como rei, enquanto Santanu retirava-se para a floresta. E lá, no mesmo eremitério onde nasceu à beira do Ganges, Santanu viveu só, até a morte.

Kripa e Kripi

Nos tempos de Santanu, também havia Kripa, nome que quer dizer "compaixão".

Um soldado Kuru encontrou um casal de gêmeos abandonados na floresta e os levou a Santanu. Explicou que estavam deitados sobre uma pele de veado com um arco teso e uma flecha. O menino segurava a flecha e não quis mais soltá-la. Eram filhos de um brâmane perito em armas.

O menino foi chamado Kripa, e sua irmã, Kripi, e tornaram-se depois criados do palácio.

REINO DE PANCHALA

Drona

Ao norte, no reino de Panchala, próximo ao Portal do Ganges, morava Bharadwaja, o recluso. Um dia ele viu uma Apsara banhando-se e mostrando, orgulhosa, sua beleza. Em pouco tempo a semente vital do brâmane se libertou e esparramou-se em uma taça, e desse líquido nasceu seu filho Drona.

Drupada

O menino foi criado pelo pai em seu retiro e fez amizade com Drupada, o príncipe Panchala, que havia sido enviado a Bharadwaja para aprender seus ensinamentos.

Mas Drupada perdeu o pai e virou rei em Panchala, não voltando mais à floresta.

Aswatthaman

Bharadwaja também morreu, e Drona seguiu sozinho, praticando todas as armas do Céu e da Terra. Ao dominá-las, foi a Hastinapura e pediu a Kripa sua irmã em casamento. Felizes, Drona e Kripi foram a Panchala para viver na pobreza em um pequeno vilarejo onde nasceu Aswatthaman, o menino que trazia uma joia azul no meio da testa.

Um dia Aswatthaman chegou à casa chorando, porque todos do vilarejo bebiam leite, menos ele. Drona explicou que eram pobres e não tinham vaca, e assim o filho se sentiu confortado. Mas Drona viu o filho ser caçoado por outros meninos ao beber uma água branca com pó de arroz para parecer leite. Ficou imóvel com o filho no peito chorando, até que Kripi reconfortou-os com palavras sábias, falando das riquezas espirituais.

Drona foi à capital de Panchala, Kampilya, e se ofereceu ao rei Drupada, lembrando serem amigos na infância, no eremitério de seu pai. Mas foi dispensado pelo rei.

REINO DE BANARAS

Amba, Ambika e Ambalika

As filhas do rei de Banaras fariam a *swayamvara* (torneio em que as jovens escolhiam seus maridos), e Bhishma queria que o irmão Vichitravirya se casasse. Mas ele era jovem, então o próprio Bhishma foi até lá sem armaduras, incógnito, cobrindo os quatro cavalos de terra e pó e conversando calmamente com eles.

Com a carruagem leve, ele transpôs o exército por trás, onde não havia guarda, debandou os homens e de relance parou, tomando *as três donzelas* – Amba, Ambika e Ambalika – sem ninguém perceber. Dirigiu-se aos demais pretendentes e autorizou-os a voltarem para suas casas, dizendo que os Kurus não competiam com os de suas espécies e lembrando que *as esposas mais queridas eram aquelas tomadas à força*.

Os pretendentes e o exército de Banaras tentaram alcançar Bhishma e lançaram chuvas de dardos e flechas, mas ele desapareceu numa nuvem de poeira.

Em Hastinapura, Bhishma deixou as três cativas sob o cuidado de Satyavati até que se casassem. Satyavati era bondosa, e as princesas puderam se abrir com ela. Ambika e Ambalika se dispunham a casar com Vichitravirya, mas a mais velha, Amba, já escolhera o príncipe de Salwa, reino que ficava a oeste. E decidiu-se por enviá-la.

HISTÓRIA DE AMBA (REINO DE SALWA)

E assim Amba partiu ao encontro de Salwa, a quem estava prometida. Mas lá, embora nunca houvesse desejado outro marido, ela foi recusada, pois o príncipe temia ser retaliado por Bhishma. Ela então tentou voltar para casa e seguiu sozinha, em prantos, pela floresta. Cansada e com fome, ela foi acolhida pelo eremita Akritavrana, para quem declarou odiar Bhishma e disse que se pudesse destruiria os três mundos. O eremita aconselhou-a a destruir sua própria ira, dizendo que se mandasse uma mensagem a Salwa, ele o atenderia.

Amba saiu de lá levando mantimentos e no outro dia parou em uma campina. À beira de um rio cortou e entalhou uma vara bem reta. Encontrou penas sob uma árvore e com uma pedra lascou outra para servir de ponta, usando tiras finas de capim para amarrar a haste. Sentada na grama, deu o último nó e aparou as extremidades com os dentes.

Shiva, branco, alto, vestindo pele escura de veado, com uma cobra verde no peito, uma lua crescente nos caracóis dos cabelos, os seus quatro braços e o pescoço azul, apareceu para observá-la. Com a floresta em silêncio, Amba levantou os olhos e sorriu. Shiva continuou sério, oferecendo-lhe uma seda estampada. Disse-lhe que, se quisesse mesmo se vingar, era para amarrá-la na flecha e lançá-la em direção ao sol. E que ao ver a seta novamente, ela se lembraria.

A flecha voou, e Amba caiu morta na grama aos pés de Shiva, o Destruidor. Em seu momento fatal, ela ouviu apenas o vento de sua própria queda, e o badalo de cem mil sininhos a que ninguém sobrevive.

REINO DE KUNTI

Kunti

No reino de Kunti, ao sul de Kurujangala, moravam a princesa e o rei, que recebia a todos que pedissem alimento e abrigo. Assim recebeu o eremita Durvasas, que chegara em trapos e em agradecimento pelos cuidados lhe ofereceu uma bondade: o encantamento mágico de um mantra pelo qual a filha poderia invocar qualquer deus do Céu para amá-la e dar-lhe um filho.

Kunti não sabia se era verdade, mas passou e repassou as palavras mágicas. Quis envolver-se com o Sol – o deus Surya dos mil raios – que de dia o mundo todo podia ver, mas de noite seria só dela. Seria ele tão belo como a estátua de seu templo? De noite ela recitou o mantra, e o Sol veio, trazendo luz, cheiro de metal derretido e uma brisa quente e seca como a do deserto.

Ela desmaiou, e o Senhor da Luz a levou de volta ao leito, sorrindo parado sobre ela. Sua simples presença iluminava todo o quarto sem deixar sombra. E levava uma coroa alta de ouro que mudava de forma conforme a respiração.

De seu ombro esquerdo descia uma faixa de joias e brilhantes sobre o peito nu. Usava cinturão, colar, braceletes de bronze, brincos de ouro, e em todas a peças se penduravam laços e ramalhetes de pedras luminosas, e todas essas luzes enfeitavam o quarto com milhares de arcos coloridos. Ao tirar a coroa, os cabelos encaracolados de Surya cobriram o seu rosto parecendo uma armadura fosca de bronze

Depois ele a acordou e conversaram. Ela disse não ter marido, mas ele contou que ela iria se casar e ter filhos de deuses. Ela se preocupou com seu pai, mas ninguém mais podia ver aquelas luzes. E quando Surya ia se retirar, ela suspirou pedindo que ficasse mais, pois afinal viera de tão longe.

Karna (REINO DE ANGA)

O filho do Sol nasceu na noite seguinte, trazendo brincos e uma armadura larga, toda de ouro. Kunti jogou o menino no rio Yamuna em um cesto impermeabilizado com cera. Chorando baixinho, ela desejou que todos os seus caminhos fossem felizes.

Do Yamuna o cesto chegou ao Ganges, e Ganga o pôs na margem aos pés do condutor de carruagens Adhiratha, que havia ido banhar-se com a esposa de madrugada. Eles moravam em Anga, não tinham filhos, e deram ao neném o nome de Karna. Por causa de sua armadura, Adhiratha prometeu transformá-lo no maior manejador de armas já visto.

03. Genealogia dos Kurus

Dhritarashtra, Pandu e Vidura

Em Hastinapura, depois da saída de Amba, as irmãs mais novas se casaram, mas logo Vichitravirya morreu de tuberculose, gerando sofrimento em sua mãe, Satyavati.

Bhishma sugeriu a ela que trouxesse da floresta o seu primeiro filho, *Vyasa*, para que desse descendentes às princesas. Ele passou um mês com cada uma, dando-lhes os filhos, e mais um mês com uma criada de sua mãe. Bhishma cuidou dessas crianças como se fossem suas: Dhritarashtra, cego, porém inigualavelmente forte, Pandu e Vidura. Como Dhritarashtra era cego, Bhishma escolheu Pandu para ser rei.

Kunti e Madri

Quando ficou adulto, Pandu pensava em uma rainha, e também Kunti chegou à idade de escolher marido. Pandu esteve em sua *swayamvara* e foi o escolhido por ela para se casar.

Os dois foram morar em Hastinapura, mas logo Bhishma trouxe para o sobrinho uma segunda esposa, Madri, irmã do rei Salya, de Madra, que lhe fora enviada em agradecimento pelo ouro que haviam recebido.

Por muitos meses, Pandu viveu feliz com suas duas esposas em Hastinapura, e um dia desejou fazer com elas um retiro na floresta. Os criados lhes construíram uma casa, e Dhritarashtra passou a lhes enviar alimentos.

MALDIÇÃO DO VEADO

Um dia Pandu caçava sozinho e feriu dois veados que estavam em cópula. A gazela morreu, e o veado, mortalmente ferido, acusou o rei de maldade e o amaldiçoou por matar aqueles que se amavam felizes. Assim, Pandu morreria quando voltasse a amar.

Pandu explicou às esposas sobre a maldição e pediu que voltassem à cidade, pois passaria a viver só. As duas preferiram ficar e enviaram os servos de volta a Dhritarashtra levando todas as joias. E permaneceram em um vale oculto do Himalaia, sob uma montanha de neve.

Gandhari

Dhritarashtra chorou quando soube do ocorrido e não quis mais comer nem dormir. Mas Bhishma disse que ele passaria a governar Kurujangala e viria uma filha do rei de Gandhara para ser sua esposa. E que mesmo cego, ele enxergaria pela sabedoria.

Gandhari veio trazida pelo irmão Sakuni, já amando o marido e cobrindo os olhos para também não ver. Os dois se amaram, e ela engravidou. Mas passado um ano, a criança não nascia, e então chamaram Vyasa. Ele viu que havia uma centena de filhos na barriga de Gandhari e que a gestação levaria dois anos.

Duryodhana, Yuyutsu, Duhsasana, Duhsala e *outros 98*

Vyasa voltou à época do parto e conversou com Bhishma. Colocaram cem jarros de bronze com manteiga líquida no jardim do palácio, e do útero de Gandhari saiu uma bola de carne densa, que Vyasa lavou com água fresca e dividiu em pedaços.

Bhishma os colocava nos jarros e tampava. Sobrou um pedaço e ele trouxe outro jarro. Vyasa disse que eram cem filhos e uma filha, que ficariam mais dois anos nos jarros e então nasceriam. Bhishma cuidaria dos vasos e ninguém mais poderia vê-los.

Dois anos depois os vasos foram abertos, um a cada dia. O primeiro a nascer foi Duryodhana. No mesmo dia, uma criada deu à luz Yuyutsu, também filho de Dhritarashtra. No segundo dia nasceu Duhsasana e assim sucessivamente os outros 98. E por fim Duhsala, a única menina.

Yudhishthira, Bhima, Arjuna, Nakula e Sahadeva

Pandu estava triste por não ter filhos, mas Kunti contou-lhe sobre o mantra. Ele pediu que chamasse Dharma, o rei da Justiça, e ele desceu em sua biga à Montanha dos Cem Picos, dando a Kunti o filho Yudhishthira, que conheceria a verdade.

Em seguida, Pandu lhe pediu que chamasse Vayu, deus do Vento, que veio em um veado rubro e lhe gerou Bhima.

Pediu então que chamasse Indra, e veio Arjuna.

Madri também queria ter filhos e pediu a Kunti que lhe ensinasse o mantra. Madri escolheu os Aswins, cavaleiros gêmeos jovens e muito velhos, senhores da luz e das trevas, curadores dos deuses. No amanhecer do dia seguinte em que nasceu Arjuna, eles deitaram juntos sobre Madri, e ela deu a Pandu dois gêmeos, Nakula e Sahadeva.

MORTES DE PANDU E MADRI

Pandu viu os filhos crescerem e ficarem mais belos a cada dia: Yudhishthira e Bhima tinham a pele clara, Arjuna era moreno, e os gêmeos, formosos e alegres. O pai se orgulhava de todos e, com o tempo, foi se esquecendo da maldição.

Voltando a ter vigor nos braços, a sentir-se jovem e despreocupado, deixou-se alvejar por Kama – o deus do Amor, detentor do arco mais poderoso de todos, mesmo sendo ele feito de cana-de-açúcar com uma fileira de abelhas na corda, e das cinco flechas terem pontas de flor.

Assim, na primavera, ao ver Madri banhando-se sozinha, seguiu-a furtivamente pela floresta e a possuiu, embora ela resistisse. Ao penetrá-la, cheio de amor, imediatamente expirou sobre ela com um grito. Madri o abraçou e chorou muito, lamentando não ter satisfeito os seus desejos. E tendo o coração partido, acabou morrendo também, para juntos consumarem o ato de amor no Céu.

Dois Najas que passavam por ali viram os corpos e disfarçaram-se de montanheses com peles de tigres. Contaram a Kunti sobre o ocorrido e disseram que a levariam para Hastinapura com os filhos. Kunti chorou e sentiu que Madri foi mais feliz, por ter voltado a ver o rosto vivo do marido.

Nos portões da Cidade-Elefante, Bhishma e Dhritarashtra se curvaram para recebê-los, e o séquito de Najas entregou a Vidura as cinzas do irmão e de Madri.

04. Instrução dos Príncipes Guerreiros

OS PANDAVAS CONHECEM DRONA – EPISÓDIO DO POÇO

Os príncipes Pandavas e Kauravas tornaram-se moços, e era Kripa quem lhes ensinava o manejo do arco. Na casa dele também moravam a irmã Kripi, Drona e o filho, já há algum tempo, sem que ninguém soubesse.

Um dia os cinco Pandavas brincavam com uma bola fora dos muros da cidade, e ela caiu em um poço seco e profundo. Não dava para tirá-la, e viram se aproximar um brâmane magro e de pele escura. Era Drona. Ele riu, tirou do dedo um anel de ouro e jogou-o no poço. Disse que, se lhe dessem um jantar à noite, traria de volta o anel e a bola com tufos de capim, usando uma flecha.

Yudhishthira aceitou a proposta, e Drona recitou seu mantra de ilusão sobre umas folhas grandes de capim. Atirou uma folha e perfurou a bola. Atirou uma segunda e perfurou a folha. Uma terceira perfurou a segunda folha e assim fez até produzir uma corda de folhas de capim, que, ao atingir o comprimento necessário, permitiu a Drona puxar a bola até ela sair. Pediu um arco e flecha, e Arjuna cedeu o seu, espantado e extasiado.

Drona atirou a flecha para dentro do poço e ela voltou às suas mãos com o anel. E então deu o arco e a flecha com o anel a Arjuna. Yudhishthira quis que lhe ensinasse aquilo, e Drona pediu que apenas levassem o anel ao avô Bhishma.

Bhishma, ao ouvir a história, correu até Drona, que foi perguntado sobre o que fazia em Hastinapura. Ele contou que em uma noite Drupada recusara-lhe abrigo e alimento e que estava decidido sobre o que faria em breve.

ENSINAMENTOS ESPECIAIS A ASWATTHAMAN E ARJUNA – EPISÓDIO DO PÁSSARO DE PALHA E PANO

Bhishma convidou Drona a ser mestre de armas junto com Kripa, retesando os arcos e ensinando os príncipes Kurus junto com seu próprio filho. E recomendou que ao melhor deles revelasse os segredos das armas.

Drona passou a viver em uma casa repleta de arroz e ouro. Todas as manhãs dava a cada príncipe um jarro de gargalo estreito para que trouxesse água do rio. Ao filho, dava um jarro de boca larga, e enquanto os outros não voltavam, ensinava-o em segredo. Mas já no segundo dia, Arjuna começou a encher o jarro com a arma d'água, e assim passou a aprender mais dos que os outros junto com Aswatthaman, à exceção do primeiro dia.

Drona pediu ao cozinheiro que não deixasse Arjuna comer no escuro. Em um jantar, o vento apagou sua lâmpada e a tenda ficou no breu, mas Arjuna continuou comendo com a mesma destreza. Mais tarde Drona ouviu a corda de seu arco e lhe disse que, se fosse o escolhido, iria primeiro ensiná-lo a ter consideração pelos outros.

Terminados os ensinamentos, Drona chamou os alunos um a um em separado. Havia um pássaro de pano e palha no topo de uma árvore usado como alvo, e ele ordenou que Yudhishthira apontasse uma flecha para cortar-lhe a cabeça.

A cada um que mirava o pássaro, ele perguntava o que estava vendo. Yudhishthira, Aswatthaman, Duryodhana e seus irmãos, Bhima e os gêmeos Pandavas davam a mesma resposta: "A árvore e a ave, o arco e a flecha, o meu braço". E Drona não permitia a nenhum que lançasse a flecha.

Então chamou Arjuna, pedindo que mirasse na cabeça do pássaro e só atirasse quando recebesse a ordem. Arjuna permaneceu com o arco retesado formando um círculo e Drona perguntou o que ele via. "Um pássaro", respondeu, e quando Drona perguntou se podia descrevê-lo, Arjuna disse que não, pois via apenas o seu pescoço.

Drona e os príncipes Kurus

Drona ordenou que ele lançasse a flecha, e mal a corda zuniu, a cabeça do alvo tombou à terra. O mestre abraçou Arjuna e afirmou que havia o tornado o *melhor arqueiro do mundo*, mas que devia prometer uma coisa: que se um dia viessem a se enfrentar, sozinhos ou junto com outros, que ele lutaria para vencer. E Arjuna prometeu.

PEDIDO DE DRONA PARA CAPTURAR DRUPADA

Drona disse aos príncipes que era a hora de aplicar suas lições, trazendo Drupada, o rei Panchala. Imediatamente eles foram a Kampilya com seus carros, mas Drupada decidiu enfrentá-los e parecia uma roda de fogo girando pelos campos.

Lutando só em uma carruagem branca, era como se o rei estivesse em todas as partes, com milhares de flechas saindo de seu arco. Rechaçou Duryodhana e os irmãos e também os Pandavas, que precisaram fugir dele.

Drupada ainda estava rindo quando Arjuna se colocou entre ele e a cidade, correndo para alcançá-lo. O rei pegou uma flecha, mas seu arco tinha acabado de ser quebrado. Pegou a espada, mas outra flecha estilhaçou-a. A carruagem o alcançava, e ele se viu segurado pelo braço escuro e poderoso de Arjuna, que pulou para o carro em movimento.

Obrigado a se render, Drupada perguntou a Arjuna quem era ele, que não portava nenhuma bandeira. O Pandava disse que primeiro cumpriria a ordem de seu mestre, e iriam agora para Hastinapura.

A caminho, de pé ao lado de Arjuna, Drupada explicou que Pandu era seu amigo. Arjuna contou que o rei Panchala era o preço de Drona, mas que por lutar bem, guardaria sua vida.

Drona sorriu ao vê-los, dizendo a Drupada que tinha agora metade de seu reino, passando a serem iguais. E que o rei podia tê-lo como amigo ou inimigo. Drupada perguntou sobre a capital e ouviu que permaneceria com ele, ficando Drona com a parte ao norte, onde morava.

E os dois, que haviam sido amigos na infância, passaram a trocar gentilezas. Drona lembrou que os brâmanes tinham *coração de manteiga* e que guardavam para sempre as suas lembranças felizes. E ouviu de Drupada que, com seu caráter, ele seria um ótimo rei.

05. Demonstração de perícia nas armas

MONTAGEM DA APRESENTAÇÃO

Drona escolheu um dia da metade clara do mês – em que havia uma estrela ascendente promissora – para que os alunos demonstrassem suas habilidades com as armas.

Usando uma vara pesada, ele mediu um terreno limpo de árvores e com nascentes de água fresca para com Dhritarashtra construir pavilhões cobertos e grandes portões com uma muralha à volta, tendas abertas, plataformas para espectadores e mastros altos para colocar bandeiras coloridas e alegrar a festa.

Chegou o dia. O rei tomou seu lugar, a rainha ficou entre as mulheres, e o primeiro a entrar pelo portão principal, voltado ao leste, foi Kripa. Usava pérolas e pedras azuis incrustadas de ouro penduradas no ombro esquerdo e fez silenciar a multidão. Dirigiu-se ao rei e pediu permissão para aquela demonstração de força dos xátrias, que daria a sensação de segurança aos brâmanes, aos mercadores e a todo o povo do reino.

O rei a concedeu, e começou o canto. Então Drona entrou pelo portão, todo de branco, parecendo uma lua nascendo no mar. Seus cabelos longos, sua barba, sua túnica e guirlandas de flores, tudo era branco, e sobre a pele escura ele passara pasta de sândalo. Trazia Aswatthaman e em seguida os príncipes Kurus, alguns a pé, outros em elefantes pintados de diversas cores, outros em bigas de duas rodas ou a cavalo.

TENSÃO NO DESFILE – ASWATTHAMAN E OS PRÍNCIPES

Passavam as carruagens e sobre os maiores cavalos se viam os brilhos das espadas. Nakula e Sahadeva eram os melhores espadachins, e Yudhishthira o melhor condutor de carruagem. Bhima e Duryodhana batiam com suas clavas pesadas em diferentes alvos, e de modo tão parecido que a multidão começou a incentivar uma luta entre eles, o que teria acontecido se Drona não avisasse a Aswatthaman para pará-los, pois não se tratava de uma competição.

Bhima e Duryodhana já haviam deixado os alvos de lado e se encarado, procurando posições de ataque e defesa, quando Aswatthaman calmamente colocou-se entre os dois e mandou que parassem. Bhima respondeu ofegante que Duryodhana fora quem começara e apertou a clava com força. O Kaurava reagiu mostrando os dentes e pedindo a Aswatthaman que saísse da frente para que algo pior não acontecesse ao mais fraco.

A joia azul entre os dedos do jovem brâmane cuspiu fogo, e os príncipes ficaram paralisados. Aswatthaman tirou deles as duas clavas e as jogou aos pés de Kripa, fazendo a multidão aplaudir. Em seguida sorriu e pediu para ser ouvido.

Contou que Arjuna retesara em seu arco uma só flecha e cem delas atravessavam as nuvens do céu com raios e arco-íris. Pois com apenas uma flecha lançada, cem voavam pelo ar e acertavam a boca de um javali selvagem. Vendo que muitos do público se agachavam, ele disse conhecer também inúmeros mantras, e que era para os xátrias saírem de lá, pois corriam perigo.

Drona abriu espaço na arena para Arjuna, e Dhritarashtra perguntou a Kripa sobre aquele barulho vindo dali de perto. Kripa explicou serem as duas clavas de ferro atiradas por Aswatthaman a seus pés. Perguntado onde estava o filho de Drona, Kripa disse que muito distante, e sobre os aplausos da multidão, explicou que eram para Arjuna. Dhritarashtra então se disse bem valido e protegido pelos filhos de Pandu.

Arjuna lançou flechas incendiadas de sua carruagem e em seguida fontes de água para apagá-las. Escondeu-se em nuvens prateadas, afastou a poeira com o vento, trouxe uma montanha de dentro da terra e, ao conversar com uma flecha, ela despareceu.

De seu carro, com a espada e o escudo, o arco e flecha, a clava e o dardo, Arjuna superava todas as apresentações anteriores. Drona resolveu encerrar a demonstração, e a multidão já ia sair, quando se ouviu de fora dos muros um barulho áspero de punhos fechados batendo nas axilas – o desafio dos xátrias, alto e claro como o estalo de um grande chicote – e todos ficaram atônitos. Seria um terremoto? Um trovão no céu sem nuvens?

Aswatthaman olhou para o pai, e Drona mandou abrir os portões para quem estivesse ali, fosse, homem, deus ou demônio.

APRESENTAÇÃO DE KARNA

Era Karna, que em sua chegada parecia um leão dourado. Esplêndido como o Sol e belo como a Lua, mostrando os brincos e a armadura de ouro com que nascera – de roda solar no peito em vermelho-ouro e listras de raios nas costas – ele reverenciou Drona. Disse que repetiria o feito de Arjuna para que também se maravilhasse. Drona permitiu, e Karna fez ainda melhor, com mais rapidez, perícia e graciosidade.

Kripa pediu que se identificasse, e ele embranqueceu. Mas Duryodhana interveio e dispensou a resposta, perguntando de onde vinha. Como era de Anga, Duryodhana o tornou rei daquela cidade, pedindo apenas sua amizade em troca. Colocou sobre o novo rei um guarda-sol Kuru, e o irmão Duhsasana passou a abaná-lo com um leque.

O condutor Adhiratha caminhou trêmulo até o filho, e o novo rei ajoelhou-se para ele, trazendo-o para sentar-se ao lado. Bhima questionou sobre o filho de um cocheiro poder se tornar rei, e, autorizado por Duryodhana, Karna explicou que na juventude o pai transportara guerreiros em sua biga, e pôde ensinar ao filho o que aprendera com eles sobre o manejo de armas. Disse que sempre quis ter um lar e agora Duryodhana lhe dera, e que aprendera muitas coisas sem precisar da aprovação de Bhima.

Kripa se interpôs entre Karna e Bhima, então Duryodhana caminhou com Karna, e Bhima com Drona e Aswatthaman. Yudhishthira permaneceu só, entendendo que Karna seria o maior dos guerreiros.

06. Em Panchala, nascem duas princesas e um príncipe

PARADEIRO DE DRUPADA

Após a guerra em que foi capturado e levado a Drona, o rei Drupada deixou o palácio e a rainha para vagar pelo planeta, adquirindo força e poder. Passou a transmitir sua alegria de viver e a dissipar as mágoas. Ninguém sabia onde ele estava.

HISTÓRIA DE SIKHANDINI (DEPOIS SIKHANDIN)

Drupada um dia pediu a Shiva um filho e, por sonho, ele o atendeu, dizendo que agora a rainha o carregava dentro de si. Mas quando nasceu, era uma menina, e Sikhandini era tão linda que parecia feita dos grãos de encanto recolhidos de tudo que há de mais belo no mundo.

Lembrando-se do sonho, Drupada contou a todos que seu filho era um varão, e passou a tratar a filha como menino. Apenas Drupada e a rainha sabiam quem ela era.

No momento de casar, escolheram para esposa da princesa Sikhandini a filha de Hiranyavarman, rei dos Dasarnas. O casamento se deu em Kampilya, e eles receberam aposentos no palácio de Drupada. Mas logo a princesa Dasarna viu que o esposo era uma mulher e contou aos criados que vinham de seu reino. E logo esses mandaram mensagens a Hiranyavarman em tom de irritação.

Hiranyavarman ficou triste, depois irado, até ficar bastante furioso. Marchou com o exército para Kampilya e mandou mensagem a Drupada, xingando-o e dizendo-se enganado e humilhado. Ameaçou matá-lo e destruir toda a cidade. Drupada retrucou também ameaçando de matá-lo e pediu que tivesse calma.

Sikhandini desesperou-se por ser a causa de uma guerra contra o pai, e, enquanto o exército Dasarna se aproximava, resolveu deixar a cidade e vagar pelas matas. Enquanto ia de um lado a outro, foi chamada pelo Yaksha Sthuna, que, de cima de uma árvore, disse que podia dar a ela o que quisesse. Olhando para cima, Sikhandini disse que ele não teria como realizar seu desejo, mas Sthuna disse que sim, e que daria até o que não poderia ser dado, lembrando que os que não davam, um dia talvez passassem a pedir.

Sikhandini pediu para ser transformada em homem. Ele disse que seria fácil, mas que, depois de salvar o pai, ela deveria voltar ali e retornar ao seu sexo verdadeiro. Ele permutaria, temporariamente, o dela com o dele. Ela aceitou de bom grado voltar à Yakshini e então foi para Kampilya.

Drupada comunicou a Hiranyavarman que seu filho era homem e sugeriu que alguém de lá pudesse testemunhar. Já próximo às muralhas externas de Kampilya, Hiranyavarman enviou mulheres *jovens e formosas* para *confirmar* que Sikhandin era realmente um homem.

As notícias foram boas, e o rei ficou muito satisfeito. Pediu a seus homens que acampassem pacificamente nas redondezas e passou alguns dias hospedado com Drupada. Então repreendeu a filha de leve, e deu belos presentes a Sikhandin.

Mas na floresta, enquanto o príncipe estava fora, Manibhadra e Vaishravana, o Senhor dos Tesouros, haviam passado para verificar a ordem das coisas. Ao descobrirem o que Sthuna havia feito, Vaishravana mandou parar a carruagem e chamou-o. Disse-lhe que, se por algum motivo dera sua virilidade à princesa, iria condená-lo a não mais desfazer a troca, pois, ao cometer *um ato contra a natureza,* ele se tornara o pior do Yakshas e merecedor de todos os castigos que pudesse receber para que outros não fizessem o mesmo.

Sthuni até se orgulhou daquilo, mas acabou pedindo perdão ao Senhor das Riquezas, que, apesar de sua pouca compaixão, disse que ele recuperaria o sexo quando Sikhandin morresse, e que até lá ele ficaria como mulher e ela como homem.

Quando Sikhandin foi à floresta e encontrou Sthuni na mesma árvore, a Yaksha disse estar desconsolada e contou a ele o ocorrido, explicando que, embora *não visse isso como maldição,* não poderia mais destrocar os sexos. E que, embora fosse uma alma infeliz, miserável e maligna, teria ao menos – disse, rindo – realizado o desejo de Sikhandini.

Sikhandin uniu as palmas das mãos e agradeceu a Yakshini, dizendo ser ela toda bondade, amizade e caridade, e que estava satisfeito em ser homem. Sthuni disse não haver de quê e que estava sendo sincera, pedindo que ele não dissesse nada a ninguém. Disse que gozaria a vida de uma nova maneira até voltar a ser o Yaksha assustador e intrépido de antes. E então despediram-se.

Na volta, Sikhandin errou o caminho e acabou chegando a um templo abandonado coberto de plantas e semiescondido na mata, com ruínas de um muro de pedra à volta. Onde seria o portão, em uns restos de madeira, estava fincada uma flecha de cana corroída pelo tempo, envolvida em um pano colorido já desbotado.

Dhrishtadyumna e Draupadi

Drupada continuou a pedir a Shiva, diariamente, que lhe desse um filho *capaz de derrotar Drona*. Em sonhos, Shiva lhe disse que a hora havia chegado. Então ele derramou manteiga em duas taças, como instruído, uma para o filho e outra para a filha.

Desejando a morte de Drona, Panchala derramou uma taça de *ghrita* (a manteiga fervida e coada) sobre o fogo. Das chamas saiu um jovem de armadura e grande coroa com uma espada.

Enquanto a armadura esfriava e endurecia sobre o corpo, Drupada o chamou de Dhrishtadyumna – *para a esposa do arqueiro queimado*.

Em seguida, do fogo de Shiva saiu a linda Draupadi.

Drupada agradeceu e levou os seus dois filhos nascidos do fogo para Kampilya.

07. Armadilha para os Pandavas: a cabana incendiada

DURYODHANA LEVANTA DÚVIDAS SOBRE A SUCESSÃO

Usando voz de mel para esconder o veneno no coração (ou como alguém que esconde facas afiadas no cabelo), Duryodhana perguntou ao pai quem seria o novo rei de Kurujangala, se ele ou Yudhishthira. E saiu de lá como se aquela fosse uma simples pergunta. Mas voltou à noite e disse ao pai que, sendo amigo de Karna, não temeria os Pandavas, embora fossem os favoritos do povo. Disse haver inquietação no reino e que não sabia se Yudhishthira cuidaria tão bem de seu tio assim como ele cuidava de Bhishma. Dhritarashtra disse não se importar com o povo e que mandaria os Pandavas embora por algum tempo. Pensou em dar o reino ao filho, mas achou melhor dividi-lo.

Chamou Yudhishthira e perguntou se ele era como Pandu, que queria lhe tirar o reino. O sobrinho negou e disse que ele e os irmãos o serviam e que não questionariam qualquer decisão do tio. Dhritarashtra pediu ao sobrinho que fosse ao festival de Shiva em Varanavata, dizendo que, se quisesse, poderia ficar mais tempo por lá. Enquanto estivesse fora, também os dois filhos mais velhos seriam mandados para algum lugar. Yudhishthira obedeceu e disse que partiria com a mãe e os irmãos no dia seguinte.

A ARMADILHA SENDO PREPARADA

Os irmãos Duryodhana e Duhsasana foram ter com o ministro Purochana, pedindo que construísse uma casa para os Pandavas, das que queimassem só pela presença do fogo, mas que olhando isso ninguém percebesse. Teria uma só porta e um quarto ao lado. Chamaria "Abençoado Lar" (em disfarçada referência a levá-los para o Céu), devendo o ministro dar-lhes as boas-vindas e aguardar novas instruções.

O ministro apressou-se e na tarde seguinte os Pandavas partiram a cavalo, com Kunti em uma liteira sobre um elefante. Vidura, o tio, acompanhou-os por parte do caminho e confabulou com Yudhishthira em uma língua bárbara e por imagens. Falou em armas afiadas sem ser de ferro e que os lobos, de muitas tocas subterrâneas, não se deixariam incomodar pelo que seca o orvalho. Falou do cego que não vê o caminho e não sabe para onde vai, e que quem vagueia pode conhecer lugares e se guiar pelas estrelas. E que o cauteloso não seria oprimido. Na mesma língua, Yudhishthira disse ter entendido, e Vidura voltou para Hastinapura.

Quando Kunti quis saber do que se tratava a conversa, o filho falou da casa inflamável e que a maneira de escapar seria por um túnel. O ministro, sem perceber a suspeita, construiu a casa em Varanavata, serviu-os e aguardou ordem de Duryodhana.

Lá chegando, Bhima disse sentir cheiro de chamas ocultas no forro e pisos de madeira amanteigada. E também de resina e óleo de cânhamo no bambu seco e palha seca do telhado. Perguntou o que fazer e Yudhishthira disse para esperar.

Enquanto Kunti saía com o ministro para ver o festival, Vidura se passou por mineiro e falou em língua bárbara para Yudhishthira que em catorze dias haveria o incêndio a partir da porta. O sobrinho perguntou o que fazer, e foi encomendado um túnel da beira do rio à porta principal, e que se levantassem algumas tábuas no último dia.

No décimo terceiro dia, Yudhishthira pediu a Nakula e a Sahadeva que conseguissem seis corpos no cemitério, cinco de homens fortes e um de uma velha. Na noite seguinte, após o jantar, o ministro Purochana foi para o quarto, e Yudhishthira abriu a boca do túnel enquanto os gêmeos colocavam os seis corpos parcialmente queimados nas camas.

Começou um vento forte e Bhima pediu que os outros saíssem antes, enquanto ia até o quarto do ministro. Este fingiu que acordava, e Bhima tirou satisfações sobre a porta estar trancada e a casa prestes a pegar fogo. Revelando-se a trama, o ministro jogou uma lâmpada na porta da frente. Bhima correu e pulou no túnel com a casa já em chamas (o ministro jazia na cama). A casa queimou a noite inteira, e de manhã, o mineiro misturou-se à multidão para tapar as duas entradas do túnel.

DHRITARASHTRA QUESTIONA OS FILHOS, E ELES ASSUMEM O CRIME

Quando soube dos corpos encontrados, Dhritarashtra chamou Kripa – para se esconder na sala e matar quem mentisse – e os dois filhos mais velhos. Perguntou se o incêndio fora acidental, e Duryodhana disse enfaticamente que não. O irmão o acompanhou.

Ao saírem, Dhritarashtra pensou que pela bondade teria sido possível viver como um bosque de lindas árvores expostas ao sol, mas que agora Duryodhana era o único a ser adorado. Disse a Kripa que a escolha fora feita e lamentava pelos que perderam.

OS PANDAVAS INICIAM UMA JORNADA

Bhima alcançou Kunti e os irmãos no túnel e correram sob os muros de Varanavata. Ele afastou arbustos, sentiu o vento e puderam ver um clarão de luz sobre o Ganges brilhando nas ribanceiras de areia. Bhima fechou o túnel, e Yudhishthira viu um barco aguardando. Foram até lá.

O barqueiro tinha uma mensagem de Vidura, pedindo que vagassem e fossem cautelosos, e assim teriam boa sorte. Yudhishthira concordou e pediu para subirem no barco.

O barco desceu o rio até parar numa floresta virgem, onde eles se disfarçaram de brâmanes errantes. Bhima abriu a picada como um elefante, e os outros o seguiam sob uma chuva de galhos. Quando um se cansava, Bhima o carregava, e assim eles seguiram em direção sul, orientados pelo sol e pelas estrelas.

Já tarde da noite, a floresta pareceu menos fechada, e havia marcas de homens. Seguiram uma trilha de veados por vales e lagos e ao amanhecer chegaram à cidade de Ekachakra. Quando os portões abriram, eles entraram, e um brâmane, por bondade e amor dos deuses, os hospedou.

08. Hospedagem em Ekachakra

A CIDADE AMEAÇADA

Todos os dias eles liam o *Veda* e mendigavam alimento no vilarejo. À noite partilhavam a comida, sendo que metade era dada a Bhima e a outra metade dividida entre os cinco.

Um dia estavam na casa apenas Bhima e Kunti, quando ouviram um grito de dor aguda vindo do quarto do brâmane. Kunti correu e encontrou-o chorando com a esposa e a filha. Não quis intrometer-se, mas foi notada, e o brâmane explicou.

Ali nas proximidades morava Vaka, o rei Rakshasa, comedor de gente. Protegia a cidade do mal, mas em troca recebia um carro cheio de arroz cozido, dois búfalos e um ser humano. A cada ano tiravam a sorte, e dessa vez seria ele o sacrificado. Eles tinham um rei humano, mas que andava distante por medo do demônio, e aquela era uma terra de *brâmanes livres*.

A esposa e a filha quiseram se sacrificar no lugar dele, já que não podiam pagar substituto, e foi quando o filho pequeno entrou na sala dizendo que mataria o Rakshasa comedor de gente. A mãe abraçou-o e ofereceu a Kunti ficar com a casa, pois aquela era uma família que se amava e não suportaria perder um dos membros. Preferiam morrer todos juntos.

Kunti ofereceu um de seus filhos para levar a comida a Vaka. O brâmane recusou, dizendo que eram hóspedes e, mesmo se alguém pedisse para ser morto, ele não deixaria. Então Kunti explicou que o plano era que seu filho matasse Vaka. Ela também não sacrificaria um filho, e sim confiava nos *mantras* e *encantamentos* que ele aprendera com um mestre, incluindo os de morte. E eram conhecimentos que não podiam ser compartilhados.

Assim, o brâmane ficou de preparar o arroz e os animais, e de guardar o segredo. Bhima sorriu ao ouvir o plano de Kunti, lembrando que naquele lugar ele nunca deixava de ter fome.

Yudhishthira percebeu algo em Bhima e perguntou à mãe, que lhe contou o plano de matar o rei Rakshasa. Ele protestou, dizendo ser *assassinato*, e lembrou que Bhima estava magro. Arjuna também se posicionou contra, dizendo desrespeitar o *Veda*. Yudhishthira, furioso, perguntou a Kunti como Bhima poderia vencer.

Kunti pediu que ele sentasse e se acalmasse, pois encontrava-se em seu mais perfeito juízo. Contou que quando Bhima tinha um ano e estava em seu colo, surgiu nos arbustos um tigre, e passou tão perto que ela pôde sentir o seu bafo. Kunti se levantou rápido, e Bhima caiu sobre uma pedra, quebrando-a toda.

Lembrou que os xátrias deviam ajudar os mais fracos, e que enquanto o brâmane os abrigava, escondendo-os dos espiões de Duryodhana, toda a vila se via ameaçada por aquele demônio. Por fim, disse que Bhima ia sozinho levar comida a Vaka, e não se falaria mais sobre isso.

BHIMA LUTA COM O REI RAKSHASA

Ao amanhecer, Bhima tomou o carro de búfalos e foi até a floresta de Vaka. Em uma clareira, fez fogo, assou animais e os devorou. Ainda com fome, passou a comer do arroz e, chamando Vaka de monstro medonho, disse que podia pegar suas coisas.

Vaka surgiu da mata em passos largos, cheirou o homem e sentiu água na boca pelo sangue fresco. Alto como um penhasco, tinha ombros largos, cabelo, barbas e olhos vermelhos, boca imensa, pele verde e orelhas compridas e afiadas. Sua barriga era maior que um elefante, tinha braços e pernas grossos como baobás gigantes, e presas e dentes aguçados – era horrível!

Bhima continuou comendo seu arroz. Vaka se espantou, achando que fosse um tolo por comer a comida do rei na frente dele. Bhima deu-lhe as costas, e o semblante de Vaka escureceu, começando a socar Bhima pelas costas, mas este nem se incomodou e continuou comendo: *havia se tornado resistente*.

Vaka arrancou uma árvore para usar de arma, mas quando acabou o arroz, Bhima levantou-se, tirou a árvore das mãos de

Vaka e atirou-a contra ele, que se esquivou: *havia se tornado enorme.*

E então chamou Vaka de feio e idiota, desviando-se das árvores que lhe eram atiradas. Ironizou a falta de educação do demônio em apressar os convidados e ainda querer comê-los, disse que estava gordo a ponto de parecer grávido e com a pele sebenta. As raízes de uma árvore pesada atingiram em cheio o rosto de Bhima, mas enquanto a árvore se espatifava, ele em nada se abalou: *havia se tornado pesado.*

Bhima cuspiu a terra da boca e foi atacado pelas costas, com Vaka tentando espremê-lo. Rugiu como um leão, levantou Vaka e atirou-o no chão, quebrando suas costas e matando-o.

Ao amanhecer, arrastou o corpo até os portões da cidade e saiu sem ser visto. Ao verem aquilo, os habitantes ficaram pasmos, maravilhados e assustados, correndo até a casa do brâmane que seria sacrificado. Este contou que outro brâmane, versado no mantra de morte do *Veda*, levara os tributos no lugar dele. Levou os búfalos e arroz, mas não voltaria à cidade porque seus votos não permitiam estar lá duas vezes. E que não sabia mais do que isso.

Houve uma celebração em homenagem ao brâmane desconhecido, e os Pandavas continuaram vivendo do mesmo modo.

09. DRAUPADI E KRISHNA

VISITA DE VYASA

Depois de uns dias, Vyasa apareceu vestido de mendigo para visitar Yudhishthira. Contou-lhe a história de Drupada e de seus dois novos filhos, e que ele havia pedido a Shiva que Dhrishtadyumna o vingasse de Drona pela humilhação sofrida. E que agora os Pandavas deveriam ir a Kampilya, cidade de Drupada, para a *swayamvara* de Draupadi. E, disfarçados, pois o mundo os tinha como mortos e queimados.

ARJUNA CONQUISTA DRAUPADI

Ao sul de Panchala, Kunti e os Pandavas encontraram muitos brâmanes, e um deles os convidou a irem até cidade, onde o rei lhes daria presentes e alimento. E poderiam ver todos os reis reunidos, junto a atores, cantores, dançarinos, contadores de histórias, e quem sabe eles ganhariam algum prêmio como atletas, já que pareciam fortes. Os olhos de Yudhishthira brilharam, e ele sorriu, aceitando o convite.

A cidade estava cheia de gente, poeira e música. Emissários abriam passagens para as carruagens reais, carros de bois levavam comida, por todos os portões vinham *andarilhos, nômades, nobres, atores, fazendeiros, artesãos, artistas, mercadores* e suas famílias, parentes, amigos, inimigos, todos para ver a escolha da calorosa e ardente Draupadi.

Os Pandavas se hospedaram com um oleiro e iam diariamente à arena coberta de seda de Drupada, onde se distribuía comida a todos. E misturavam-se entre os brâmanes à volta dos palácios altos e claros que hospedavam os convidados. O sândalo na água impedia o pó de chegar aos reis, sentindo-se o aroma das flores, e de lá se via o brilho de ouro e diamantes saindo de casarões tão brancos quanto gansos. Então voltaram à cidade onde todos esperavam pela cerimônia.

Drupada se vira derrotado apenas uma vez, por Arjuna, e assim queria que Draupadi se casasse com ele. Pensou isso quando ela nasceu e não desistiu mais, pois não acreditava que ele tivesse morrido. E mandou fazer um arco tão duro que só Arjuna seria capaz de retesar, mesmo em sonho. Sobre a arena ele colocou um chifre de vaca balançando no ar.

Quando chegou a hora, os reis ocuparam seus lugares, e os brâmanes se acomodaram no chão. Dhrishtadyumna carregou o arco de cinco longas flechas acompanhando a irmã na arena. Draupadi segurava as flores que daria ao marido. O irmão acendeu o fogo e desafiou os presentes a esticar o arco e lançar as flechas até o chifre.

Um a um os reis eram chamados e tentavam retesar o arco, mas nenhum era capaz. Alguns chegavam a ser atirados pelo arco e ficavam cobertos de pó, enquanto outros caíam exaustos, ou desistiam antes. Os brâmanes disfarçavam o riso, e os reis começaram a perder a paciência, entendendo que Drupada queria pregar-lhes uma peça.

Duryodhana estava lá e também tentou, mas, mesmo com os músculos quase estourando em sua armadura de bronze, não teve forças. Karna não fora porque sabia que Draupadi não amaria o filho de um cocheiro.

Depois que todos os reis foram chamados, Dhrishtadyumna olhou para os convidados, deu as costas e perguntou se havia algum homem na plateia, convidando-o a se aproximar. Arjuna saiu do meio dos brâmanes e foi até onde estava o arco. Houve um pequeno tumulto, com alguns brâmanes querendo impedi--lo, para que o andarilho magro, sujo e de olhos inquietos não se expusesse ao ridículo. Mas outros disseram que um brâmane era capaz de tudo.

Os reis começavam a se irritar, e ouviu-se o som de espadas sendo desembainhadas, mas Dhrishtadyumna disse para terem calma ou então seu pai os esfacelaria, pois estava ali em sua carruagem branca apenas esperando o fim da cerimônia.

Arjuna recebeu o arco e pediu ao irmão de Draupadi que tomasse conta deles. Dhrishtadyumna riu e disse para não temer, pois seus homens estavam espalhados e também havia reis pacíficos que não desejavam Draupadi.

Arjuna retesou o arco e num átimo lançou as cinco flechas dentro do chifre, que girava sem parar. Os brâmanes aplaudiram, e Draupadi colocou a guirlanda branca na cabeça de Arjuna. Os dois foram rodeados pelos brâmanes, que agitavam suas peles de veado e brindavam com canecas de casca de coco cheias d'água. Os reis se prepararam para partir, e o exército de Drupada adentrou o local. Arjuna jogou a túnica sobre Draupadi, e os dois se perderam na multidão.

VISITA DE KRISHNA

No começo da noite, Arjuna e Draupadi chegaram à casa do oleiro onde estavam os outros. Kunti deu boas-vindas à princesa, e Arjuna a apresentou aos irmãos. Todos se olharam e eles tiveram a concordância de Arjuna e de Draupadi.

Dois homens bateram à porta, um moreno-escuro e outro claro. O moreno pediu licença para que entrassem e se apresentou a Arjuna como Krishna, sendo o outro o seu irmão mais velho, Balarama. Contou terem vindo de uma cidade à beira-mar para ver a *swayamvara* de Draupadi, dizendo a Kunti que sabiam que os Pandavas estavam vivos, e que Draupadi fizera uma bela escolha.

Arjuna chamou Krishna de "majestade" e ouviu dele que não era rei, mas que os dois já se conheciam havia muito, muito tempo... Ao contrário de Arjuna, Krishna podia se recordar das outras vidas! Mas se apressou em dizer que era hora de partirem, para que ninguém os encontrasse.

10. Identidade Revelada

DRUPADA CHAMA OS PANDAVAS PARA O PALÁCIO

Drupada soube por Dhrishtadyumna que Draupadi casara-se com Arjuna. Soube da casa do oleiro, da visita rápida de Krishna com o irmão, e que lá dormiam os cinco irmãos com Kunti transversalmente na cabeça e Draupadi transversalmente nos pés. Então mandou chamar todos ao palácio e avisou que não se esconderiam mais de Duryodhana, que não poderia queimá-los.

Dhrishtadyumna foi até lá em uma carroça, usando roupas velhas, e gritou da boleia oferecendo hospedagem aos brâmanes que estavam naquela casa. Yudhishthira conversou com ele para entender melhor aquele convite disfarçado e o aceitou.

No palácio, Kunti e Draupadi foram para os aposentos femininos, e o príncipe conduziu os Pandavas até seu pai. Drupada pediu que se identificassem, e Arjuna disse que todas as respostas já estavam naquele arco e nas flechas. Drupada e Arjuna agradeceram-se mutuamente. Arjuna avisou-lhe que Draupadi havia aceitado os cinco irmãos como maridos, e Drupada respondeu que, sendo ela uma mulher, atenderia a seu coração.

Drupada então pediu ao filho que tirasse o disfarce e fosse como mensageiro até Dhritarashtra, dizendo ter encontrado os cinco filhos que de alguma maneira ele perdera, para assim perguntar onde eles deveriam morar.

Primeiro Draupadi se casou com Yudhishthira e no dia seguinte com Bhima. Em cinco dias havia realizado os cinco casamentos no palácio do pai.

DHRITARASHTRA OFERECE METADE DO REINO AOS SOBRINHOS

Rápido como o vento, Dhrishtadyumna cavalgou até Hastinapura, passou por Duryodhana sem dizer nada e foi ter diretamente com Dhritarashtra. Ao falar em "boa sorte", o rei achou que fosse a de seu filho, mas o filho de Drupada contou serem os cinco Pandavas os maridos de Draupadi. E sugeriu que fosse dada a metade do reino àqueles que foram lançados à própria sorte.

Dhritarashtra disse a Vidura que esse seria o seu presente de casamento. Pediu que fosse até Kampilya e os convidasse a voltar ao reino. Mas logo apareceu Duryodhana e opôs-se à ideia. Disse ao pai que poderia preservar o reino inteiro se o destino assim o quisesse. Mas Dhritarashtra manteve a mesma ordem e mandou Vidura para Kampilya, declarando estar morta a dor que sentira pela perda do Pandavas.

VIDURA LEVA A MENSAGEM AOS PANDAVAS

Vidura cumprimentou os Pandavas cheirando os cabelos como se fossem seus filhos. Convidou-os a voltar, contando que as mulheres do palácio queriam conhecer Draupadi. Disse ser uma proposta sincera, que eles teriam metade do reino e um lugar para construir sua cidade. Yudhishthira a aceitou e Arjuna também.

O local proposto por Dhritarashtra era perto da floresta Khandava, próximo ao rio Yamuna. E lembrou que deviam alimentar e respeitar o povo: era para serem como chuva paras as plantações de trigo e como árvore de grande copa para os pássaros; refúgio e muro de proteção para os Kurus.

Bhima perguntou sobre Duruyodhana, e Vidura disse que seria difícil sobrepujá-lo, mas que neste momento nem Dhritarashtra nem Bhishma, nem Drona ou Kripa tomariam seu partido. Eles poderiam voltar com segurança.

INDRAPRASTHA

Próxima à floresta eles construíram a cidade de Indraprastha, cercada de muro claro como a prata e alto como o céu. Dentro dela, espalharam-se lótus pelas lagoas, pássaros de belos cantos pelos jardins e parques, e muitas pessoas chegavam para morar.

11. Arjuna sai à procura de Krishna

CONVERSA COM YUDHISHTHIRA

Arjuna perguntou sobre Krishna e soube que ele e o irmão cresceram entre os vaqueiros do Yamuna, mudando-se depois para a *Cidade dos Portais*, Dwaravati, no litoral a oeste, governada por Ugrasena, rei Yadava. O pai de Krishna era irmão de Kunti, e por isso eles vieram vê-los.

Arjuna contou ter perguntado a Kunti se eles já se conheciam em criança, e ela disse que não, mas que Krishna lhe era familiar e ao mesmo tempo um desconhecido. Yudhishthira disse que sentia o mesmo por Karna, e que ao vê-lo parecia saber o que iria fazer.

Arjuna pediu permissão para ir até aquela cidade próxima às *ondas dançantes do mar*, e o irmão lhe concedeu.

IDA A DWARAVATI

Arjuna andou por dois meses até avistar o oceano e seguir pelo litoral em direção sul. Sem saber, aproximava-se de Dwaravati, e certa noite Krishna o encontrou. Face a face, diante do vento marítimo, ficaram em silêncio por um tempo.

Então Krishna chamou-o de Nara, explicando que já haviam se encontrado às margens do mar de leite. E deu-lhe as boas-vindas. Arjuna juntou as mãos em namastê e disse, suavemente, lembrar-se dele como Narayana, o Senhor Narayana, perguntando se era isso o que queria dizer. Krishna sorriu e o abraçou, dizendo que eram amigos desde aqueles tempos, e perguntou se ele lembrava da árvore. Arjuna lembrou que ela era alta, mas a lembrança esvaeceu-se. Krishna lembrou mais sobre a árvore de Narayana – suas raízes, o tamanho, suas folhas – e convidou Arjuna a subir na carruagem.

Em Dwaravati, Balarama cumprimentou Arjuna usando túnicas azuis e uma guirlanda de flores do campo. Brindou-lhe com um longo gole de vinho e desejou boas-vindas e paz.

Krishna contou que enquanto Arjuna vinha, Balarama esteve em Hastinapura e Indraprastha ensinando mais coisas a Bhima e a Duryodhana sobre o manejo da clava. Balarama exagerou na bebida e seguiu trôpego para casa.

Subhadra

Já morando há um tempo na casa de Krishna, Arjuna se apaixonou por uma linda moça que lhe lançava olhares furtivos com insistência. Abrindo-se com Krishna, que o achou volúvel, soube ser a irmã dele, Subhadra.

Arjuna confessou que faria de tudo para tê-la e Krishna sorriu, lembrando o costume da *swayamvara,* mas que na cerimônia a mulher poderia escolher quem quisesse. Recomendou a Arjuna que a tomasse à força, já que ele mesmo, que era irmão e convivia com ela há tempos, não conhecia sua mente – o que ela seria capaz de fazer?

Perguntando "como" e "quando", ouviu de Krishna que poderia pegar sua carruagem, mas que não deveria ter arma alguma dentro dela. Em alguns dias ela faria um piquenique fora dos muros da cidade, e era para Arjuna *raptá-la,* e que então Krishna os encontraria em Indraprastha.

Arjuna seguiu o conselho do primo, dispersando os criados armados, tomando-a e se afastando na carruagem. Os servos da moça correram para Krishna e Balarama, que entornou uma enorme taça de vinho quente com flores, pegando uma trombeta de ouro que tinha na porta. Mas Krishna explicou ao irmão sua colaboração, e os dois desejaram que o casal estivesse feliz e que fossem levados de uma lagoa limpa a outra como lótus.

NAMORO E VOLTA A INDRAPRASTHA

Arjuna e Subhadra iam sem pressa para Indraprastha. Cataram pérolas à beira-mar e andaram pelas margens dos rios de água prateada entre pedras arredondadas... Descansaram à volta de umas ramagens com flores azuis, deitaram à beira do lago onde os animais vinham beber e também em algumas cavernas escondidas na mata.

Seguiram por caminhos rodeados de cachoeiras e cobertos pelas copas das árvores, enquanto nos morros as trilhas tinham a incidência do sol. *Subhadra se tornava cada vez mais linda, e para Arjuna era o seu maior tesouro, mais importante do que o reino, do que o mundo, ou do que ele mesmo.*

Em Indraprastha, Arjuna a vestiu com trajes simples de camponesa e a levou aos aposentos das mulheres. Draupadi questionou-o, pedindo que a levasse para outro lugar, pois o segundo nó em um mesmo conjunto acabaria por soltar o primeiro.

Subhadra ficou quieta e ajoelhou-se diante de Kunti, que a cheirou, deu boas-vindas e disse a Draupadi que Arjuna não era nenhum amontoado de lenha a ser lançada ao fogo. E então, *como uma lua cheia*, Subhadra curvou-se para Draupadi.

Krishna chegou com presentes para Subhadra e Draupadi: baús de ouro cheios de barras de prata, vacas leiteiras, cavalos brancos. Balarama também havia enviado mil elefantes *de rostos como montanhas*, com mantos, sinos e liteiras nas costas.

Krishna desejou que crescessem e prosperassem como a alma de um corpo feliz. Mandou seu séquito voltar à cidade e continuou em Indraprastha a convite dos Pandavas.

12. AGNI

ENCONTRO DE ARJUNA E KRISHNA COM O SENHOR DO FOGO

Um dia, no verão, Krishna e Arjuna nadaram no Yamuna e caminharam perto da floresta Khandava, ao longo do rio. Riam juntos, quando se aproximou um homem de trapos negros, alto e esguio, cabelos e barba louros, boca amanteigada, vindo do mato. Mostrando dentes dourados, disse ser um andarilho faminto e pediu comida. Arjuna perguntou o que ele queria comer e ouviu dele – com as mãos abertas – que seria a própria floresta Khandava. Era Agni, o deus do Fogo, e em sua palma brilhava uma pequena chama. A floresta seria sua comida!

Cumprimentando-o de mãos unidas, Arjuna quis entendê-lo melhor. Agni estava fraco e entorpecido depois de comer tanta manteiga dos sacrifícios dos reis. Só assim se recuperaria. Havia tentado sete vezes queimar a floresta, mas sempre chovia, pois Indra a protegia com águas doces das nuvens.

Krishna perguntou se havia pessoas morando na floresta, e Agni disse que não. Sobre os animais, eles fugiriam e se safariam, inclusive os belos pássaros, que voariam. E as árvores teriam raízes fora do alcance do fogo, sendo aquela uma floresta atípica, e nada que estivesse protegido por Arjuna se incendiaria.

Arjuna pediu que lhe desse os meios para refrear Indra, e Agni entregou-lhe o *arco Gandiva* e duas aljavas com flechas que jamais se esgotariam, além de uma *carruagem multicolorida* com cavalos brancos e uma bandeira com a cara de um gorila selvagem desenhada.

Tudo seria dele até Agni lhe tomar de volta, havendo na carruagem um *disco de ferro* para Krishna. Krishna agradeceu, reconheceu a generosidade de Agni e disse ser o bastante. Respondendo ao senhor Narayana, *Alma de toda a vida*, Agni disse que a pesada chakra – o disco de mil raios afiado nas bordas e com uma haste de ferro ao centro para poder ser atirado – já seria dele desde que a criou, e que ele apenas a preservara.

ARJUNA E KRISHNA LUTAM COM INDRA, E A FLORESTA SE INCENDEIA

O chão estremeceu e ouviu-se o som de algo rasgando como uma grande árvore torcida pelo vento: Arjuna retesava o *arco Gandiva* e, ao entrar na carruagem com Krishna, disse estar pronto. O fogo se apagou em todos os lugares: nas cozinhas e lamparinas, nas centelhas e meteoritos; sumiu dos palácios reais, das cabanas dos fazendeiros, da Terra, de todos os Céus e do submundo dos Najas.

Do supercílio de Agni saíram sete chamas, seus cabelos se incendiaram, e um vento quente tomou Khandava, com uma nuvem de poeira escurecendo o céu. Galhos pesados passaram a cair, e Agni se agachou para roçar o dedo no mato seco. Rodeado pela fumaça grossa, o Senhor do Fogo sumiu em meio à onda de calor lançada sobre Krishna e Arjuna, forçando os cavalos da carruagem a voltar. Folhas e paus em chamas eram atirados nas árvores, com o fogo subindo até os céus. Logo os deuses perguntaram a Indra por que Agni agia assim e se era o momento de destruir os três mundos.

Indra olhou para baixo e viu as árvores de Khandava entortarem, caírem e soltarem faíscas ao vento como um rio de fogo. Então lançou grandes nuvens de tempestade, com grandes trovões sobre a floresta. Ele tampou o sol e provocou uma chuva de mil cachoeiras, com os raios atravessando as chamas e levantando fumaça para escurecer as nuvens, deixando tudo ainda mais escuro, enquanto uma chuva quente soltava vapor.

Então, rápido como a lua trazendo névoa, Arjuna formou uma abóboda de flechas para cobrir o fogo e abater os raios de Indra antes que a atingissem. Mas a água da chuva represada esmagou essa abóboda e caiu toda sobre Khandava, parecendo submergi-la em um grande mar. As chamas já estavam apagando quando do *arco Gandiva* saiu uma flecha com a ponta de fogo para furar as nuvens, desmanchá-las e levá-las embora. O sol voltou brilhar, e o fogo tomou conta da mata.

OS OUTROS DEUSES PRESENCIAM

Indra, vendo as nuvens de chuva sendo destruídas por aquela arma, apareceu no céu em seu elefante branco, segurando um raio. Vieram com ele todos os deuses dos Céus, parados e grandiosos como as montanhas:

> Varuna, Senhor do Oceano, sobre um peixe preso na rédea;
>
> Yama, Senhor dos Mortos, de pele verde e túnicas vermelhas, carregando a clava mortífera, montado em seu búfalo;
>
> Skanda, deus da guerra, paralisado sobre um pavão com suas seis faces voltadas para Arjuna e apontando sua lança comprida;
>
> Vaishravana, Senhor dos Tesouros, dirigindo sua biga com uma clava cheia de cravos;
>
> Surya, o Sol, com um dardo reluzente;
>
> Os gêmeos Aswins trazendo plantas verdes envenenadas.

Os céus trovejavam e viam-se cair meteoros incendiados sobre a Terra. Krishna percebeu os deuses à volta de Indra, com suas fortes armaduras de ouro e de couro duro, à vontade, próximos do horizonte, todos olhando para ele e para Arjuna, com olhos fixos e armas brilhantes como um segundo Sol. Disse a Arjuna para não se mexer, e quando Indra atirou o seu raio com toda a força, Krishna atirou contra ele sua chakra, e os dois se chocaram em pleno céu.

Indra achou que seria o fim deles, enquanto tudo tremia com a grande explosão. Mas depois de quebrar o raio em partículas vibrantes na Terra, a chakra voltou às mãos de Krishna, que ainda provocou Indra perguntando se não ouviram falar deles dois lá nos Céus.

O Senhor dos Deuses abençoou-os e disse já ter sim ouvido falar. E disse que partiriam, pois, afinal, quem poderia lutar contra a *alma de toda a vida* e *seu amigo de outrora*? E assim os deuses saíram e desapareceram. Krishna riu e disse a Arjuna ser *este* o mundo, não havendo outro!

13. Maya constrói o palácio

CONVERSA À BEIRA DO RIO

Quando a floresta estava quase toda consumida, Agni pôde ser visto na forma humana, ainda lampejante, ágil e forte, com os olhos vermelhos, incendiados, e os cabelos em chamas, perseguindo alguém. Era o Asura Maya, antigo arquiteto dos deuses, fugindo do fogo e entrando na floresta para pedir proteção a Arjuna. Arjuna disse para ele não temer, correndo em sua direção com a carruagem, quando as chamas diminuíram e se apagaram. Agni fez o namastê com as mãos e sumiu.

Maya subiu na carruagem de Arjuna, e da floresta só restava carvão. Arjuna conduziu a carruagem pela beira do rio até encontrarem uma ribanceira aprazível para os três descerem e se sentarem. Então Maya, chamando Arjuna de "querido rei", disse que iria retribuir sua bondade. Disse ser um grande artista e que poderia criar algo desejado por ele, pedindo consentimento.

Arjuna pediu um palácio que jamais pudesse ser imitado, por mais que se tentasse. Maya encostou em uma árvore, riu, aceitou o desafio e falou de um lugar na encosta norte do Himalaia de muitos marcos fincados na terra, lisos, brilhantes como deuses, ladeados de metais nobres, com flores douradas e joias incrustadas. Eram muito antigos e não se sabia a origem, mas perto dali Maya tinha suas próprias pedras preciosas, quase prontas para fazer um edifício. E ainda tinha para Arjuna a trombeta de búzio *Devadatta*, que por acaso chegara do mar às suas mãos. Guardava tudo isso para dar à pessoa certa.

Deitado na margem do rio, Krishna disse ter sido ele que, há inúmeras eternidades, depositara aqueles marcos para ornarem a cordilheira e revelarem que ele jamais estava longe. Mesmo que ninguém mais vivesse ali perto, ainda havia outros sinais, claros, espalhados pelo mundo. Estariam por toda a parte e bastaria a alguém olhar ao redor e querer vê-los.

Maya, Krishna e Arjuna

Olhando para o rio, Maya sorriu e pensou que era verdade: nenhum ser vivo poderia sequer piscar os olhos sem Krishna.

Arjuna perguntou quem morava lá, e ouviu de Krishna que era ele mesmo. Arjuna não lembrava, e Krishna confirmou que os dois haviam vivido lá havia muito tempo. Era a casa de Arjuna, onde ele teve *amor e sofrimento, felicidade e morte*. Mas não tinha como se lembrar.

EDIFÍCIO DAS ILUSÕES

Enquanto o palácio era construído, Maya manteve-o invisível, em segredo. Mil colunas de ouro sustentavam um edifício mágico de mármore branco com pérolas cravadas. Atravessou dias e noites, à luz do sol e da lua, e de joias e pérolas brilhantes. Trançou fios de ouro revestindo as janelas externas, fez lamparinas de pedras preciosas com luzes suaves para as salas, corredores e galerias, que escorriam ao ser tocadas. As escadas receberam degraus amplos, e os aposentos eram decorados com tapetes finos nos pisos.

Maya colocou na entrada uma árvore de luzes com folhas feitas em camadas finas de esmeralda e água-marinha e sulcos de ouro. No tronco e nos galhos maiores, eram embutidos todos os gêneros de pedras preciosas, e dela exalava o aroma das florestas de montanhas altas. Também transformava em música o som do vento, refletia e brilhava ao sol como se as grandes folhas fossem recém-umedecidas. As trepadeiras eram de flores vermelhas e rosa, que abriam e fechavam com o dia e a noite.

Maya transportou até lá árvores crescidas e criou parques nos pátios, trazendo pássaros cantadores para habitarem as árvores. Também construiu lagos e piscinas para habitarem peixes e flores.

O palácio era fresco no calor e quente no frio. Ao concluí-lo, deu-se por satisfeito, e um sorriso de prazer brilhou em seu rosto. Pôs-se à frente da porta principal e desfez o encantamento de ilusão. E então chamou os Pandavas e Krishna para conhecerem a obra.

Arjuna achou o palácio lindo, quase irreal, e perguntou se não era ilusão. Maya disse não saber, pois estava muito cansado (trabalhara como um demônio para construí-lo), mas suas dores e a exaustão sumiam como nuvem à frente da lua. Se o palácio também desaparecesse, o que haveria de dizer?

Krishna riu, e Maya se despediu dos Pandavas, voltando ao seu lugar de origem. Krishna sugeriu cautela e disse que iria à frente, pois Maya confundia suas bênçãos. Começou a subir as escadas com os Pandavas atrás, e Arjuna perguntou se havia perigo.

Por sobre os ombros, Krishna disse que não exatamente, e foi quando trombou com uma porta de cristal transparente fechada, recuando com a mão na testa. Mostrou-a e ainda forçou a porta até desistir e tentar entrar por outra menor, ao lado. Forçou-a e caiu, desequilibrado, para dentro. Estatelara-se no piso e disse ali não haver porta, mas apenas ar.

DURYODHANA PEDE PARA VISITAR

Depois das chuvas, e de Krishna voltar para Dwaravati, Yudhishthira recebeu mensagem de Duryodhana dizendo estar trazendo o tio Sakuni das montanhas para visitar a irmã, Gandhari, em Hastinapura. Passariam por perto e queria visitar a cidade.

Bhima disse que não o deixaria entrar, prevendo perigo nessas palavras inocentes. Yudhishthira argumentou que se ele visse como os Pandavas viviam, deixaria de conspirar. Bhima, com um sorriso amarelo, disse que ele já teria um plano, e se não fosse isso não faria a visita. Mas concordava que Yudhishthira devia agir como rei, fazendo o que quisesse, rápido, sem pensar ou medir consequências.

Arjuna concordava que não gostavam dele, mas que era difícil recusar, e que qualquer discórdia entre os irmãos já favorecia o primo. Yudhishthira decidiu que receberia o primo por um dia.

NA CHEGADA, ACIDENTES E UM DESAFIO

Duryodhana chegou a Indraprastha parecendo não haver perigo. Mas em um átrio interno, Maya construíra uma piscina de águas calmas e cristalinas, acessada por um lance de escadas. No fundo dela cresciam flores mágicas, e assim o lago-piscina parecia vazio. O príncipe passeava por ali, desceu os degraus desprevenidamente e, ao molhar os pés, assustou-se, escorregou e caiu espalhafatosamente na água, ouvindo-se uma risada diabólica. Sakuni o ajudou a trocar de túnica, e foram à procura de Yudhishthira em outro pátio ajardinado, onde era preciso atravessar um riacho de cristais que pareciam água.

Duryodhana, furioso, vendo o regato vítreo, com plantas aquáticas e peixes de vidro parecendo vivos, tomou cuidado, mas veio a topar em um pedaço duro de cristal. Disse a Yudhishthira que teria sido insultado por um de seus criados naquela "casa de traições".

Yudhishthira riu e disse ser aquilo bem menor que a "combustão espontânea" preparada por ele. Perguntou o que estaria armando, e Bhima foi mais irônico, dizendo que Duryodhana parecia uma donzela saltitando em poças de chuva e que seria um grande ator.

Sakuni adiantou-se e disse que o sobrinho príncipe fora humilhado naquela casa, exigindo desculpas. Yudhishthira disse não haver desculpas a dar. Duryodhana então o desafiou, e Sakuni interveio, decidindo que a disputa se daria por um *jogo de dados*.

Yudhishthira o agendou para a lua cheia, em Hastinapura. Sakuni confirmou educadamente, e Arjuna o sobreavisou de que isso não salvaria Duryodhana de arriscar a vida.

Sakuni concordou que Duryodhana era um tolo em invejá-los, mas argumentou que nos dados não haveria armas ocultas. Comparou Arjuna a um pássaro pequeno ciscando carne na boca de um leão e desafiou os outros recomendando não jogar se tivessem medo.

Arjuna pediu lucidez a Sakuni, que reconheceu a clareza do Pandava e disse ser essa a sua natureza, mas não a de todos. Yudhishthira concluiu dizendo que a razão fora suplantada como um planeta que brilha e cai do céu, e assim o homem se dobrava ao destino. Pediu que partissem, e eles iriam depois.

14. LANCES DE DADOS

EXÍLIO DAS MULHERES

Vyasa foi até Hastinapura e conversou com sua mãe, Satyavati, e depois com Ambika e Ambalika, mães de Dhritarashtra e de Pandu, e também com a mãe de Vidura. Disse que o mundo estava envelhecido e que elas não deviam ficar lá para presenciar a morte dos Kurus. Convidou-as a sair da cidade e irem morar com ele em um retiro escondido da floresta. E assim elas fizeram.

CHEGADA A HASTINAPURA – O JOGO

Na lua cheia, os Pandavas chegaram a Hastinapura com Draupadi e Kunti. Deixaram-nas com as mulheres e foram até a sala de conselho de Dhritarashtra. O rei não estava, mas eles foram recebidos por Duryodhana, os irmãos e Sakuni. Como em um conselho, todos depuseram as armas e então entraram na sala.

Também estavam Karna, Bhishma, Drona e Vidura. Sakuni ficou ao lado de Duryodhana, próximo ao pano de jogo esticado sobre o chão. Os Pandavas se sentaram à frente, e Duryodhana propôs o início, mostrando a Yudhishthira os dois conjuntos de dados, que eram longos, de marfim, com seis lados e duas extremidades.

Yudhishthira escolheu três, e Duryodhana deu os outros três a Sakuni, que os lançaria por ele. Bhima questionou se isso era válido. Sakuni negou a proibição e disse que venceria o número mais alto, e que jogaria pelas riquezas de Duryodhana contra as dos Pandavas.

Arjuna alertou Duryodhana de que quando um rio transborda na enchente, acaba por arrastar todas as árvores próximas e nenhuma escapa. Duryodhana riu e quis dar início ao jogo.

Yudhishthira apostou suas pérolas capazes de encher cem vasos de sua própria altura. Sakuni igualou a aposta por Duryodhana e venceu. Yudhishthira apostou mais, questionando o orgulho de Sakuni, que novamente venceu.

Apostou finíssimos jarros de ouro e sua carruagem real, depois seus elefantes e guerreiros, os cavalos Gandharvas e suas joias extraídas pelos Najas. E tudo Sakuni vencia.

Yudhishthira ainda apostou toda a sua indescritível riqueza em Indraprastha, que Sakuni cobriu com o tesouro de Duryodhana e continuou vencendo.

E a seguir, vacas, ovelhas, a cidade, o irmão Nakula, Sahadeva, Arjuna (sua riqueza), Bhima... Apostou então a si mesmo contra os quatro irmãos, e então Draupadi contra os cinco. E Sakuni venceu.

O conselho estava em silêncio; Bhishma e Drona suavam, enquanto Sakuni segurava a cabeça com as mãos, suspirando como serpente.

TENTATIVA DE DESONRAR A PRINCESA

Duryodhana pediu que lhe trouxessem a bela Draupadi, de cintura fina e quadris largos, para trabalhar na cozinha do palácio. Ao ouvir isso, Vidura ficou furioso, dizendo que ele estava se prendendo em nós que nem mesmo os deuses saberiam desatar. Era como se estivesse em um precipício lhe pedindo para ser empurrado, e ainda com tigres lhe devorando os pés e serpentes sobre sua cabeça prontas a dar o bote. Disse que Yudhishthira já tinha perdido a si mesmo e não poderia apostar Draupadi. E mandou parar com aquilo, pois já estaria roçando as portas do Inferno. Duryodhana ainda o provocou, e Vidura se retirou.

Duryodhana mandou um criado buscar Draupadi, mas ele voltou só, trazendo uma pergunta dela a Yudhishthira: qual homem apostaria sua esposa em um jogo de dados? Yudhishthira ficou quieto e atônito, olhando para os dados sobre o tapete.

Duryodhana insistiu na ideia e mandou o irmão Duhsasana no lugar do escravo. Ele foi ao aposento das mulheres e, quando ela tentou fugir, agarrou Draupadi pelos cabelos e a arrastou até a sala de jogos. Empurrou-a da porta com violência e pegou em suas vestes para arrancá-las.

Draupadi imediatamente pensou em Krishna, que era capaz de tudo, tudo sabia e a tudo podia suportar. Ele viajou de Dwaravati àquela sala antes que o pensamento dela estivesse plenamente formado, escondendo-se atrás de um pilar. Duhsasana tirou a roupa de Draupadi e por baixo ela trajava outra. E Krishna jurou matar aquele homem quando fosse a hora.

Duhsasana arrancou a nova túnica, a outra que estava por baixo, e ainda outra, até que Draupadi ergueu os olhos e viu a pilha de panos aumentando, mantos finos de todas as cores que iam se espalhando pelo chão. Quando já havia 20 ou 30 pelos cantos e Duhsasana parou para recuperar o fôlego, Draupadi atacou-o. Não o esbofeteou, mas avançou sobre ele com os punhos fechados, como uma pugilista, e ele caiu como uma mosca morta que acaba de parar de zumbir, desmaiado e soltando sangue pela boca.

REAÇÃO

Duryodhana arregalou os olhos com ira e fúria e procurou a espada para atacar Draupadi, mas Bhishma o barrou. Ele ainda queria passar, mas Bhishma encarou-o, penetrando em seus olhos e pondo a mão sobre seus ombros com todo o peso do Tempo. Assim, apenas com a mão, fez Duryodhana parar contra a vontade, recuar e cair de joelhos, sem fôlego.

Bhishma falou à assembleia, pedindo respeito por sua idade e sabedoria. Perguntou se Draupadi fora ganha no jogo ou não, já que primeiro Yudhishthira perdera a si mesmo, e por outro lado a esposa deveria sempre servir ao marido.

Karna disse que não era obrigado a responder e caçoou de Draupadi por ela ter cinco maridos, merecendo ser apostada. Bhishma disse a Draupadi que os Kurus pareciam amaldiçoados, como até ouvira dizer. E que Yudhishthira deveria decidir. Mas Yudhishthira permanecia em transe, inconsciente.

Já Duryodhana descobriu-se para mostrar sua graciosa coxa *dura como pau-ferro*, dizendo que Draupadi deveria escolher um novo marido, que não fosse escravo ou perdesse no jogo. Bhima olhou para ele com raiva e ameaçou *arrebentar sua coxa*, notando-se faíscas de fogo ao seu redor. Duryodhana o encarava estupefato, quando Vidura voltou trazendo Dhritarashtra pelas mãos. Explicara ao irmão o que estava acontecendo e que Duryodhana pensava ter conquistado Draupadi, mas na verdade fora tomado pela Morte.

INTERVENÇÃO DE DHRITARASHTRA

O rei estendeu a mão e disse que o filho ganhara grandes riquezas *em sonho* e pediu os dados. Duryodhana obedeceu, e então o pai esmagou o marfim com as mãos e lhe devolveu os pedaços. Mandou-o sentar-se e chamou Draupadi.

Draupadi reparou que a mão dele sangrava, então o rei pediu que fosse enfaixada. Ela rasgou suas novas vestes para fazê-lo, e Dhritarashtra lhe deu o direito de pedir algo em *troca*.

Ela pediu a liberdade de *Bhima* e depois a de seus irmãos.

Dhritarashtra ofereceu novos pedidos, mas ela disse que não deveriam ser mais do que dois. Ele questionou-a por não pedir mais, e disse que libertava os Pandavas e devolvia a eles tudo o que haviam perdido.

Karna, olhando para Draupadi e para os irmãos Pandavas, disse que ela os salvou como uma jangada salva os náufragos. Desejou boa sorte e muitas bênçãos a ela, pois superara a si mesma em beleza.

Dhritarashtra pediu a opinião de Bhishma, que disse não poder aprovar nada por não haver favoritos entre seus netos, que tinham a mesma importância. Drona, perguntado, disse o mesmo. E Vidura disse ao rei que os dois melhores e mais antigos souberam expressar o que também estava em seu coração.

Karna chamou-os de velhos mimados que só sabiam falar, e Dhritarashtra pediu que apresentasse uma resposta melhor.

Bhishma, Kauravas, Pandavas, Draupadi e Krishna

SEGUNDO JOGO E DECISÃO SOBRE O EXÍLIO

Duryodhana interveio dizendo que seu desafio ainda estava sem solução, pois incitara a raiva dos Pandavas e eles agora não mais o perdoariam. Dhritarashtra pediu que o filho se acalmasse, mas ele disse ser o que era: como um rio, que só pode descer, tinha a sua *própria natureza*. Achava que reis pacíficos acabavam sendo devorados por outros e que só a insatisfação levava à felicidade.

Não haveria regra para se dizer quem era inimigo, e tudo dependeria do que se sentia. E que arriscaria tudo para destruir os Pandavas. Disse que era melhor que partissem e que não teria por que dividir o seu reino em dois.

Então propôs lançar apenas mais uma vez os dados e que o perdedor fosse banido para a floresta. Dhritarashtra perguntou se assim os deixaria em paz de vez e se ele mesmo lançaria os dados. Duryodhana confirmou, e Yudhishthira, perguntado, disse que não poderia recusar o desafio, mas duvidou que Duryodhana os deixaria em paz se vencesse.

Duryodhana explicou que não seriam mais rivais, e que se perdesse iria para a floresta com Duhsasana, Karna e Sakuni, para ficar doze anos onde ele quisesse, e que no décimo terceiro iriam disfarçados para alguma cidade. Mas que se ganhasse, Yudhishthira precisaria fazer o mesmo com seus irmãos. E se algum fosse descoberto nesse último ano, deveria voltar à floresta por mais 12 anos e ficaria novamente disfarçado no 13º. Depois o perdedor poderia reivindicar o seu reino de novo.

Yudhishthira usou como justificativa para jogar outra vez o fato de que o sucesso ou o azar iriam a ele de qualquer modo, jogando ou não. E disse não ter medo.

Duryodhana trouxe os dados, lançou três deles, e Bhima exclamou "sete". Yudhishthira lançou os seus e Duryodhana sussurrou "seis".

15. Partida dos Pandavas

NA DESPEDIDA, PALAVRAS DE VIDURA

Os Pandavas se preparavam para partir, e Vidura convidou Kunti para ser sua hóspede. Disse que voltariam mais fortes da floresta e desejou que a Lua lhes desse felicidade e a Terra, paciência, aproveitando o que aprenderam na última vez que vagaram. Kunti pediu a Yudhishthira que cuidasse dos irmãos e que Sahadeva ficasse com ela. Mas Sahadeva não quis.

Arjuna mandou uma mensagem a Subhadra, que ficara em Indraprastha, pedindo que voltasse para Dwaravati. E então os Pandavas e Draupadi saíram a pé pelo portão sul de Hastinapura. Vidura os observava, e Dhritarashtra pediu que descrevesse a cena.

Vidura disse que Draupadi ia à frente, *linda como a lua cheia*, de mãos fechadas como lótus à noite cobrindo o seu rosto para esconder o choro. Depois as mãos se abriam, como o lótus noturno no pôr-do-sol.

Yudhishthira ia em segundo, com um pano no rosto. Depois Bhima, com os braços inquietos, seguido de Sahadeva, escondendo o semblante com cinzas brancas, e Nakula com o corpo coberto de talco. Em último ia Arjuna, docemente lançando grãos de areia ao redor, com as duas mãos.

Dhritarashtra quis saber por que faziam isso e Vidura disse que caminhavam em direção à morte. Yudhishthira não desejava fulminar ninguém com os olhos. Bhima pensava em sua força. Nakula não queria que nenhuma mulher sofresse com sua partida – Draupadi era a primeira no coração de todos – e Sahadeva não queria ser reconhecido.

Arjuna, de perícia sombria e feitos prateados, lançava os grãos como haveria de lançar as flechas na batalha. Os Kurus agora clamavam contra Dhritarashtra, pelo *terrível silêncio*. O Sol fora *eclipsado* e seus raios brilhavam como espelhos no céu vazio.

REFLEXÕES DE DHRITARASHTRA

Duryodhana percebeu a decepção dos Kurus e foi até Drona, que prometeu não o abandonar. Disse que o protegeria, mas que o príncipe devia aproveitar para fazer o que quisesse, pois teria uma alegria efêmera *como o orvalho brando no verão*.

Naquela noite, Dhritarashtra sentou-se para conversar a sós com o condutor Sanjaya, que lhe avisou que Duryodhana receberia destruição e calamidades por ter *desonrado Draupadi*.

Dhritarashtra concordou que o insulto se dera à própria Lakshmi, a *doce deusa da boa sorte vinda ainda do mar de leite*. Bastaria a ela derramar uma só lágrima sobre a Terra e todos estariam aniquilados. Previu que Bhima voltaria, assim como Arjuna e Krishna, e que Draupadi jamais os perdoaria.

Via que o vento já começava a soprar à noite para apagar todas as lâmpadas e fogueiras dos Kauravas e que, nas ruas, todos os carros de guerra queimariam e teriam suas bandeiras caídas no chão. E perguntou-se sobre o porquê de sua afeição por Duryodhana, que atraía a desgraça a todos eles.

TRAJETÓRIA DOS PANDAVAS E NOVO ENCONTRO ENTRE ARJUNA E KRISHNA

Fora da cidade, os Pandavas guiaram seus carros e ao anoitecer já estavam próximos a Ganga, onde passariam a noite. Os Kurus locais os receberam de braços abertos, acendendo fogueiras por todo o rio. Os irmãos se banharam na água fresca e conversavam no ar revigorante da noite.

À primeira luz da aurora, Arjuna saiu para caçar e estava em silêncio quando ouviu das árvores o som de uma flauta transversal, lenta, *doce e suave*, em que a melodia começava pelo canto do mar tranquilo e depois se tornava o canto dos reis Bharatas. Era Krishna, que saudou o seu querido príncipe, e os dois se sentaram para conversar.

Arjuna disse que caçava e explicou sobre terem perdido o reino e que precisavam agora passar 12 anos na floresta. Krishna contou que quando jovem morou em Vrindavana, no rio Yamuna, e que costumava *chamar as mulheres a ele com aquela flauta*. Perguntou se devia usar sua chakra para molhar a Terra com o sangue de Duryodhana e de Karna, mas Arjuna respondeu que não era a hora e que a questão dizia respeito aos irmãos.

Com um sorriso, Krishna disse a Arjuna serem os dois um do outro. Quem agredisse Arjuna, agrediria Krishna, e que os dois viriam um do outro, não havendo quem pudesse distingui-los.

CONVERSA DE KRISHNA COM DRAUPADI

Arjuna matou um veado, e Krishna o ajudou a levar até o acampamento. Os Pandavas receberam Krishna com a graça de quem recebe uma brisa branda no mormaço de um dia quente de verão.

Ao ver Krishna, Draupadi chorou com lágrimas que pareciam queimar sobre os seus seios vivos. Não se conformava que Duhsasana a tivesse arrastado como um animal, e logo a ela, nascida do fogo de Shiva. Krishna era sua única proteção.

Krishna consolou-a dizendo que todos seguimos na roda da vida em que se *gira e vaga eternamente de um nascimento a outro*.

Em um momento somos *reis*, e logo depois *um pequeno organismo sobre a grama*. Mas estamos sempre vivendo, sem nada que possa deter essa roda.

E afirmou que nada os faria perder aquela vida. Perguntou se quando sentia uma felicidade repentina ela não estranhava, ou duvidava que fosse real, e Draupadi disse que sim. Krishna completou recomendando-lhe não aceitar aquele infortúnio sem pô-lo à prova, pois *nada sabemos*. Talvez ele desaparecesse logo e nem fosse verdadeiro.

ARJUNA OUVE OS DOIS E DECIDE IR PARA AS MONTANHAS

Draupadi sentia-se *desonrada por Duhsasana* e perguntou se Arjuna *não deveria vingá-la*. Krishna disse que Karna o mataria, pois sua armadura o tornava o melhor dos guerreiros.

Arjuna ouviu aquilo e avisou que se retiraria para as montanhas por algum tempo. Esperava encontrar algo e pediu que fossem pacientes em aguardá-lo.

Draupadi disse que o coração de todos estaria com ele e que seria ela a sentir *mais saudades*. Todas as manhãs e noites derramaria manteiga em seu fogo para protegê-lo de qualquer mal. Pediu a Arjuna que voltasse logo, ou então todos perderiam o prazer de viver.

16. Andanças de Arjuna

ENCONTRO COM SHIVA

Arjuna pegou o arco e a espada, caminhou floresta adentro e aproximou-se das grandes montanhas de neve, começando a subir as encostas da cordilheira. Passou por arvoredos dourados e uma mata de plantas petrificadas em que as folhas à noite murmuravam ao vento.

Mais acima viu árvores com galhos de pedras preciosas e folhas entrelaçadas de prata. E logo depois encontrou um velho maltrapilho de dentes quebrados sob um pinheiro comum, bebendo vinho em uma caneca de barro e fazendo estardalhaço. Disse que além dali só havia seres pacíficos e invisíveis e que ele deveria voltar até as árvores douradas, pois elas lhe realizariam os desejos.

Arjuna retrucou dizendo que aquelas árvores valiam tanto quanto palha. O velho então pediu que ele abandonasse as armas se fosse passar dali e que escolhesse viver em paz. Mas Arjuna respondeu que não era pobre a ponto de precisar ir até lá para encontrar sossego.

O velho explicou que dali em diante só havia gelo e tempestades de neve que impediam os pássaros de voar. Perguntou o que ele queria afinal, e Arjuna pediu a bebida. Quando a esvaziou, o velho havia desaparecido.

Arjuna atirou o caneco morro acima, e este, ao cair, fez o som de um trovão, estremecendo a Terra e rachando picos e montes. As árvores soltaram uma chuva de folhas verde-escuras e flores douradas, como uma nuvem cinza atravessada de raios. Lembrando de Indra, pensou ser aquele um vinho suave, e continuou no caminho.

Quando já era tarde, ele parou para beber em um riacho azul, profundo, que fluía calmo em uma campina alta. Ali cresciam flores de cristal vivo e, ao ser encostada, uma delas quebrou e caiu no musgo macio, fazendo um som musical de vidro fino ao se espatifar. O ruído ficou pairando no ar, pois fez-se ali um grande silêncio. O regato parou de fazer barulho, os animais ficaram quietos, e um vento silencioso passava entre as árvores. Arjuna não ouvia sequer o próprio movimento.

Um javali selvagem correu de um arbusto e avançou sobre ele pelo prado, como num sonho. Arjuna o abateu com uma flecha, mas ao lançá-la a corda do arco fez um estalo. O javali tombou, e os ruídos do mundo voltaram. Mas havia duas flechas no animal.

Ouviu um grito chamando-o de ladrão e surgiu um montanhês alto e claro, vestido com pele de tigre, segurando um arco e dizendo que aquele era seu território, e a presa, o seu jantar. Arjuna pediu desculpas, mostrou as duas flechas e disse ao homem que podia ficar com a caça e que seguiria seu caminho.

O montanhês se irritou, reclamou das palavras, chamou-o de covarde e também disse que Arjuna podia ficar com a caça. Mas atirou contra Arjuna, num gesto extremamente rápido, e a seta passou a meio dedo dele. Arjuna riu e descarregou flechas de volta, mas o caçador gargalhava, e as setas estilhaçavam em seu corpo.

Continuaram nesse desafio, com ambos rindo e trocando palavras gentis até que as flechas de Arjuna se acabaram, e ele franziu o rosto, não entendendo como as inesgotáveis aljavas de Agni pudessem estar vazias O caçador segurou um pouco de terra e pronunciou palavras sobre ela. Vendo que era um mantra, Arjuna sacou a espada para repeli-lo, mas o cabo quebrou e a lâmina continuou na bainha. Viu o caçador soprar o pó na sua direção e tudo começou a girar. Sentiu falta de ar, agachou-se para recuperar, mas caiu como uma pena na terra macia e adormeceu.

Acordou de noite e estava próximo a um ribeirão, onde lavou o rosto e fez com a lama uma imagem de Shiva, pondo uma flor sobre ela. Mas a flor sumiu, e quando olhou à volta, estava o caçador montês com a flor oferecida por Arjuna no cabelo, sentado ao lado do javali. Ele reconheceu Shiva e dirigiu os olhos para o olhar fixo dele, que também o reconheceu, dizendo não haver outro como ele e abençoando-o.

Em meio ao perfume dos pinheiros, Shiva, o deus da coroa lunar, senhor das árvores e animais selvagens, mostrava-se ali brilhante como o sol sobre uma mata incendiada. Estendeu a mão e convidou Arjuna a sentar-se ao lado.

Então começou a escurecer e o grito das aves e de outros animais ficaram mais estridentes, com as montanhas ensombreadas, e um vento seco quebrando os galhos de árvores que balançavam à frente das estrelas.

Shiva disse a Arjuna para ir no dia seguinte ao Céu de Indra, pois seu pai o receberia com imensa alegria. Shiva se viu satisfeito com o guerreiro Bharata e agora Indra lhe enviaria a carruagem ao amanhecer. Mas por enquanto deveria descansar. Arjuna concordou, e Shiva levantou-se para se despedir. Só, na escuridão da montanha, Arjuna adormeceu sob o brilho das estrelas.

IDA AO CÉU DE INDRA

De manhã, dez cavalos cinzas desceram do céu puxando a carruagem prateada brilhante de Indra, pousando suavemente na Terra, ao lado de Arjuna. O condutor Matali pulou da boleia e uniu as mãos para Arjuna, enquanto os cavalos batiam as patas no solo com impaciência. O condutor acalmou-os com o "OM" e tomou as rédeas assim que Arjuna subiu na carruagem.

Fazendo estalos, eles partiram rápido para o céu e Matali gritou para informar que estavam invisíveis como o vento, a caminhos dos Céus. Deixando o Sol e a Lua para trás, eles viajaram *acompanhados das estrelas*, que pareciam imensas lâmpadas no horizonte celeste, bem distantes da Terra.

Passaram pelos portais dos Céus, e o grande elefante branco Airavata, vendo-os passar, virou lentamente a cabeça mostrando as quatro presas com ponta de prata. Diante dos olhos de Arjuna, aparecia Amaravati – a *cidade de Indra* – indo além do horizonte com inúmeras carruagens luminosas que *se deslocavam com o pensamento* pelas enormes avenidas formando o *caminho estrelado que vemos da Terra* a riscar o céu noturno.

Matali atravessou a cidade e chegaram ao bosque Nandana, habitado por Gandharvas, Apsaras, músicos e ninfas dos Céus, vendo-se as árvores curvadas pelo peso de suas flores. Lá, a carruagem cruzou por um portal amarelado e parou diante de uma tenda de seda onde estavam sentados Indra e a rainha Indrani.

Com as vestes em prata e branco, sob um manto branco de sete fileiras preso a um bordão de ouro, Indra se levantou e abraçou Arjuna. Com as mãos perfumadas segurou o filho e cheirou seus cabelos e quanto mais o olhava, mais feliz se sentia.

Sentaram-se um ao lado do outro, e Indra tirou de sua bolsa de couro inúmeras *partículas de raios luminosos* e teceu-as até formar uma coroa. Colocou-a na cabeça de Arjuna, e então passaram a ver as Apsaras dançarem com a música dos Gandharvas, extasiando-se com as lindas mulheres de movimentos que conquistavam *o coração e a mente* de quem as visse, ninfas de quadris largos, cintura fina e pele macia, olhos negros e cabelos ao vento.

MALDIÇÃO DA APSARA

Quando Arjuna foi para os aposentos, Indra chamou Chitraratha, o líder dos Gandharvas, e disse que enquanto as mais formosas Apsaras dançavam, o olhar de Arjuna estava sempre em Urvasi. Talvez ele ainda lembrasse dos tempos do mar de leite, então Indra pediu que o Gandharva a levasse até ele.

Chitraratha teve prazer em se ver ao lado de Urvasi, que ouviu a mensagem de Indra e logo se alegrou, pensando nos lençóis frescos e confortáveis do quarto de Arjuna. Respondeu que iria sim, pois era apaixonada pelo filho de Indra desde que sentiu os olhos dele pela primeira vez. E disse que, embora ele estivesse no palácio do rei dos deuses, só conheceria realmente os Céus quando a tivesse nos braços.

Mas pouco depois, Chitraratha precisou avisar Indra que Arjuna recusara Urvasi por achá-la parecida com sua mãe. Durante a dança ele a fitara, na verdade, porque a achara tão linda quanto Kunti. E por isso Arjuna recebeu da Apsara uma maldição, pela qual passaria um ano sendo *dançarino* e *rejeitado* como eunuco por todas as mulheres.

Indra não viu problema e pediu que Chitraratha lhe ensinasse a música celestial dos Gandharvas e a dança das Apsaras. E para avisar Arjuna que a maldição lhe atingiria no 13º ano de exílio, dando-lhe um disfarce indecifrável.

Depois de aprender essas duas artes com Chitraratha, foi a vez de Indra ensinar ao filho a *prática de armas mortais de uso dos deuses*.

VYASA VISITA OS PANDAVAS SOB A GRANDE ÁRVORE DA FLORESTA

Cada dia no Céu equivalia a um ano na Terra, e assim os irmãos de Arjuna só voltariam a encontrá-lo depois de 11 anos. Quando ele partiu, Krishna havia deixado os Pandavas na floresta de Kurujangala, perto de um rio.

Yudhishthira e os irmãos penetraram a fundo na floresta, até onde ninguém jamais havia chegado, e queriam escolher o local onde esperariam a volta de Arjuna.

O inverno estava quase no fim, e eles ainda avançaram por muitos dias até avistarem uma árvore de imensa copa curvada pelo peso dos galhos, próxima a uma nascente de água cristalina que vinha de dentro da Terra.

Lá eles fizeram lar, e depois de um tempo Vyasa apareceu em visita. Ele primeiro descansou e depois passou a contar a história de um rei que, muito tempo atrás, caíra em verdadeira desgraça. Ela servia de exemplo para que Yudhishthira não se sentisse o mais miserável.

17. História de Nala e Damayanti

AMOR ENTRE O REI DE NISHADA E A PRINCESA DE VIDARBHA

Havia um rei de nome Nala, poderoso, filho de Virasena. Era sábio e forte, sabia cozinhar, cuidar de cavalos e também gostava de jogar dados. Quando era jovem, ouvia os bardos do morro de Vindhya elogiarem em canções a beleza de Damayanti, filha de Bhima, o rei Vidarbha. E apaixonou-se sem jamais tê-la visto, ficando muito horas sozinho no jardim a pensar e sonhar com ela. De fato, Damayanti era tão linda que brilhava entre as criadas como o relâmpago entre as nuvens de verão, fazendo os corações dos que a viam transbordar de alegria e felicidade.

Um dia, ao ver um bando de gansos de asas douradas nadando no lago, Nala se aproximou silenciosamente e conseguiu capturar um deles com as mãos. O ganso pediu para ser solto dizendo que voaria até Vidarbha para dizer a Damayanti palavras que a fariam querer apenas Nala como marido. Nala o soltou, e os gansos voaram para Kundinapura, em Vidarbha, e pousaram no jardim em que Damayanti brincava com suas criadas. Elas tentaram capturá-los, mas eles fugiam, cada um para um lado.

O ganso que falara com Nala levou Damayanti para longe das outras e, no pé de uma roseira, deixou-se pegar no colo e ser acariciado por ela. A princesa elogiou sua beleza, e o ganso respondeu que conhecia todas as terras sem nunca ter visto uma mulher tão bonita. Damayanti perguntou se eram palavras apenas para agradá-la, e o ganso disse que não, que estava sendo justo, e não haveria bondade em ela ter sido criada tão bonita.

Ele passou a contar que, quando pousava, muitos tentavam agarrá-lo e prendê-lo como objeto pessoal, mas que digno dele havia apenas sua companheira, tão linda como ele e talvez criada somente para ele. Jamais encontraria outra como ela ou seria feliz sem ela.

Damayanti perguntou se ele, que conhecia tanto o mundo, teria visto algum príncipe que faria jus à beleza que ele mesmo afirmou que ela tinha. O ganso explicou não ser ele príncipe, mas um rei, Nala, o rei Nishada, apenas ele. Vivia não tão longe dali, nas mesmas montanhas, mas não se sabia quando iria casar. Entre centenas de milhares de reis e príncipes, seria o único a trazer longa vida e fecundidade à princesa. Ele era o próprio Kama, deus do Amor, nascido homem e vivendo como rei. E disse que, quando o melhor se juntava ao melhor, sempre haveria felicidade.

AMOR A DISTÂNCIA E SWAYAMVARA DE DAMAYANTI

Damayanti soltou o ganso e dali em diante passou a pensar só em Nala, chorando todas as noites até conseguir dormir. Ficou magra, perdeu a cor e não queria mais falar com ninguém. Os empregados contaram ao rei que ela estava doente, mas Bhima percebeu haver relação com o momento de escolher marido, e assim convidou todos os reis da vizinhança para a *swayamvara* de Damayanti.

Nos Céus, quatro deuses já haviam visto a princesa e sentido desejo por ela: Indra, Agni, Varuna – o Senhor dos Mares e Rios – e Yama – o deus dos Mortos. Eles desceram em suas carruagens e, na véspera da *swayamvara*, estavam chegando pelo céu a Kundinapura quando avistaram Nala na estrada que levava à cidade de Bhima. Então eles deixaram seus carros suspensos e se tornaram visíveis à beira da estrada.

Indra parou Nala e identificou-se, apresentando os outros deuses e perguntando se poderia entregar uma mensagem deles para Damayanti. Nala lembrou que ela estava bem guardada pelo pai em seu palácio, mas Indra garantiu que ele poderia vê-la. Pediu a Nala para avisar que os deuses estariam lá e que ela poderia também escolher um deles como marido. Nala concordou com a proposta e confirmou que gostaria de falar com ela. Indra então jogou uma pitada de pó da estrada sobre ele, e os deuses sumiram.

À noite, Nala passou despercebido por centenas dos melhores guardas do palácio de Bhima e chegou aos aposentos de Damayanti. Ela estava com as criadas, preparando o vestido de casamento. Ao verem Nala, as criadas repararam no aspecto belo e nobre e se perguntaram se não seria um deus.

Damayanti perguntou quem era ele e como entrara, e Nala, identificando-se, disse trazer uma mensagem de Indra, e que não se não fosse por isso, não teria conseguido entrar. Damayanti chamou-o de "majestade", pediu que se sentasse ao lado, e assim lhe foi explicado que os quatro deuses estariam presentes em sua *swayamvara* e que ela poderia *escolher o marido que desejasse*. Ela disse que se lembraria disso, que não era para ele se arriscar mais e que o veria pela manhã.

No outro dia, os convidados de Bhima se reuniram em um cômodo do palácio parecendo *tigres em uma gruta*. Quando Damayanti entrou, todos os olhares se dirigiram a ela, fixando-se na *primeira parte do corpo* que avistavam, sem o desejo de se moverem ou verem mais. Foram anunciados os nomes de todos os reis e em seguida levaram sua guirlanda de flores brancas para o lugar onde Nala sentara. Mas lá havia cinco homens idênticos, sentados da mesma maneira.

Damayanti percebeu que os deuses queriam enganá-la e teve uma ideia, pedindo que Nala se levantasse. Os cinco se ergueram como se fossem um só, e Damayanti os observou fixamente, percebendo que em quatro deles os olhos não piscavam, que na roupa não havia suor e que *seus pés não tocavam o chão*. A princesa sorriu e pôs a guirlanda no pescoço de Nala. Indra achou tudo excelente, e enquanto os outros reis se lamuriavam, Nala segurou a mão de Damayanti e disse que seria dela *para sempre*.

MALDIÇÃO DE KALI E O JOGO DE DADOS

Com muito amor, Damayanti acompanhou Nala até o reino deles, e os quatro deuses voltaram para os Céus. No caminho, os deuses encontraram Kali, o deus das desgraças, que descia para a Terra. Perguntado por Indra, Kali, o espírito *infiel* e *maligno* disse estar apaixonado por Damayanti e indo à sua *swayamvara*. Indra contou-lhe que ela havia escolhido Nala como marido, fazendo Kali espumar. Como teria preferido Nala aos próprios deuses? E assim prometeu amaldiçoar Nala com um *destino terrível*.

Indra, tocando em um de seus raios de tempestade, disse que tudo acontecera sob sua permissão e que se Kali amaldiçoasse Nala, cairia no Inferno. Quando Indra partiu, Kali, não podendo conter a raiva, foi a Nishada. Ao ver a felicidade de Nala e Damayanti, ficou ainda mais raivoso e então surgiu diante do irmão de Nala, Pushkara e o avisou: estava prestes a entrar no corpo de Nala para destruí-lo pelos membros e pela face. Era preciso que o irmão o desafiasse para um jogo de dados, sendo que nada perderia.

Nala estava com Damayanti quando o irmão o encontrou e fez o desafio. Não pôde sequer desejar a recusa, ainda mais estando à frente de Damayanti, e assim eles começaram o jogo. Possuído por Kali, Nala começou a perder aos poucos o que apostava a cada dia: suas riquezas e o reino. Amigos e pessoas do povo foram pedir que parassem o jogo, mas quando Damayanti o avisou, ele não respondeu. Envergonhada e desiludida, ela os mandou embora, e todos pensavam que era como se Nala já estivesse morto.

Depois de perder tudo, Pushkara perguntou-lhe se apostaria a única coisa que ainda lhe restava, a esposa Damayanti, que a tudo assistia, impotente. Nala não respondeu, mas jogou seus enfeites no chão e deixou o palácio com Damayanti, cada um trajando apenas uma túnica.

CAMINHANDO A ESMO

Eles vagaram a pé pelos campos e bosques alimentando-se só de frutas e raízes. No terceiro dia viram três pássaros dourados que não voaram com a aproximação deles. Nala jogou sua túnica para capturá-los, mas eles voaram com ela e disseram que eram os próprios dados lançados e que não queriam deixar para alguém como Nala nem mesmo um pedaço de pano.

Com a voz estranha, Nala mostrou a Damayanti onde as estradas se cruzavam, indo para Kosala, Avanti e Vidarbha. Damayanti soltou um grito e perguntou o que ele queria dizer, pois ela suportaria tudo, menos ser mandada embora. E com a voz voltando ao normal, Nala disse que se desfaria até de si mesmo, mas não dela.

Damayanti enrolou Nala com a metade de sua túnica e disse que se quisesse iriam juntos para Vidarbha, onde o pai dela os receberia bem. Mas Nala lembrou que se um dia levou felicidade à família dela, agora só teria a levar dor e choro e que era melhor estarem juntos em lugar desconhecido até que a má sorte passasse.

NALA ABANDONA DAMAYANTI NA FLORESTA E INDRA O OBSERVA

À noite, na floresta, encontraram um abrigo rústico para viajantes e deitaram no chão. Damayanti logo adormeceu, mas Nala não parava de pensar nas várias hipóteses e consequências do que faria. Pensava ser ele a causa de sofrimentos dela, e que se a deixasse talvez voltasse para o pai, em vez de vagar na miséria com o marido. Depois, sozinha, ela encontraria de novo a felicidade.

Viu do lado de fora do abrigo um espadim que estava sem a bainha, mas afiado, e cortou a túnica ao meio, deixando Damayanti sozinha. Então seu coração apertou, e ele não conseguia sair. Voltou, chorou ao vê-la e saiu de novo, sentindo o coração partido em dois, depois de destroçado por Kali e tomado de amor. Saiu e voltou outras vezes até ser vencido por Kali e sumir, tropeçando pela noite sem ver nada.

Do Céu, Indra acompanhava essa guerra entre o amor e a demência, e soltou trovões tenebrosos para levar trevas à floresta Nishada. Coberto de nuvens e chuva, olhou para a Terra e chamou o amigo Karkotaka, rei Naja, que ao ouvi-lo disse que atenderia ao pedido, enquanto abria o seu capelo cheio de preciosidades.

ANDANÇAS DE DAMAYANTI

Ao acordar, Damayanti procurou Nala e chamou-o, perguntando-se por que ele não vinha. Como haveria de passar os dias sem ela? Quanto tempo resistiria exausto e com fome, dormindo ao relento? Sabia que nenhum conforto era igual ao de uma esposa.

Dando-se conta de que estava mesmo sozinha, ela chorou e lembrou que enquanto jogava dados ele sequer a ouvia. Sua mente estava perturbada pela loucura e não devia ser ele a agir assim. Em nome dos deuses que a viram escolher Nala, Damayanti implorou que quem lhes enviara aquela desgraça sofresse uma dor ainda maior e levasse uma vida ainda mais miserável.

Então seguiu sozinha pela mata ao som de grilos, em meio a leões, búfalos, ursos e veados. Atravessou rios e montanhas e seguiu andando até encontrar um tigre. Perguntou por Nala, mas ele não respondeu, seguindo em direção ao rio para beber água. Ela então se deparou com uma árvore Asoka (que quer dizer "sem tristeza") e também perguntou por Nala, mas a árvore não respondeu. Damayanti a circundou três vezes, seguiu e perguntou o mesmo à montanha que se erguia aos céus, dizendo estar com medo e pedindo ajuda. Mas a montanha também não respondeu.

Foi seguindo até chegar a uma vereda tranquila, verde e silenciosa, onde *ascetas espiritualizados* moravam na água, no ar e nas folhas caídas. Eram idosos que haviam buscado o caminho dos Céus pela fé e adoração, e à volta deles os macacos e veados brincavam sem medo dos homens. Havia árvores com frutas e flores à margem de um rio cristalino, em uma paisagem macia de ervas curvadas à brisa de verão.

Ela hesitou em se aproximar, mas um senhor idoso, vestido com cascas de árvore e dois pássaros bravos nos ombros deu-lhe boas-vindas e convidou-a a sentar-se ao seu lado.

CONVERSA COM ASCETA, CHEGADA DE CARAVANA E IDA A CHEDIS

Damayanti então perguntou se estava tudo bem com ele, com as árvores, animais e pássaros à volta. Ele assentiu e perguntou quem era ela e o que buscava – supondo ser uma deusa da floresta, da montanha ou do rio. Quando soube ser Damayanti à procura de Nala pela floresta, recomendou que voltasse a Vidarbha. Disse ver, com seu poder de asceta, que indo para casa seu pai depois o encontraria. Lá onde estavam ela não o acharia, mas um dia eles se veriam novamente e Nala voltaria a governar Nishada, se ela lhes obedecesse.

Damayanti teve os olhos cheios d'água, e quando os fechou para contê-las, o eremita sumiu, levando tudo (animais e fogueiras) que estava à volta. De novo a dor deixou o seu rosto, e quando já era quase noite, viu elefantes atravessando a mata e ouviu vozes humanas. Magra, pálida e com aspecto selvagem, ela viu a caravana preparar acampamento à beira do rio.

Aproximando-se das fogueiras, o chefe se assustou, confundiu-a com uma Rakshasi ou Apsara e pediu proteção. Ela se disse humana, incapaz de fazer mal a alguém, e perguntou-lhes para onde iam e se viram alguém mais na floresta. Disseram ir para o reino de Chedi e juraram – pela vida de Manibhadra, o rei Yaksha, protetor dos viajantes – não ter visto mais ninguém.

Empoeirada, Damayanti foi com eles até a capital dos Chedis, onde vagou pelas ruas e alguns garotos passaram a persegui-la, gritando que ela era atraente naquele vestido esfarrapado, com os seios à mostra e os quadris redondos. Tentou ignorá-los, mas homens e mulheres também se aproximaram e passaram a atirar pedras nela.

AMPARO DE UM BRÂMANE E A VOLTA PARA CASA

Então apareceu Sudeva, vestindo pele de veado e cabelos amarrados em nós, dizendo para ela ficar atrás dele. Ela assim o fez, e ele enfrentou as pessoas pedindo que saíssem dali e não provocassem a ira de um brâmane pacífico e de coração doce.

Um homem da multidão gritou que ele a queria para si, e todos riram. Também incitou os outros a expulsarem aquele *lunático* da cidade, e o brâmane respondeu que perdoaria a crianças ignorantes, mas não a um homem corajoso como ele, e pediu que desaparecesse.

O homem o desafiou, enchendo as mãos de lama pegajosa. Sudeva disse que naquela lama havia uma pequena cobra verde, muito perigosa. O homem balançou as mãos e deu um salto. Sudeva e os outros riram dele, que então encarou a multidão e chamou todos de tolos, ameaçando esmigalhar suas cabeças caso não seguissem o conselho do brâmane e tratassem de suas vidas.

Todos saíram rapidamente, e Sudeva cumprimentou o homem, abençoando-o. Ele disse não ter sido nada, e que apenas viu uma cobrinha inexistente. Mas viu também a espada do brâmane sob a capa, e esta sim existia.

Sudeva levou Damayanti dali e, ao limpar o pó de sua testa, viu em seu supercílio uma marca de nascença, dourada, em forma de lótus, e disse que ela brilhava como um fogo cercado de fumaça grossa.

Contou que o rei Vidarbha mandara muitos à procura dela e que era o primeiro a encontrá-la. Quis saber por que se escondia, e ela disse que procurava o próprio coração, que estava perdido. Sudeva comentou que o coração de seu pai também se perdera, e que, se ela o amava, devia ir até ele e deixá-lo encontrar Nala com os *milhares de olhos* que tivesse à disposição. Ela então concordou, dizendo-se cansada de caminhar a esmo.

Sudeva a levou ao rei Chedi, que a encaminhou a Vidarbha em um palanquim escoltado por cavalaria. O rei Bhima alegrou-se ao vê-la e presenteou Sudeva com ouro, terras e mil cabeças de gado, dando a cada enviado de Chedi um cavalo e seda para cinquenta túnicas. E o palanquim voltou cheio de ouro, no dorso de um elefante.

Ao ver a mãe, Damayanti disse que continuaria a usar a túnica rasgada até encontrar Nala e que, se não voltasse a vê-lo, morreria e trocaria o corpo por um lugar melhor. A rainha chorou e procurou o rei. Bhima chamou a filha e lhe deu explicações. Disse a ela que um rei costumava ter olhos e ouvidos por toda parte. Seus brâmanes e guerreiros a trouxeram e agora procurariam Nala, disfarçados em cada povoado, vila ou cidade ou em qualquer recanto da natureza em que pudessem abordar algum homem.

Quis saber de Damayanti o que deveriam perguntar a Nala e ela disse: "por onde anda e por que, sendo tão bom, faz sofrer tão cruelmente a esposa?".

POR ONDE ANDAVA NALA – ENCONTRO COM KARKOTAKA

Pouco depois de abandonar Damayanti, Nala se vira cercado por um incêndio na mata. Chamas enormes avançavam sobre ele queimando todas as plantas à sua volta. Ele então correu e ouviu uma voz chamando-o pelo nome para que fosse naquela direção. Era uma serpente Naja enrolada sobre a terra, e disse ser Karkotaka. Explicou que só escaparia do fogo se ele a ajudasse carregando-a nas mãos e que se tornaria leve.

Ela se fez do tamanho de um dedo, e Nala fugiu para longe do fogo com a cobra. Ia colocá-la de volta ao chão, mas ela pediu que caminhasse mais um pouco, contando os passos, até que no décimo, Karkotaka picou-o no punho.

Ele deixou a serpente cair, e seu veneno não causava dor, mas deixou-o torto, desfigurado, com o aspecto horrível. Ela voltou ao tamanho normal e disse que agora ninguém o reconheceria, e que enquanto aquele que o enganou permanecesse nele, arderia em dores agudas pelo seu corpo. Assim a desgraça iria passar, e o veneno o protegeria de todo o mal.

Instruiu-o para que fosse até Ayodhya, em Kosala, e se apresentasse ao rei Rituparna como o condutor Vahuka. Eles se tornariam amigos, e Nala já não estaria tão longe da vitória. Karkotaka ainda pegou duas peças de seda de baixo de uma pedra e as deu a Nala, dizendo que quando desejasse ter suas formas verdadeiras era para vesti-las e pensar no Naja.

ENCONTRO COM RITUPARNA

Em Ayodhya, Nala se identificou como Vahuka e pediu ao rei que o contratasse para preparar a comida e cuidar dos cavalos. O rei solar o aceitou, dizendo que sempre gostou de cavalos ligeiros. E que, se os tornasse ainda mais velozes, lhe pagaria dez mil.

Quando Vahuka já trabalhava há algum tempo para Rituparna, o brâmane Parnada precisou descansar e pediu refúgio nas cocheiras. Vahuka deu-lhe água e alimento, dizendo que era melhor ter um lar do que pegar o pó das estradas. Parnada concordou, mas disse ter ouvido no sono um oráculo de Shiva e que não descansaria enquanto não soubesse o significado. Só então voltaria para casa. Eram as seguintes palavras: "Querido jogador, por onde você anda? E por que, sendo tão bom, faz sofrer tão cruelmente a esposa?"

Vahuka suspirou e disse que aquilo podia significar muitas coisas. Que essa esposa fora abandonada, talvez em uma floresta de muitos perigos, e agora podia estar morta. E aconselhou o brâmane a voltar para casa em vez de supor que desvendaria aquele mistério em algum lugar.

O brâmane disse que ele deveria pensar naquelas palavras e sugeriu que a pessoa pudesse estar viva. Vahuka perguntou há quanto tempo as palavras haviam chegado a ele, e o brâmane respondeu que havia menos de dois meses. Vahuka opinou que o jogador devia estar esperando algo, e que se ela o amava, não devia ter raiva de alguém tão fraco, que até os pássaros podiam roubar o último resquício de seu reino.

A NOTÍCIA DE NALA CHEGA A DAMAYANTI

Depois de dez dias, Parnada relatou a Kundinapura e a Damayanti ter procurado Nala em Ayodhya e repetido centenas de vezes as palavras dela, até que ouviu a resposta do condutor de Rituparna nos fundos do palácio. Depois adquiriu os cavalos mais rápidos que encontrou para voltar.

Contou sobre o condutor Vahuka, que, mesmo feio e desfigurado, parecendo um aleijado de nascença por obra de alguma estrela maligna, tinha a fala de um rei. E que quando voltou escondido à noite para observá-lo, viu que não se agachava ao se aproximar de uma galeria baixa, mas a passagem se elevava para ele. Ao preparar o jantar de Rituparna, as tigelas se enchiam de água, e as ervas pegavam fogo sozinhas. Enquanto queimavam, ele acendia o fogão sem se ferir. Quando a comida estava pronta, ele apertava as flores com as mãos para decorar os pratos, e elas continuavam frescas, viçosas e até mais lindas. Para Parnada, ele não se parecia em nada com Nala e não poderia estar disfarçado. Mas era ele!

Damayanti agradeceu dizendo não haver maior bondade do que aquela. Disse que lhe daria o seu ouro e a sua prata e que, quando recuperasse Nala, seu pai lhe ofertaria mais dádivas. Mas que o rei ainda não devia saber.

Damayanti contou a Sudeva que tinham Nala nas mãos e pediu que se vestisse de mensageiro real para ir a Ayodhya. O plano era avisar Rituparna que ela escolheria outro marido no dia seguinte à chegada dele: "Amanhã, nas primeiras horas, a filha de Vidarbha escolherá um segundo marido".

IDA DE RITUPARNA PARA O SUPOSTO CASAMENTO DE DAMAYANTI

Ao ouvir a notícia, Rituparna pediu que Vahuka o levasse até Vidarbha ainda naquela noite e lhe daria tudo que pudesse. Em meio à pressa e àquela visível ansiedade, Vahuka examinou cuidadosamente os cavalos e por fim atrelou com bridas salientes quatro cavalos vindos de Sindh, magros e de grandes narinas, convidando Rituparna a entrar na quadriga.

O rei questionou a escolha e Vahuka disse para ele mesmo escolhê-los, e então Rituparna, pulou para a carruagem com seus trajes mais finos e apenas pediu que o levasse.

Vahuka sussurrou algo para os cavalos e eles se ajoelharam e pularam para o céu, puxando a carruagem e rasgando as nuvens em direção a Vidarbha. Debaixo deles, a Terra parecia girar mais rápida que uma flecha, e de cima dos ventos, Rituparna gritava maravilhado por nunca ter cavalgado tão rápido. E disse que Vahuka era tão exímio nos cavalos quanto ele nos números.

Em pleno ar, Vahuka segurou a carruagem para entender aquelas palavras. O rei apontou uma nogueira e disse ter 50 milhões de folhas, 2095 nozes e que os frutos e folhas caídos no chão somavam 101 a mais que os da árvore. E pediu que ele não se atrasasse, pois era o grande condutor do mundo, não havendo outro igual na face da Terra. Disse que ele seria eternamente feliz e perguntou por que pararam.

Vahuka explicou terem completado um terço do trajeto e que seria bom os cavalos descansarem, desde que não bebessem água. Então o rei sugeriu a Vahuka que fizesse as contas da nogueira. A quadriga desceu, e o condutor verificou que estavam corretos os números do rei, ficando perplexo.

Perguntado sobre como aprendera aquela arte, o rei pegou três dados de sua bolsa amarrada ao cinturão e revelou que também podia tirar qualquer número que quisesse. Vahuka sugeriu o doze, na forma de seis, cinco e um, e o rei assim o fez. Ofereceu outra demonstração, mas Vahuka disse não precisar. E por seu lado o rei perguntou como ele fazia os cavalos correrem tanto. Vahuka lembrou que o rei lhe prometera qualquer coisa e propôs que lhe ensinasse a ciência dos dados e ele mais tarde lhe explicaria sobre os cavalos.

Quando Vahuka aprendeu com Rituparna o controle dos dados, o próprio conhecimento expulsou Kali de seu corpo. O rei não via o deus maligno, mas Vahuka sim: estava trêmulo, com medo, encostado a uma árvore e cuspindo o veneno de fogo de Karkotaka. Kali se pronunciou de modo a só Vahuka ouvir, pedindo que Nala não o amaldiçoasse. Contou que esteve em chamas dentro dele e não pôde escapar antes, pedindo a proteção de Nala ao dizer que todos que proferissem seu nome já não teriam nada a temer dele.

Vahuka esqueceu sua ira e deu as costas a Kali. Subiu com Rituparna na carruagem, e os cavalos voaram em direção a Vidarbha, atravessando o céu.

RECONHECIMENTO DE NALA

Chegando a Kundinapura, Rituparna estranhou não haver os preparativos de uma *swayamvara*, e já no palácio o rei Bhima deu-lhe as boas-vindas, perguntando o motivo da visita. Rituparna pensou um pouco e respondeu que era o de manifestar apreço e estima.

Bhima se disse honrado e ofereceu-lhe descanso, podendo permanecer pelo tempo que quisesse, enquanto desconfiava dessa visita de tão longe apenas para vê-lo, mas imaginando que mais tarde descobriria o verdadeiro motivo.

De um terraço, Damayanti observava Vahuka desatrelando os cavalos e levando-os à cocheira. Então pediu à criada Kesini que falasse com ele. Ela o abordou dando saudações e dizendo que Damayanti queria saber o motivo da vinda. Ele contou que naquela manhã, em Ayodhya, o rei soube da *swayamvara* da patroa dela, e por isso o trouxe.

A criada se surpreendeu por chegarem de tão longe em um só dia, e perguntou se em Ayodhya sabiam de um homem que deixara a esposa dormindo sozinha na floresta depois de prometer, na presença dos deuses, que seria dela para sempre.

Vahuka respondeu que se alguém enlouquecido prometera isso, estava no direito da esposa anunciar que escolheria um segundo marido digno dela, mesmo que esse homem ainda estivesse vivo e incógnito.

A criada chamou-o de "majestade", disse que Nala já não era um desconhecido e que não haveria *swayamvara* alguma, pedindo que ele fosse até Damayanti.

REENCONTRO

Nala tirou da camisa as duas peças finas de seda azul, decoradas com quadrados à volta, no estilo Naja (com que voltaria a ter suas formas verdadeiras), dizendo que se vestiria para então ir com ela ao encontro de Damayanti.

Quando os dois se viram, o passado se tornou uma noite escura enfim iluminada por uma forte luz azul. Damayanti falou do encontro à mãe, que contou a Bhima, e este disse que no dia seguinte veria a filha acompanhada de Nala.

Nala e Damayanti

VOLTA PARA NISHADA

Na manhã seguinte, Rituparna não acreditou ao ver Nala e se desculpou por um possível erro. Nala disse não haver nada a desculpar e que retornaria naquele momento a Nishada. Rituparna se ofereceu a ir junto, mas Nala disse não haver necessidade. Lembrou de que cumprira a sua parte no trato e iria, portanto, ensiná-lo a se locomover rapidamente pelos céus com os cavalos.

Nala ensinou ao amigo tudo o que sabia sobre esses animais, despedindo-se quando ele retornou a Ayodhya. E, com Damayanti ao lado, voltou a Nishada em uma carruagem branca, tendo à frente, como emissário, o brâmane Sudeva, em roupas vermelhas.

Ao identificarem Nala, os Nishadas arrebentaram os portões do palácio. Primeiro entrou Sudeva, e Pushkara saiu para ver quem era e como conseguira entrar. Sudeva respondeu que, ao mencionar Yama, todas as portas se abriam, não havendo muro ou parede que pudesse impedir a passagem de um mensageiro do Senhor da Morte.

Diante da hesitação de Pushkara, o brâmane riu e disse ser Sudeva, o arauto, e desafiava-o em nome de Nala, podendo *escolher entre duelar com dados ou com armas*. Pushkara quis saber o que Nala ainda possuía para apostar nos dados e convidou-o a entrar. Disse lembrar-se sempre do irmão, pois era o único com quem gostava de jogar dados.

E ao ver o irmão, disse que apostaria tudo o que havia ganhado dele contra tudo o que eventualmente ainda tivesse, pois finalmente Damayanti seria sua e lhe serviria como uma Apsara.

Nala propôs o início, e cada um jogou os seus dados. E bendito seja ele, que *recuperou seu reino e sua riqueza em um único lance!*

18. NOVAS HISTÓRIAS CONTADAS NA FLORESTA

CONVERSA ENTRE VYASA E YUDHISHTHIRA SOBRE A SEMELHANÇA DOS CASOS

Vyasa comparou o fato de Nala e Yudhishthira terem caído em desgraça por causa dos dados e disse para o príncipe não se desesperar, pois a roda da sorte sempre sobe e desce. E ouvir essa história antiga com suas personagens (Karkotaka, o rei Naja, a princesa Damayanti, o rei Nala e Rituparna) já seria um veneno mortal para o mal do azar.

Lembrou que o *Veda*, escrito em sua juventude, diz que os trapaceiros podem acabar trapaceados, e quem assim o fizer não terá sua honra turva ou destruída.

Yudhishthira quis saber qual era a trapaça e Vyasa explicou que, enquanto Duryodhana governasse sozinho, ganharia força, e que no *Veda* é dito que um dia e uma noite desconfortáveis equivaliam a um ano. Yudhishthira argumentou que não poderia ir a Duryodhana expor isso e que, além do mais, Arjuna estava ausente. Mas ambos concordaram que o darma de um rei não era viver na floresta, nem praticar a miséria e o desconforto.

Vyasa encerrou lembrando que, se ele quisesse honrar sua promessa, deveria perder o medo de ser ainda intimidado por alguém hábil no jogo. E disse conhecer a ciência dos dados tão bem quanto o rei Ayodhya da história e iria ensiná-la a Yudhishthira.

E acrescentou que *uma folha flutuando no Ganges* lhe trouxera notícias das montanhas: *os Himalaias haviam queimado com o calor da batalha entre Arjuna e um caçador da cordilheira.*

ENQUANTO ISSO NO LITORAL

Por esses tempos, enquanto Arjuna estava nos Céus, houve o encontro de Krishna com Aswatthaman na região de Dwaravati. Eles caminharam ao vento pelas areias desertas, e o filho de Drona propôs a troca da arma de Brahma, que seu pai relutantemente lhe dera, pelo disco chakra.

Krishna deu-lhe o disco sem pedir nada em troca, depositando-o na areia para que Aswatthaman o pegasse. Mas, com todas as suas forças, Aswatthaman não conseguia movê-lo. Krishna disse que nem Arjuna, nem seus filhos ou irmãos lhe pediram o disco, então quis saber contra quem ele o usaria. Aswatthaman disse ser contra o próprio Krishna, e então partiu, dizendo que, se o disco não podia ser seu, isso o deixava sem rival.

NECESSIDADE DE PEREGRINAR – BHIMA E YUDHISHTHIRA CONTAM HISTÓRIAS PARA DRAUPADI

Para os irmãos de Arjuna, depois de um mês, os seguintes não lhes pareceram longos. O mesmo se deu em relação ao primeiro e ao segundo ano. As estações se alternavam com todas as suas transformações, e logo se passaram dez anos.

Uma noite, Yudhishthira sonhou que estava só na floresta, perto de casa, e começava a amanhecer. Subitamente, os seres diurnos começaram a se agitar e ele se sentiu observado por muitos olhos que quase podiam ser vistos na mata. Conforme o dia clareava, Yudhishthira viu homens, mulheres e crianças à sua volta, todos com pele de veado, em silêncio. Um homem saiu das árvores e, sem dizer nada, ajoelhou-se perto dele.

Com as mãos unidas no peito, disse que eram veados – os poucos restantes – e que de alimentar as pessoas acabariam desaparecendo.

Yudhishthira acordou e sugeriu aos outros que partissem dali para que os animais se recuperassem. Bhima concordou, avisando que, se permanecessem, só sobrariam mesmo as ervas. Lembrou de Mankanaka, um velho que fora advertido sobre os perigos da má alimentação, e contou sua história para Draupadi.

HISTÓRIA DE MANKANAKA

Mankanaka era vegetariano, amigo dos animais. Um dia se feriu, e em vez de sangue saiu seiva. Ele começou a dançar, e a Terra toda tremeu junto, fazendo tudo desabar e levantar poeira, com os mares agitados. Todas as coisas corriam perigo até ele se dar conta do que estava fazendo.

Então chamaram Shiva, que vestiu trajes de eremita para descer à Terra e ficou quieto e imóvel enquanto tudo bailava. Serenamente, pediu a Mankanaka que também se aquietasse, e ele assim o fez, acalmando o mundo. Explicou que dançava por causa da seiva saindo de sua mão, e Shiva, com brandura, sorriu e fincou a unha em seu polegar, fazendo voar cinzas brancas como a neve, que pousaram com delicadeza.

E assim Shiva salvou o mundo, contou Bhima, dizendo que o mesmo poderia acontecer se eles passassem a comer só ervas. Yudhishthira disse que dessa maneira poderiam eliminar Duryodhana, mas precisariam encontrar Arjuna antes do fim do ano, se algo ainda restasse dele após o encontro com Urvasi.

Draupadi não sabia da Apsara e fez perguntas. Yudhishthira contou ter sido ela a provocar o nascimento de Rishyasringa, filho de um eremita com uma cerva vermelha. E a pedido de Draupadi, Yudhishthira começou a contar.

19. História de Rishyasringa

A GRANDE SECA E O FILHO DE VIBHANDAKA

Nas terras de Anga, em uma floresta, Vibhandaka viu a ninfa Urvasi banhar-se no rio e, não aguentando, deixou sua semente vital sair do corpo e cair sobre o lago, onde uma cerva vermelha que lá bebia a engoliu. Dela nasceu um menino com manchas aveludadas no supercílio, que depois viraram cornos de cervo. O pai viu o bebê chorando e o pegou para ele, dando-lhe o nome de Rishyasringa, que cresceu sem ver outra pessoa a não ser o pai.

Quando ele virou rapaz, houve uma seca terrível em Anga, com o sol torrando e escaldando tudo, sem se ver nenhuma gota de chuva. O Ganges diminuiu em seu leito, córregos secaram, e de muitos poços só sobrou lama, restando uma atmosfera pesada que ameaçava a vida de Anga como um grande peso em um forno.

Na capital Chamba, à meia-noite, na sacada de seu palácio, o rei Lomapada perguntou aos sábios ministros como fazer para voltar a chuva. Eles responderam que, se um homem de coração puro suplicasse, ela voltaria.

O rei enviou mensageiros por todo o reino, e não encontraram nenhum coração limpo. Os dias continuavam tórridos, as noites sufocantes, e nada de chuva. Até que um velho lhe falou sobre um longínquo lago acima do rio Kausiki, onde muito tempo atrás vira uma cerva parir um menino. O garoto já devia ser homem, e se estivesse por lá, seria tão inocente como um cervo. Disse que se ele viesse a Champa, a chuva cairia.

O rei quis mandar sua carruagem para buscá-lo, mas disseram que não havia estrada. Sugeriu seu elefante e o exército, mas disseram que levariam meses para transpor as montanhas e as florestas. O rei insistiu em um elefante abrindo o caminho, e então lhe lembraram que esse homem devia ser assustado como um cervo e fugiria. E ninguém tinha outra sugestão a dar.

INICIATIVA DA PRINCESA

Logo depois, a princesa Santa procurou seu pai e, estando a sós, disse-lhe que traria Rishyasringa da floresta. O rei quis saber como, e ela disse apenas para que seus homens lhe obedecessem e que não seria difícil executar o plano: ela e as criadas iriam até lá e voltariam com o filho da cerva. O rei concordou e perguntou sobre as ordens que deveria dar.

Ela pediu que tirassem todos os assentos da barca real e a enchessem de terra. Ficaria só o leme. E na barca seria construída uma cabana, rodeada de árvores, flores arbustos e ervas, para que não se percebesse que era uma barca. E que um barco a rebocasse pelo Kausiki.

E assim o eremitério flutuante foi rebocado até o lago e atracado às suas margens, confundindo-se com a terra firme. Santa explorou as matas até descobrir a cabana onde Rishyasringa morava, e que seu pai Vibhandaka saía de dia à cata de comida. Um dia, vendo o eremita sair, Santa foi até a casa vestida de sedas raras, levando uma bola de borracha e uma cesta com frutas e vinhos. Quando chegou, a cabana estava vazia e havia apenas um cervo adulto de vinte chifres a observá-la da beira da clareira.

Santa fingiu não ver o veado e olhou para dentro da casa, dizendo-se triste por ter ido visitar Rishyasringa e sequer poder vê-lo, chorando como se seu coração estivesse partido. Sentiu alguém de pé atrás dela, e era Rishyasringa, a quem encarou diretamente nos olhos, que eram calmos como os de um cervo, olhando-a com interesse entre as pontas dos chifres.

Ele apresentou-se dizendo o nome, dando-lhe bom dia e boas-vindas ao eremitério. Ela desejou que estivessem em paz na floresta, que as obras de seu pai fossem cada vez mais numerosas e que ele também seguisse pelos elevados caminhos da devoção.

Rishyasringa disse que o brilho dela era como a luz, pedindo que se sentasse naquelas esteiras de capim pois lhe traria água fresca para beber e lavar os pés, e deliciosas raízes e frutas cruas para comer. Perguntou seu nome, onde morava e a que votos religiosos se devia o seu brilho.

Santa explicou que morava longe e que seus votos a impediam de dizer o nome, de aceitar água ou comida e de tê-lo inclinado diante dela. Pela sua religião, ela é quem deveria dar comida e bebida do cesto e lavar seus pés. E, por seus votos serem estritos, devia primeiro segurá-lo em seus braços e apertar os lábios dela nos dele.

Abraçando Rishyasringa, Santa beijou-o, e os dois se sentaram para comer os frutos trazidos de Champa, desconhecidos dele, e para beber os vinhos antigos da adega de Lomapada. Ensinou-lhe o darma secreto de brincar de atirar a bola de borracha e o mistério escondido dos *jogos de pegador*. Depois de cansados, sorridentes e felizes, ela o abraçou novamente, pegou suas coisas e saiu, soltando olhares tímidos e acanhados sobre os ombros, dizendo que ia ofertar ao fogo sagrado em sua morada, mas voltaria a visitá-lo.

RELATO AO PAI

Pouco depois, quando Vibhandaka voltava de sua coleta com frutos, nozes e raízes – caminhando seguro como um leão *forte* e *gracioso*, com seus olhos castanhos e brilhantes e o corpo coberto até as unhas por uma penugem loura – adentrou o casebre e perguntou a Rishyasringa (que olhava para o nada) por que não havia cortado a lenha. O filho não o ouviu, e ele perguntou se já havia polido as cuias e colheres. Também não respondeu.

Vibhandaka berrou, perguntando o que estava acontecendo e se o filho estava louco. Este suspirou, olhou para o pai, suspirou de novo e disse que para onde olhasse o mundo estava vazio, agora que seu amigo partira. E Vibhandaka quis saber que amigo era esse.

Rishyasringa contou ao pai que recebera a visita de um estudante de religião e que ele era brilhante e gracioso como um deus. Mais do que lindo, tinha os cabelos negros e longos, perfumados e presos por cordões dourados. Tinha a pele macia como o ouro quente e fino, e no peito levava duas almofadas arredondadas. Suas roupas eram maravilhosas e diferentes, tinha uma flor desconhecida no cabelo, e à volta do pescoço um enfeite de muito brilho. Tinha a cintura fina e trazia contas musicais nos pulsos e nos tornozelos.

Sua voz era alegre e clara, como o canto de um pássaro pela manhã, e tinha belíssimas curvas negras sobre os olhos. Trazia uma enorme fruta redonda que caía no chão e pulava de volta, e ele o abraçou, puxando seus cabelos para aproximar as bocas e fazer encostar os lábios, soltando pequenos sons murmurantes. Deu-lhe frutas doces, sem cascas ou caroços, e uma água sagrada aromática de leve sabor que o deixou feliz e fez a Terra parecer girar sob seus pés. E então, com uma devoção ansiosa, ele voltou à sua casa.

Rishyasringa disse que seu coração agora estava triste, e sua alma ansiava pela volta daquela figura, de quem gostaria de ser sempre amigo e companheiro. Vibhandaka disse-lhe que aquilo era um Rakshasa, pois era assim que eles surgiam à luz do dia. Não conseguindo conquistá-lo, teria tentado enfraquecê-lo com alimentos temperados e água envenenada para voltar à noite e despedaçá-lo com suas presas ensanguentadas, engolindo-o, terrível como era. E perguntou se não tinha os olhos vermelhos de tanto beber sangue.

Rishyasringa disse que não, e o pai não desistiu, dizendo que estaria disfarçado e que era para o filho não temer, pois não lhe deixaria arruinar sua vida e no dia seguinte iria persegui-lo e matá-lo, e que suas orações protegiam o lar. Pediu que o filho não olhasse mais para aqueles monstros medonhos e demoníacos, e Rishyasringa prometeu evitar os Rakshasas para sempre.

SANTA LEVA RISHYASRINGA PARA O REINO

Rishyasringa era ingênuo, mas nem tanto, e quando viu Santa no dia seguinte, caminhou entre as árvores até ela e pediu, ofegante, que fossem até a casa dela antes que seu pai voltasse.

Santa levou-o para a casa flutuante e o entreteve *com coisas que ele jamais havia visto*, e assim Rishyasringa não percebeu que navegavam rio abaixo até chegarem ao Ganges, já perto de Champa. Lá, a Marinha os interceptou, e o rei veio a bordo para pedir chuva.

Rishyasringa mal pensou em dizer algo quando um raio estremeceu o céu e a chuva caiu aos cântaros, espalhando a água do rio e cobrindo a terra empoeirada como flechas pontudas. O rei Lomapada correu para o meio da chuva sob nuvens negras relampejando e estava completamente encharcado quando gritou, em frente à porta da casa flutuante, rindo e chorando ao mesmo tempo, que iria casá-los, e que os esperava no palácio. E em seguida partiu.

Com a chuva caindo por vários dias, as plantações voltaram a germinar. Lomapada deu a Rishyasringa metade do palácio e ele morou lá com Santa até as chuvas amainarem e as estradas do reino deixarem de estar enlameadas, voltando a dar passagem.

Rishyasringa alertou o rei de que seu pai haveria de chegar atirando ferozmente das montanhas à caça do "demônio" que teria lhe levado o filho. Mas Lomapada sorriu para o novo "filho" e disse que já antevira essa situação. A maldição de Vibhandaka seria devastadora como a ira de um rei, mas não lançaria praga contra eles. Disse a Rishyasringa que se preparasse para apresentar a esposa ao pai, e não pensasse mais no assunto.

COMO O PAI SOUBE DA HISTÓRIA E FINAL FELIZ

Vibhandaka desceu das montanhas examinando cada mata, vigiando às noites para achar sinal do "furtivo" Rakshasa, até aproximar-se de Champa. Mas mal deixara a encosta das montanhas e foi recebido pelo povo de Anga ao longo do caminho como um senhor querido e amigo que há muito não viam. Quando sentia fome ou cansaço, aparecia alguém que estivesse cuidando de um rebanho ou plantação para alimentá-lo e dar abrigo.

Na primeira noite em que isso se deu, ele explicou ao fazendeiro que haveria de encontrar o "espírito maligno" e arrebentaria sua cabeça em milhares de pedaços por ter comido o seu filho. Mas ouviu em resposta que em nome de Rishyasringa ele era muito bem-vindo e que aquele "santo homem" havia salvado a todos da morte e vivia agora no palácio do rei em Champa. Todos os campos e o gado agora eram dele, e por isso lhe eram dadas boas-vindas em seu nome.

Vibhandaka quis saber quem, afinal, era o Rakshasa, e o fazendeiro respondeu que era Santa, a filha do rei. Explicou-lhe que não havia chuva até Santa trazer a eles o filho do eremita, e que sem ele estariam todos mortos. Entendendo a história, Vibhandaka pediu apenas que na manhã seguinte lhe dessem um cavalo.

No resto da viagem a Champa, o pai percebeu que Rishyasringa era dono de todos os campos e de todas as vacas ao longo da estrada, e a cada dia recebia um cavalo melhor para montar. Na segunda noite ele soube da casa flutuante e na terceira, que seu filho se casara com Santa. Na outra manhã Lomapada chegou para saudá-lo com uma refeição matinal feita com as próprias mãos. De noite, usando magnólias douradas, Vibhandaka e o rei entraram no palácio de braços dados. Santa serviu-lhes o jantar, e Vibhandaka deu as melhores bênçãos ao filho e ao casamento.

E à luz áurea que saía dos chifres magníficos de seu filho, pediu que, quando nascesse seu neto, que fossem todos visitá-lo. Rishyasringa concordou, e Lomapada perguntou se ele precisava mesmo partir. Vibhandaka disse que sim, de madrugada. O rei ofereceu o seu barco mais veloz, mas o eremita recusou-o, dizendo preferir andar por temer que *o conforto destruísse todos os homens*.

20. ÁRVORE DE NARAYANA

DECISÃO DE IR PARA O HIMALAIA

Yudhishthira avisou os irmãos que precisariam partir, e Sahadeva quis saber para onde iriam. Ele disse que para a montanha Kailasa, nos Himalaias, onde os Yakshas guardavam o castelo de Vaishravana, Senhor das Riquezas e de todos os tesouros.

Os Pandavas e Draupadi iniciaram então a jornada, e quando as carruagens não podiam mais subir as encostas, esconderam-nas e começaram a andar.

TEMPESTADE NAS IMEDIAÇÕES DE KAILASA

Perto de Kailasa, Yudhishthira pediu a todos que baixassem os olhos e ficassem em silêncio, pois estariam próximos ao pico de Rishava. Rishava era um homem feroz e solitário que vivia no cume e odiava conversas e companhias humanas. Um dia pedira à montanha que lançasse pedras, ventos e furacões quando houvesse barulho de gente, e mesmo depois de morto a montanha continuou a obedecer-lhe.

Seguiam em silêncio quando, bem embaixo do pico, Yudhishthira torceu o tornozelo e gritou "maldição". Começaram os vendavais, saraivadas de pedras e nuvens de areia, não se podendo ver o chão. Ouviam-se barulhos de folhas e árvores quebradas, e tudo ficou escuro. Sahadeva curvou-se sobre o vaso de barro que guardava o fogo do grupo e procurou uma caverna, enquanto os irmãos se escondiam atrás de rochedos, ou de formigueiros enormes, duros como pedra.

Bhima trouxe Draupadi para trás de uma escarpa e a protegeu inclinando-se sobre ela, enquanto caía uma chuva forte de gotas imensas. Em meio a trovões, relâmpagos, e até um rio de lama, toras e pedras começaram a correr sob seus pés, e em todas as direções não se via céu nem terra, somente água.

De repente tudo parou, e o sol voltou a brilhar. Nakula torceu a água de seus longos cabelos negros e ajudou Yudhishthira a levantar-se. Então prosseguiram até que uma centena de montanhas grandes já cobrissem o pico e se avistasse Kailasa, em seu tom prateado fosco contrastando com o céu.

Aquele era o seu lado visível para o mundo, mas os Pandavas se dirigiram à encosta longínqua de trás e subiram até o alto do planalto, atingindo o campo em que havia uma árvore gigante, de frondosa copa de folhas, flores delicadas e frutas doces.

No tronco gigantesco dessa árvore, a *árvore de Narayana*, à sombra de seus galhos – bem acima do mundo – os Pandavas se recostaram para descansar. E sentindo em suas costas o caule fresco, naquele antigo e abençoado retiro, o cansaço foi logo superado.

Do alto da montanha, viram cachoeiras caírem para as profundezas, águas brotando pelos canais de coral e rubi a formar uma rede de rios que desembocavam em lagoas vermelhas, tingidas pelo pólen do lótus, onde elefantes mergulhavam ao lado de cisnes e gansos selvagens. E acima, nas escarpas e montes de Kailasa, sobre picos de ouro e pedras preciosas, todos tingidos com metais montanheses, cresciam plantas de folhas prateadas e árvores douradas da cor do fogo e do azul do mar turquesa. Pelos penedos passavam rios coloridos – pretos, marrons, amarelos, brancos – e cavernas de cobre refletiam como um pôr do sol petrificado.

21. A FLOR DE LÓTUS – BHIMA ENCONTRA HANUMAN E O SENHOR DOS TESOUROS

DRAUPADI PEDE UMA FLOR

Em uma manhã, Draupadi estava do lado de fora quando o vento nordeste soprou em seu colo uma flor de lótus branca de mil pétalas. Ela nunca vira flor tão linda e perfumada e mostrou-a a Bhima dizendo o quanto era maravilhosa. Lembrou que, mesmo quando Arjuna estava por perto, *era para ele que ela pedia ajuda*. Disse que se tivesse várias daquelas flores, decoraria toda a casa com ramos de igual beleza.

Bhima soube que a flor viera voando das montanhas e saiu com o arco e suas flechas empenhado em conseguir mais delas, afastando-se da árvore de Narayana, onde eles haviam feito lar. Entrando pela floresta, observou algumas maravilhas do lugar: pavões nos galhos dançavam ritmados pelos sinos das Apsaras que só eles ouviam, e era como se fosse começar a chover. Então abriam suas caudas como coroas para as árvores. E por todos os lados havia abelhas negras, cheias de néctar, em passeios suaves sobre as flores.

Então ele subiu mais pelas matas, observado pelos veados e por esposas de Yakshas escondidas.

BHIMA SE DEPARA COM UM MACACO

Na trilha estreita de um bosque fechado, Bhima viu seu caminho bloqueado por um macaco cor de cobre deitado. Ele tinha ombros largos, rabo longo e meio torto na ponta, pescoço curto, orelhas vermelhas, olhos fechados e cabeça sobre os braços.

Bhima pediu que saísse do caminho, mas ele mal olhou e na discussão disse estar doente. Disse que os bichos eram ignorantes, mas os humanos, muito mal educados, e quis saber o que um "asno" como ele estava fazendo ali.

A discussão continuou – Bhima quis saber quem era ele de fato e ouviu ser apenas um macaco, que estaria doente e usando todo o seu vigor para poder respirar –, e houve insistência, até o macaco explicar que por ali ele não passaria, pois era um caminho que levava aos Céus e era usado apenas pelos deuses. E aquele seria um aviso caridoso para que Bhima não recebesse pragas e maldições. O Pandava disse não ter medo, e o macaco respondeu que neste caso bastaria levantar seu rabo. Bhima tentou de todos os modos e não conseguia mesmo mover o rabo do macaco.

O MACACO ERA HANUMAN – IRMÃO DE BHIMA

O macaco recitou um verso que falava no Filho do Vento, e o Pandava exclamou "Hanuman", levando as mãos à testa e dizendo ser seu irmão Bhima. Hanuman riu muito, espreguiçando-se, enxugando lágrimas com as patas, e pulou nas árvores, saltando de galho em galho e pendurando-se pelo rabo. Rodou, rodou, caiu, riu, até fazer um olhar matreiro para Bhima e pedir uma banana.

Bhima não trouxera comida. Hanuman recitou outro verso e disse que traria Duryodhana amarrado para ver se achava uma banana em Hastinapura. Bhima agradeceu, mas disse para ele não fazer isso. Hanuman contou ser *como o relâmpago*, e então Bhima questionou-o, pois se levou o anel de Rama a Cita (no outro épico, *Ramayana*, contemporâneo ao *Mahabharata*) quando ela era prisioneira, por que não a trouxe de volta com ele?

Hanuman entendeu que Bhima queria fazer tudo sozinho, como Rama, e mais uma vez pediu comida. Bhima o criticou por estar com a matraca como um ser humano, como se fosse dono do mundo, o que Hanuman disse que até gostaria, mas que macaco corre atrás de tudo e não alcança, pois logo se distrai com outro assunto – e a um macaco não interessa a balbúrdia de possuir bens. Pediu que Bhima não dissesse onde ele estava, pois viveria pelo tempo que a história de Rama fosse ouvida na Terra, e não queria ser perturbado. Apenas Bhima poderia visitá-lo, mas Bhima disse que ficariam pouco, apenas pelo tempo de Arjuna voltar.

LAGO DE LÓTUS E O CASTELO DE VAISHRAVANA

Hanuman indicou onde ficava o lago de lótus. Mais tarde Bhima avistou-o do alto de Kailasa, repleto de flores de mil pétalas, puramente brancas e azuis bem clarinhas. Ele reclinava o arco, sorrindo, com o queixo entre as mãos, quando todas as sombras desapareceram e num clarão ele viu, pelo canto dos olhos, um grande pórtico de joias a fechar-se em silêncio. Era a entrada do palácio de Vaishravana, deus das Riquezas, todo feito de ouro e cristal, com imensas muralhas de pedras preciosas e pérolas brancas, largas como as estradas das grandes cidades. As torres de prata e marfim eram altíssimas, com claros vitrais feitos de finas folhas de diamante, e os telhados pontiagudos de turquesa e lápis-lazúli.

As fileiras de bandeiras reluzentes e estandartes de seda esvoaçavam em mastros de âmbar, e nos jardins e bosques atrás dos muros havia inúmeras pilhas de pedras não lapidadas à sombra. Lá estavam todas as riquezas do mundo, na atmosfera calma e clara à luz dos Himalaias, nos raios piscantes de luar que à noite mostram as cores verdadeiras de tudo que existe.

ALARDE ENTRE OS YAKSHAS E CONVERSAS COM BHIMA

Um Yaksha de orelhas que pareciam cravelhas e olhos totalmente redondos fechara o portão principal do castelo de Vaishravana e então correu para Manibhadra, o rei Yaksha, e sussurrou algo. O rei avisou Vaishravana que um mortal os observava da montanha. Vaishravana mandou atrelar os cavalos, pegou seu laço de diamantes e a espada de cristais, um arco, flechas de pedra e de ferro, enquanto Manibhadra atava uma guirlanda dourada à sua testa. Metade do castelo se ergueu puxado por 18 mil cavalos, numa carruagem colossal de nuvens escuras entrelaçadas de arco-íris brilhantes amarrados com nós que mudavam de cor.

Os cavalos voaram rápido em direção a Bhima, arrastando o céu com as patas e sugando o ar com os pulmões. Bhima, em meio à enorme sombra, ouviu Vaishravana interrogá-lo da janela sobre ter violado o Castelo da Aurora do Mundo. Bhima ainda sorria para o lago de lótus e não olhou para cima, nem respondeu.

Vaishravana, Senhor dos Tesouros, pulou da janela e flutuou a dois palmos de Bhima, perguntando, baixo e feroz, quem era ele. Bhima, ainda sorrindo, disse que não importava. Vaishravana disse que precisaria matá-lo, e Bhima, com voz meiga, perguntou se ele via as flores de lótus de mil pétalas.

Vaishravana maravilhou-se – achou de uma beleza maior que a da lua cheia ao despontar de trás de uma nuvem escura à noite – ao saber que Bhima não tinha ido até lá para roubar-lhe.

Bhima disse que, assim como os pássaros e outros animais, não desejava suas riquezas, e sim as flores perfumadas. Mesmo assim, Vaishravana disse que Bhima precisaria morrer por ter visto o seu castelo – o que se daria pelas mãos de 36 milhões de Yakshas –, querendo ainda saber seu nome. Bhima respirou e com um sopro arrancou a armadura de Vaishravana. Avisou ao Senhor dos Tesouros para ter cuidado, pois ele era o *Filho do Vento*.

Milhares de Yakshas voaram da carruagem e se postaram em formação atrás de Vaishravana. Mas este os reteve e suas armas desapareceram. Bhima falou que a mente dele era mais difícil de domar que a de um macaco, mas pediu a Vaishravana que aceitasse a ideia de lhe trazer uma *braçada de flores*. Vaishravana indagou se Kaunteya estava atrás dele com os irmãos e soube que aguardavam Arjuna no eremitério de Badali, perto da árvore Visala.

Vaishravana reconheceu Bhima e se sentiu honrado, pedindo que Manibhadra trouxesse as flores. O chefe dos Yakshas despejou os lótus nos braços de Bhima, curvou-se solenemente e desapareceu. Vaishravana disse para aceitá-los como presente junto à sua proteção, pois enquanto vagassem pelo mundo, ele os guardaria. E ofereceu hospedagem – dizendo não ter amigos verdadeiros em qualquer dos mundos – mas Bhima explicou que esperariam Arjuna diante da árvore de Narayana, como queria Yudhishthira.

Vaishravana perguntou o que fariam depois, e Bhima fechou seu punho enorme como uma serpente de cinco cabeças e disse que depois viria Duryodhana. Vaishravana insistiu em saber o que ele faria ainda depois, e Bhima disse que um macaco e um deus o convidaram a retornar, e que Kailasa seria um bom lar.

Vaishravana recomendou aproveitar o que era bom e suportar o que era mau, dando a Bhima uma seda para amarrar as flores, e então subiu em sua carruagem. Os cavalos voltaram, e o castelo saiu voando e zunindo, como se mil pássaros de asas macias revoassem até uma árvore.

Bhima se viu só na montanha. O palácio de Vaishravana já não era visível e apenas seu pai, o Vento, movia-se embaixo do vale e subia as encostas, soprando entre as árvores e agitando as flores no lago. Voltou com as flores de Draupadi, e logo começaram as chuvas. A Terra estava tranquila e pacificada, enquanto chovia sem parar nas florestas de Kailasa.

22. Volta de Arjuna

DESCIDA NA FLORESTA

Os animais conversavam: os bois e cervos, os macacos, javalis e ursos, elefantes, leões e leopardos, búfalos e tigres. Os sapos pulavam alegres, os pardais e cucos cantavam. Havia nuvens escuras, muita chuva e enxurradas.

Veio o outono trazendo diferentes ervas, e a noite ficou mais fresca. As estrelas e os planetas se mostravam mais próximos, e na claridade do dia não havia neblina ou pó. O ar ficou transparente como um novo colar de córregos e rios vestindo a montanha, e pássaros brancos voavam a cada dia para os lagos cheios ao sul.

Matali surgiu guiando a carruagem de Indra e deixou Arjuna na selva, próximo à árvore de Narayana. O Sol vestia uma guirlanda de luz, e Arjuna se postou diante de Yudhishthira com a coroa celeste e todas as armas luminosas dos Céus. O irmão abraçou-o.

Arjuna despejou enfeites celestes nas mãos de Draupadi, e ao caírem as joias, uma pedra brilhante como o sol cintilou com tanta intensidade que chegou a cegá-los, e quando recuperaram a visão, a carruagem celestial já havia partido.

VOLTA A KARAJANGALA – DURYODHANA VIGIA OS PANDAVAS

Os Pandavas saíram de Kailasa deixando para trás os penhascos e cachoeiras, caminharam por trilhas finas até as planícies. Com a Montanha de Prata ao longe, Yudhishthira desejou que pudessem voltar a Kailasa. E o vento uivou, dizendo-lhes que *o mundo é amplo*, imenso!

Nesse início do 12º ano, os Pandavas voltaram ao reino de Dhritarashtra e fizeram lar próximo ao lago na floresta de Kamyaka, entre carvalhos floridos e marmeleiros dourados.

Sakuni disse a Duryodhana que eles estavam de volta, e que era agradável vê-los naquela vida desconfortável de camponeses.

Duryodhana disse ao pai que iria para as campinas contar gado, saindo com Karna, Duhsasana, Sakuni e mais 80 carros de guerra e 30 elefantes. Levantaram tendas perto do lago Dwaitavana, e depois de descansarem pediu aos homens que montassem prostíbulos naquela margem para o gozo de todos.

23. KAURAVAS EM ATRITO COM OS GANDHARVAS

PROIBIÇÃO DE USAR O LAGO

Duryodhana e Karna conversavam às gargalhadas e vários outros Kurus foram até o lago, sendo barrados por dois Gandharvas. Eles disseram que ninguém podia entrar lá por ordem de seu rei. E pediram que avisassem Duryodhana antes que alguém ali morresse por nada.

Os soldados voltaram, mas Duryodhana e seus guerreiros marcharam para o lago. E no mesmo local os Gandharvas desarmados pediram que eles voltassem. Duryodhana, do alto de seu elefante, disse ser filho do poderoso rei Dhritarashtra e que poderia ir aonde quisesse. Os Gandharvas riram e disseram já ter ouvido falar de sua tolice e arrogância, avisando que não eram seus servos. Duryodhana ordenou ao elefante que avançasse, e os Gandharvas saíram voando.

OS GANDHARVAS EM GUERRA CONTRA DURYODHANA E SEU EXÉRCITO

Duryodhana gritou "avante" e ordenou que todos o seguissem, acreditando ter afugentado os Gandharvas. Seus homens aplaudiram e se lançaram à frente.

Os Gandharvas voaram como um meteoro até Chitraratha, o rei Gandharva, e conversaram com ele. Sorrindo, ele retirou a Apsara que estava em seu colo e calmamente colocou uma flor atrás da orelha, para responder: *"ao ataque"*.

Multiplicando-se pela ilusão, dez Gandharvas atacaram cada guerreiro de Duryodhana ao mesmo tempo, e rapidamente o medo e o pânico fizeram dispersá-los à exceção de Karna e Duryodhana. Karna, de sua carruagem, rechaçava os Gandharvas com filetes de luz no céu e rodeou-se junto a Duryodhana com uma blindagem cintilante. Mas Chitraratha criou sombras sobre esses muros de luzes, e eles desabaram como pedras sobre Karna, fazendo um grande estrondo.

O elefante de Duryodhana se apavorou e disparou cegamente em direção ao lago. Karna continuava paralisado sob os destroços da carruagem, e Chitraratha atracou-se tão violentamente com Duryodhana que o próprio príncipe pensou estar morto, sendo então lançado a uma rede de ferro atada ao céu.

Então os outros Gandharvas também lançaram Sakuni e Duhsasana nessa rede, e todos os Kurus que puderam capturar. Mas deixaram Karna onde ele caíra, pois Chitraratha sabia que nenhuma rede dos Gandharvas poderia retê-lo.

Alguns dos Kurus escaparam e foram pedir proteção aos Pandavas. Yudhishthira acalmou-os dizendo que os protegeria, e ordenou a Bhima e Arjuna que fossem em socorro dos Kurus.

ARJUNA SALVA DURYODHANA, QUE SE SENTE HUMILHADO

Arjuna ordenou aos Gandharvas que soltassem seus prisioneiros em nome de Yudhishthira. Os Gandharvas disseram que só obedeciam a Indra, mas Bhima disse que eles não tinham o direito de aprisionar homens. E pediu que libertassem pacificamente aquele reizinho de olhos espantados, que estava preso em uma rede como peixe.

Eles negaram, riram, e só pararam diante das mil flechas do arco de Arjuna saídas contra eles. Então amontoaram-se no ar e Arjuna construiu à volta uma jaula de flechas, incluindo o telhado. Todos ficaram presos e muitos morreram.

Arjuna ouviu o som de uma corda de cítara e viu uma bola de fogo avançando rápida. Bhima derrubou-a com uma lança, e ela ficou imóvel, silenciosa, queimando na grama.

Arjuna manteve o arco retesado e procurou no céu, mas nada se via. Então Chitraratha apareceu no alto, segurando uma cítara. Com sua coroa de ouro de cinco pontas, perguntou o porquê da jaula a Arjuna, que pediu a ele que deixasse os Kurus partirem. Chitraratha explicou que Duryodhana viera apenas para zombar deles, e que por isso também estava lá. Bhima concordava que, espreitando ou não, o Kaurava deveria ficar seu prisioneiro para sempre.

Arjuna insistiu na libertação. Chitraratha suspirou e concordou, mas lembrou que Duryodhana *sempre* estaria planejando algum mal contra eles. Disse já não ter paciência e que viera apenas para combatê-lo. E Bhima disse que o primo já não o esqueceria.

A jaula de flechas balançou ao vento e, no atrito, as setas pegaram fogo até virarem cinzas. Com os Gandharvas livres, Chitraratha tocou sua cítara e assim os que estavam mortos reviveram. Viu-se a rede de ferro descer suave e o semblante de Chitraratha ficar sombrio, até ele sumir em um clarão de luzes vermelhas.

Yudhishthira ajudou Duryodhana a sair da rede e perguntou o que mais poderia fazer por ele, mas o primo se afastou mudo, enquanto os outros agradeciam a Yudhishthira por tê-los salvado.

24. Inconformismo de Duryodhana

FUNDO DO POÇO – O PRÍNCIPE KAURAVA PENSA EM DESISTIR

Duryodhana chegou ao acampamento no anoitecer, e quando Karna voltou, tarde da noite, ele estava sentado na cama. Karna achou que o Kaurava tivesse vencido os Gandharvas, mas ele contou a verdade, mostrando-se humilhado e desacreditado.

Sentia-se em dívida com os Pandavas, pensando em matar-se ali mesmo, por inanição. Queria dar seu lugar a Duhsasana e que Karna levasse o exército de volta à cidade. Karna o apoiou, dizendo não ter sido um combate justo. Os Pandavas teriam apenas cumprido o dever. O rei Gandharva era amigo de Arjuna e não faria mal aos Pandavas, libertando-o por amizade.

Duryodhana ainda se lamuriava, e Karna chamou-o de criança sem sabedoria, sugerindo que fosse *agradável com os Pandavas* e em agradecimento *devolvesse-lhes o reino*. Assim, *voltaria a ser feliz*. Duryodhana se negou, e Karna novamente o chamou de criança e tolo, indo até a porta e saindo.

Duryodhana, sozinho, foi se dilacerando até só restarem trapos. Pôs ervas na terra e sentou-se sobre elas. Quis morrer e fez votos de não mais comer. Recolheu sua mente, percebeu os sentidos se fecharem, parou de ver, ouvir e sentir. Preparava-se para desligar os *cem mil fios negros e brancos* entrelaçados da vida e então libertar-se. Sentiu frio.

ENCORAJAMENTO DE KALEE

Então vislumbrou diante de si a negra e terrível deusa Kalee, com as serpentes de língua rachada vomitando veneno penduradas em sua cintura. De seu colar de cabeças humanas corria sangue sobre os seios, e com dez braços segurava armas, fogo, peste e medo. Descabelada, tinha olhos selvagens e dançava ao som dos gritos de medo.

Duryodhana sorriu e disse não ter nada com ela, voltando a baixar os olhos. Kalee, imóvel, mirou-o diretamente na alma e pediu que não morresse. Disse ter sido ela quem fez seu corpo. A parte superior era de diamante indestrutível, e a inferior, de flores da montanha. Pediu paciência e insistiu para que não morresse.

Duryodhana olhou para cima, nos olhos selvagens da deusa, e perguntou se, por ter sido criado por ela, seria então seu servo. Kalee disse que ele era difícil de ser vencido e que guerreiros de grande coragem combateriam ao seu lado contra os Pandavas. Ela mesma endureceria seus corações, destruiria os que vivem pelas armas e mataria os guerreiros que matam.

Disse que aqueles que amavam os Pandavas ainda haveriam de destruí-los e que todos os Kurus estariam com ele na batalha. Duryodhana, o grande guerreiro, nunca seria vencido por uma arma justa.

Duryodhana piscou os olhos, e Kalee sumiu. Viu que estava amanhecendo, foi até o lado de fora e sentiu o ar fresco, perfumado como nunca. Viu Karna e falou para esquecer tudo, convidando-o a comer alguma coisa.

25. Rapto de Draupadi

ARTIMANHA DO REI JAYADRATHA, CUNHADO DE DURYODHANA

Duryodhana voltou a Hastinapura a tempo de ver o casamento da irmã Duhsala com Jayadratha, o rei Sindhu. Na volta desse rei à sua terra com a esposa, pararam no lago Dwaitavana. Enquanto os servos davam de beber aos cavalos e elefantes, entrou sozinho com a carruagem pela floresta e, numa clareira, viu a casa dos Pandavas com Draupadi à porta, apoiada em um galho.

Jayadratha puxou conversa, e ela disse que esperaria a volta de seus maridos para poder recebê-lo, pois não costumava falar com estranhos. Ele disse saber quem ela era, da fama de sua beleza e que já se sentia apaixonado. Convidou-a a não mais se ocultar na floresta e sim deixar os maridos para agraciar seu palácio, onde poderia ser vista e admirada.

Draupadi se enfureceu e recomendou que ele deixasse de ser tolo, tivesse cuidado e partisse logo. Jayadratha insistiu, convidou-a a passear de carruagem só até o lago, e ela disse que os Pandavas o trucidariam. Ele disse não ter medo, e Draupadi deu-lhe as costas, mas Jayadratha a agarrou e subiu com ela na carruagem, pondo os cavalos a galope.

Na floresta, os Pandavas perceberam os animais correndo assustados, fugindo do lago, e gritos de pássaros alertando que havia muitos homens na mata. Pararam de caçar e voltaram para casa. Na trilha, uma corça pequena chorava, e Yudhishthira conversou com ela. Ela disse, metaforicamente, que um chacal ousara penetrar na toca dos leões. Então falou do rapto e de Draupadi, a quem ela amava por ser bondosa e sempre brincarem às margens do riacho. O leite branco seria agora derramado sobre cinzas?

Yudhishthira abraçou a corcinha, prometeu trazer Draupadi de volta e perguntou mais detalhes. Ela indicou a direção, e Bhima disse que aquelas palavras o feriam como dardos, enquanto notava alguns galhos quebrados pela carruagem.

OS PANDAVAS IMPEDEM O SEQUESTRO

Já fora da floresta, os Pandavas avistaram a carruagem indo em direção oeste. O rei Sindhu disse a Draupadi que fora descoberto muito rapidamente, que nem mesmo a princesa valia a sua vida e que sozinho ele correria mais. Ajudou-a a descer, disse não lhe desejar mal, e ela sugeriu que ele fugisse rapidamente.

Jayadratha saiu em disparada, e Draupadi olhava para os dois lados, o do rei fugitivo, *examinando-o*, e o dos Pandavas se aproximando. Bhima e Arjuna passaram em disparada, enquanto Yudhishthira e os gêmeos a acudiram.

Sahadeva tomou-a nos braços, perguntando se estava bem. Ela disse que sim e perguntou se Arjuna e Bhima o alcançariam. Olhou para Yudhishthira e perguntou se iria atrás, dizendo que não chegou a lhe fazer mal. Yudhishthira lembrou que se o matassem, serviria de pretexto para Duryodhana, agora irmão do rei Sindhu, revidar. Os Pandavas haveriam de recuperar o reino e era melhor adiar a morte de Jayadratha. Draupadi concordou.

Nakula e Sahadeva voltaram com Draupadi, e Yudhishthira foi atrás dos outros irmãos. Estes, lado a lado em suas carruagens, perceberam que o raptor se afastava, então Arjuna lançou uma flecha que partiu o carro de Jayadratha, lançando o rei na estrada em rodopio. O rei levantou a espada, e os irmãos ofereceram a ele escolher um dos dois para lutar.

O rei contou vantagem e disse aceitar qualquer um, mas nesse tempo chegou Yudhishthira, autorizando o rei a partir. Este ainda queria lutar, mas, com autorização de Draupadi, Yudhishthira recusava momentaneamente a luta, pois chegaria a hora.

O rei Sindhu pediu perdão por ter desobedecido ao darma, não tendo antes os desafiado por ela. Bhima disse que mais uma vez obedeceria ao irmão. Quis apenas saber se Draupadi fora ferida, e Yudhishthira disse que não.

26. Milagre de Krishna

MULTIPLICAÇÃO DE ALIMENTO

Ao escurecer, Yudhishthira, Arjuna e Bhima voltaram à casa da floresta, juntando-se a Draupadi e aos gêmeos à volta de uma fogueira. Algo se mexeu à beira do fogo, e apareceu Vyasa, velho, moreno e cabeludo. Yudhishthira convidou-o a jantar, e Draupadi foi até a cozinha. Usou a pequena chama de acender o fogão – guardada para os deuses domésticos – e logo se tocou de que não havia comida.

Ela pensou: "Ó Krishna, o que farei?", e então se assustou ao vê-lo de pé recostado à parede. Disse que ela o tirou da cama e que também estava com fome. Pediu algo, e Draupadi explicou ser essa a questão, que eles não tinham nada. E explicou por que os maridos não caçaram naquele dia.

Draupadi observou Krishna procurando nos potes e panelas e quis saber por que ele se deitava cedo. Krishna perguntou se ela não sabia de suas 16 mil esposas, e Draupadi disse que já ouvira falar, mas nunca acreditou.

Krishna então pegou um grão de arroz e a sobra de um legume à borda de um pote de ferro. Pediu a Draupadi que se sentasse à frente dele e fechasse os olhos sem se mexer. Disse ser algo difícil de fazer e então sentou-se no chão e segurou as duas coisas. Os sons noturnos da floresta pararam, e o fogo diminuiu até apagar. Krishna começou a recitar no silêncio, suavemente, e pediu que ela também escutasse o que ele havia ouvido.

Em invocação a Narayana – de quem o luar é o sorriso e o Céu e a Terra a ilusão – disse que *no fim do Tempo* viria *a seca e depois os sete sóis trazendo fogo e mergulhando a Terra em morte e cinzas, envolta de nuvens coloridas incendiadas.*

Draupadi, Arjuna e Krishna

Os relâmpagos explodiriam, e cairiam *águas, afogando o Sol, a Lua, a Terra e as estrelas. Eis que a divindade* engoliria *os ventos* e flutuaria, *adormecida, sobre as águas escuras, descansando sobre Sesha, a serpente de mil cabeças, branca como as pérolas.* Ela acordaria e, *como vaga-lume piscante na noite chuvosa* se lançaria *ao mar procurando terra.* Mergulharia e a traria de volta *como antes,* e novamente a colocaria *sobre Sesha* e criaria *todas as coisas, como antes.*

E depois de recomeçar o Tempo, quando Sesha bocejaria *fazendo tremer a Terra, você não iria a ela pedindo "só mais um pouco?". Narayana, se falei corretamente, que este alimento seja levado ao mundo todo.*

Krishna engoliu o grão de arroz e a sobra de legume, e os fogos tremeram, voltando a viver. Draupadi ouviu os Pandavas conversarem com Vyasa do lado de fora, e Krishna disse para ela abrir os olhos, pois já estava feito. Draupadi olhou para ele e disse que antes tinha fome, mas agora... Krishna disse que agora não havia ninguém no mundo com fome: todos tinham comida até o pescoço. E tremeu, repetindo que aquilo era difícil.

VYASA OFERECE CONTAR OUTRA HISTÓRIA

Krishna voltou à sua morada distante, e Draupadi foi juntar-se aos Pandavas. Na noite fresca e calma da floresta, a perdiz, capaz de nutrir-se de néctar dos raios lunares, viu com brilho nos olhos a lua cheia nascendo entre as árvores. Draupadi avisou que não tinham comida, e Arjuna disse para ela não se preocupar, pois Vyasa contaria uma história.

Ela perguntou se não estavam mesmo com fome, e realmente ninguém estava, nem mesmo Vyasa, que lhe sorriu perguntando que tipo de história ela queria ouvir. Draupadi pediu uma história de amor, e Vyasa disse que passaria a contar uma que falava da vitória do Amor sobre a Morte.

27. História de Savitri e Satyavan

UMA LINDA PRINCESA

Aswapati, rei Madra, tinha uma filha jovem e linda de nome Savitri. Muitos homens vinham para desposá-la, mas nenhum à altura (ela achava todos sem graça, fúteis, vaidosos, cheios de orgulho e presunção). Um dia ela saiu em seu carro dourado de guerra para encontrar aquele que enfim lhe despertaria o desejo. Visitou vilas e cidades, mas os habitantes a temiam, e então decidiu procurar na floresta.

Sua carruagem abria caminho na mata com violência: os pássaros fugiam e alguns animais de terra paravam para observá-la, enquanto outros se escondiam atrás de árvores ou pedras, ou cavavam tocas para se enfiarem.

Savitri visitou retiros de brâmanes e xátrias que haviam trocado o mundo pela floresta e voltou dizendo ao pai que o havia encontrado. O pai quis saber quem era, e Savitri pronunciou seu nome: Satyavan. Contou que o pai dele, Dyumatsena, havia se tornado cego com o tempo e perdido o reino de Salwa para um inimigo, e assim fora viver na floresta com a esposa e seu único filho, Satyavan.

Aswapati se disse feliz e que faria os preparativos para irem logo visitá-lo. Mas antes consultou um de seus ministros, que lhe narrou o nascimento de Satyavan na cidade do pai, sendo levado ainda neném à floresta onde vivia. Seria leal, bondoso, belo como a Lua, e teria o vigor e a energia do Sol. Generoso, corajoso e paciente como a Terra, teria apenas um defeito: morreria dali a exatamente um ano.

O rei contou o que soube à filha e pediu que mudasse de ideia (não queria a sua infelicidade), mas ela estava decidida: tivesse ele a vida curta ou longa, era quem havia *tomado por marido em seu coração*. O rei concordou e disse que partiriam no dia seguinte para a floresta.

IDA AO EREMITÉRIO DE DYUMATSENA

O rei levou a filha ao eremitério e, ao lado do rei cego, sentados sob uma árvore, pediu que ele a aceitasse como filha. Dyumatsena quis saber como ela suportaria viver na floresta, e Aswapati disse saber que *a alegria e o choro seguem seu curso* no lugar onde estivermos. O pedido foi considerado e aceito por Dyumatsena, que abençoou os dois. Depois de os reis consumarem o matrimônio de seus filhos, Savitri voltou com o marido para a cidade.

Cheio de amor e com um casamento feliz, o ano restante da vida de Satyavan passou rápido. Savitri contava os dias, e quando só restava um, à véspera da morte, ela passou a noite observando o marido até a madrugada. Deu-lhe uma refeição, mas ela mesma não comeu, pois esperava o momento daquele fatídico dia.

Quando o sol estava à meia altura, Satyavan pegou o machado e foi com Savitri à floresta recolher lenha. Com doçura, ela o seguiu sorridente, observando as alterações de seu espírito. Encontrando uma árvore caída, ele começou a cortar os galhos, mas suou e teve calafrios. Quando Savitri foi enxugá-lo, sentiu a cabeça latejar, incomodou-se com a luz e deitou-se no colo dela para descansar.

Ao fechar os olhos, a face retorceu-se e ficou pálido de repente. Mas a cor voltou, e ele adormeceu sereno com a cabeça sobre a coxa da esposa. Ela correu os dedos no cabelo úmido dele e, sentindo-se observada, levantou os olhos. Era Yama, alto e encorpado, fitando o marido de Savitri com olhos escuros e firmes. Tinha a pele verde-escura, vestes rubras e uma flor vermelha nos cabelos negros e soltos. Estava de pé, próximo, com um pequeno laço de fibras douradas na mão esquerda e voltado para Satyavan com um olhar de paciência e bondade.

Savitri pôs a cabeça do marido no solo, e o deus a fitou mexendo a cabeça, mas de olhos fixos. Ela se apresentou e ele disse, com brandura, que os dias de seu marido haviam se completado, e ele então viera buscá-lo. O Senhor da Morte botou sua mão próxima ao coração de Satyavan e arrancou-lhe a alma – um ente do tamanho de um polegar – para prendê-la em seu laço. Com a alma tomada e amarrada, o corpo de Satyavan não mais respirou e se tornou frio. Então Yama seguiu para a floresta, mas Savitri foi atrás e andou ao seu lado.

Yama pediu que ela voltasse e preparasse o funeral, mas Savitri iniciou uma conversa, dizendo saber que ele fora o primeiro homem a morrer e encontrar *o caminho da morada que não pode mais ser tomada*. Yama consentiu e insistiu que ela voltasse, não podendo passar dali. Estaria livre de qualquer elo com o marido e de qualquer compromisso.

Mas Savitri continuou, dizendo que todos os que nasciam um dia iriam segui-lo, e pediu que a deixasse seguir só mais um pouco, como amiga. Yama parou e lentamente se voltou a ela, dizendo ter razão. E que como não tinha medo dele, aceitava-a como amiga, oferecendo em troca algum pedido que lhe pudesse atender, desde que não fosse devolver a vida de Satyavan.

SAVITRI SEGUE EM CONVERSAS COM YAMA

Dizendo que a amizade só se confirma depois de sete passos dados juntos, Savitri pediu a volta da visão de Dyumatsena. Yama assim o fez e pediu novamente para que Savitri voltasse, por estar cansada. Ela negou o cansaço, e por estar pela última vez com Satyavan, pediu permissão para caminhar junto mais um pouco. Yama aceitou, dizendo fazer bem poder dar algo, pois ele normalmente só tirava. E ofereceu mais um pedido, exceto o que já estava negado. Ela quis que Dyumatsena recuperasse o reino, e Yama assim o fez.

Seguiram em direção sul, e os galhos pendurados se abriam para que eles passassem, fechando-se em seguida. Em um riacho, Yama deu de beber a Savitri com a própria mão, dizendo não ser difícil dar. Quando a vida terminava, era preciso dar tudo, e não era difícil.

A dor existiria na vida, mas não na morte, e o difícil era encontrar quem fosse digno de receber. Disse que ninguém lhe escapava pois já vira a todos, e olhou para Savitri, comentando que, apesar disso, aquela água não era mais límpida que seu coração: ela buscava o que almejava, escolhia e a questão se resolvia; não desejava ser outra pessoa e há muito ele não via isso. Então ofereceu um novo pedido, desde que não fosse a vida de Satyavan.

Ela pediu que seu pai tivesse cem filhos, e Yama lhe concedeu, dizendo que também pedisse algo para si, menos a vida de Satyavan. E ela pediu para ter cem filhos de seu marido.

Yama se sentou na margem do rio, vendo a água que fluía como uma serpente de prata. Disse que ela respondeu aquilo sem pensar, e que falou a verdade. Mas como haveria de ter filhos de Satyavan se ele havia morrido? Yama disse saber que ela não havia pensado nisso, e como Satyavan não estava mais vivo, tudo estava acabado.

Savitri explicou que por isso não pedira nada para si, pois metade sua estava morta e sequer ansiava pelo Céu. Yama suspirou e disse ser sempre imparcial com todos, e mais do que ninguém sabia sobre a verdade e a justiça, e *que todo o passado e todo o futuro eram mantidos coesos pela verdade*, da qual o perigo sempre fugia.

Perguntou a Savitri quanto valia a vida dela sem Satyavan, e ela disse que nada. Perguntou se lhe entregaria metade de seus dias na Terra, e ela disse que sim. De olhos fixos, Yama aceitou passar a metade dos dias de Savitri para Satyavan. Perguntou se queria saber quantos eram, e ela disse que não, perguntando se agora poderiam voltar. Yama ergueu o laço e já não havia nada nele. A alma de Satyavan descansaria com ela, que teria de levá-la de volta. Então levantou-se e prosseguiu só, com o laço vazio. E quando Savitri se virou para voltar, uma árvore perto de sua casa foi atingida por um forte raio.

SATYAVAN RESSUSCITADO E VOLTA AO EREMITÉRIO

Ela só chegou à noite, e o corpo do marido permanecia gélido ao luar. Então sentou-se ao lado, pôs a cabeça dele no colo e sentiu que a pele se aquecia pelo contato com seu corpo. Satyavan abriu os olhos e a fitou como quem volta de uma longa viagem e olha para casa. Sentou-se e disse ter passado o dia dormindo, sonhando que estava sendo levado embora.

Ela disse que isso já tinha passado, e ele perguntou se não fora um sonho. Ela disse estar tarde e que ali ardia uma árvore para guiá-los de volta. Ajudou o marido a levantar-se e equilibrar-se, pondo os braços dele em torno de seus ombros, e os próprios braços em torno da cintura dele. Disse que levaria o machado e que em casa eles conversariam.

No eremitério, Dyumatsena punha lenha no fogo e contava histórias de reis de outros tempos à esposa. Notando a chegada de Savitri e Satyavan, disse ter recuperado a visão naquele dia e que percebia *estrelas em seus cabelos* e o ouro que reluzia *do fogo brilhando em sua pele*. Sentaram-se, e Savitri contou que Yama apareceu para levar-lhe o marido, mas por fim o deixou. Em sua bondade, devolveu a Dyumatsena a visão e em breve lhe devolveria o reino e daria filhos a Aswapati e a eles.

Pediu que ficassem e avisou que prepararia uma ceia, mas Dyumatsena pôs a mão em seus ombros e a impediu de levantar-se, trazendo-lhe ele mesmo a comida. Ao terminarem, chegou um mensageiro de Salwa, e ele pediu, não sendo segredo, que a mensagem fosse ouvida por todos.

O ministro mandava avisar que matara a faca o ilegítimo rei e que os fiéis a ele não ousaram resistir, abandonando a cidade. Guardava-lhe o reino e que era para agir como achasse melhor.

28. O Dharma em um Lago

EXEMPLO PARA OS PANDAVAS

Vyasa concluiu sua história dizendo a Draupadi que Savitri transformou a desgraça em alegria. E disse-lhe para que seguisse o exemplo em relação aos maridos, pois mesmo desterrados no exílio não perderiam o ânimo e a esperança *tendo-a para amar*.

YUDHISHTHIRA SALVA OS IRMÃOS

Depois de um mês da visita de Vyasa, os Pandavas caçavam quando viram entre as árvores um veado magnífico. Aproximaram-se em silêncio e já bem perto cada um atirou sua flecha, que zuniu sem atingir o alvo. O veado fugiu saltitando e mais à frente parou para observá-los a distância. Os Pandavas o seguiram floresta adentro até que ele sumiu.

Sob uma árvore, cansados e com sede, eles conversaram. Para Nakula, não faltaram chances de atingirem a presa. Yudhishthira pediu que ele subisse na árvore para ver se avistava água. Ele avistou, não tão longe, plantas aquáticas onde havia canto de garças, e Yudhishthira o enviou até lá para encher a aljava vazia. Nakula não voltou, e Yudhishthira enviou Sahadeva com seu arco e flechas. Mas ele também não voltou.

Arjuna se dispôs a segui-lo, e Yudhishthira pensou que nada poderia deter Arjuna. Mas ele também não voltou. Yudhishthira pediu a Bhima que também fosse e avisou que o seguiria após cem batidas do coração e que qualquer coisa que visse era para gritar. Mas quando Yudhishthira começou a seguir Bhima, ele já estava fora de vista, sem fazer nenhum ruído.

Yudhishthira rastejava com cuidado, mantendo uma flecha no arco retesado, mas não ouviu aviso nem pressentiu perigo. A floresta terminava em uma lagoa cristalina e ele se viu a céu aberto, não acreditando no que via: os quatro irmãos deitados imóveis como arco-íris à beira do lago.

Ele inclinou-se e viu que estavam mortos, sem nenhum ferimento, parecendo os deuses Guardiões dos quatro cantos do mundo destruídos no fim dos tempos. Sentou-se à beira d'água e tentou conversar com Arjuna, vendo-o morto com o arco Gandiva e as flechas jogadas na areia. Sem ele e sem Bhima, suas esperanças estavam perdidas.

Indagava-se sobre tudo quando quis beber um pouco de água e ouviu uma voz dizendo para não fazer aquilo. Não via ninguém, até que a voz invisível se identificou como dona daquele lago. Seria um grou, comedor de peixes pequeninos, e teria matado os seus irmãos por não poderem responder às suas perguntas.

Yudhishthira disse que, para conseguir fazer isso, ele não seria uma simples ave. A voz disse ser o que era e contou que os gêmeos não a obedeceram, e depois Arjuna a desafiou, exigindo que se mostrasse. Lançou flechas por todas as direções, e a voz o questionou por não simplesmente responder às perguntas antes de beber a água. Mas ele desprezara o aviso por achá-la uma ave pequena e indefesa, e também pereceu ao beber.

Bhima pareceu ouvir, mas não se dignou a levantar os olhos. Achou que teriam de lutar e tratou de primeiro beber água, e assim também se matou. Agora, para Yudhishthira, fazia a mesma advertência: primeiro responderia e depois beberia quanto quisesse. Yudhishthira cogitou ser vítima de encantamento, mas notou sons de veados e ursos nas árvores, pássaros, pés de cana e junco balançando ao vento, e percebeu não haver magia.

EXAME POR PERGUNTAS E RESPOSTAS

Ofereceu-se a responder, e a voz invisível perguntou-lhe quem era o amigo dado pelos deuses. Yudhishthira respondeu ser a *esposa*, este sim um amparo seguro. Ela perguntou o que pesava mais que a Terra, e ele disse ser *uma mãe*. E sobre o que estava além dos céus, ele disse *um pai*.

A voz perguntou o que era mais rápido que o vento, e Yudhishthira respondeu ser a mente. Sobre o que era mais numeroso que folhas de grama em um campo, ele disse *nossos pensamentos*. E sobre o que não se move depois de nascer, ele disse *um ovo*. Perguntado sobre *o que não tem coração*, Yudhishthira respondeu *a pedra*. E sobre qual o apoio do homem, ele disse *as nuvens*.

Sobre quem era amigo dos doentes, ele respondeu *o médico*. E o do moribundo? A *caridade*. A voz perguntou quem hospedava todos os seres vivos, e Yudhishthira respondeu *o fogo*. Sobre o que era *o universo inteiro*, ele disse *nada a não ser ar rarefeito e espaço vazio*. Sobre o que viajava eternamente sozinho, ele disse *o Sol*. E sobre o que ainda renascia depois de renascida, ele disse *a Lua*.

Sobre a melhor dentre todas as coisas louvadas, ele disse a *habilidade*. Sobre o bem mais valioso, respondeu *o conhecimento*. Sobre algo que só se nota pela falta, ele disse *a saúde*. Sobre a maior felicidade, respondeu *a alegria*. Sobre algo que enriquece alguém quando era jogada fora, ele disse *a cobiça*. E perguntado sobre o que era a cobiça, respondeu ser *um veneno*.

A voz perguntou o que encobria todo o mundo, e Yudhishthira respondeu a *escuridão*. E sobre qual inimigo jamais seria vencido, ele disse *a ira*. Sobre o que era a honestidade, respondeu *tomar todas as criaturas vivas como a si mesmo e dividir com elas o seu próprio anseio de viver e o medo da morte*.

A voz perguntou como a paz podia ser falsa, e Yudhishthira respondeu que *pela tirania*. Sobre qual doença era incurável, disse que *um falso amigo*. E sobre por que se abandonava os amigos, respondeu que *por avareza*. Perguntado sobre o que era a *inveja*, respondeu *o desgosto do coração*, e sobre o que era *desgosto*, que era a *ignorância*.

A voz perguntou o que causava o *desejo de bens e propriedades*, e o Pandava respondeu que *nada senão os próprios bens e propriedades*. Sobre quem estaria no Inferno mesmo vivendo na Terra, disse ser o *homem rico que não aproveita nem sabe dar aos outros*. Sobre o que seria a *boa fortuna*, disse o *resultado do que se fez honestamente*, e sobre quem era desonesto, ele disse o cruel.

Sobre *hipocrisia*, disse que a determinação de valores religiosos *para os outros* era hipocrisia, e sobre como harmonizar *bondade, proveito* e *desejo* – em geral hostis entre si –, Yudhishthira respondeu que *em uma esposa boa* as três coisas eram uma só. Sobre quem era verdadeiramente feliz, disse que um homem sem dívidas.

Sobre a maior maravilha de todas, disse ser os vivos pensarem que *a morte de modo algum virá a mim hoje*, quando todos os dias podia tirar inúmeras vidas. Sobre qual a coisa mais rara, disse que era saber quando parar. E sobre qual a maior *riqueza*, respondeu que o *amor e a bondade* eram melhores que o ouro, e a *honra* valia mais do que salas repletas de joias. E disse não saber o que a voz pensava sobre isso tudo. A voz disse que ele respondia bem, e disse ser ela o *Dharma*, seu pai. E que viera para testar seus méritos, constatando serem verdadeiros. E que agora *restaurava a vida a seus irmãos*.

Yudhishthira umedeceu sua túnica externa e torceu-as sobre os irmãos para que revivessem. Disse que, por não obedecerem a Dharma, ele havia transformado a água em veneno, e estavam mortos até ele, Yudhishthira, responder-lhe.

Arjuna, recolhendo o arco e as flechas esparramadas, disse que se sentia melhor do que antes de morrer. E que quando chegassem às carruagens, mataria um veado para cada um. Sahadeva disse que apenas um veado bastaria, pois à meia-noite do dia seguinte se iniciaria o décimo terceiro ano.

29. Refúgio no Reino de Matsya

INÍCIO DO 13º ANO

Pela arte da ilusão, os cinco Pandavas e Draupadi esconderam as carruagens e escaparam facilmente da floresta Kamyaka entre os espiões de Duryodhana. Atravessaram o rio Yamuna e, sem serem vistos, entraram em Matsya, governada pelo idoso rei Virata.

Perto da capital havia um cemitério cheio de corpos carbonizados, e nele uma gigantesca árvore Sami que fornecia galhos secos para lenha. Yudhishthira propôs esconderem os arcos e espadas ali para não serem descobertos. Como a árvore não seria derrubada – era *a mãe sagrada do fogo* – seria um bom esconderijo.

Nakula pegou todas as armas, embrulhou-as com couro e levou-as para o alto, num lugar onde do chão não se via e a chuva não molhava. Ao descer, alguns pastores se aproximaram, levando ovelhas para a cidade. Arjuna e Bhima haviam encontrado um cadáver e amarrado a um ramo. Yudhishthira saudou os pastores; disse serem caçadores das montanhas e que aquela era a mãe deles, falecida aos 180 anos. Penduraram-na ali como era o costume dos ancestrais.

Os pastores de Matsya lhes desejaram paz e seguiram com pressa. Os Pandavas partiram em direção à cidade e no pôr do sol acamparam num prado à beira da estrada, combinando como se disfarçariam.

A NOVA IDENTIDADE DE YUDHISHTHIRA

De manhã, Yudhishthira foi à corte de Virata. O rei notou-o parado à porta do palácio – alto, magro, rosto amplo e nariz curvo, com algo envolto em um pano azul – e pediu que o trouxessem. Ele identificou-se ao rei como o brâmane Kanka, que vagou muito anos em busca de conhecimento e aprendeu na floresta a ciência dos dados. Queria agora viver em Matsya e propôs, em troca de abrigo, ensinar ao rei o jogo de dados e como movimentar no tabuleiro as peças de marfim de quatro cores. Desatou seu pano azul e mostrou seus dados de ouro com pequenas turquesas incrustadas.

Com eles, ou com outros – em vermelho sobre preto ou em uma só cor – ensinaria o rei a jogar de modo a nunca perder. Mas se aceito, não se envolveria em nenhuma disputa causada pelos dados. Virata aceitou a proposta e disse que responderia por ele, a quem todas as portas do reino estavam abertas. E que se mais algum necessitado o procurasse pedindo ajuda, que o rei o receberia.

A NOVA IDENTIDADE DE BHIMA

De tarde, Kanka e Virata jogavam dados quando o rei viu pela janela um homem claro e alto, de ombros fortes, braços longos e graciosos, com os olhos grandes e negros de um touro e três rugas no pescoço largo, desajeitado e vestido de preto. Caminhava altivo e sensível como um elefante, cobrindo o cabelo com panos e carregando uma grande cuia de bronze.

Comentou sobre o forasteiro, e Yudhishthira disse tê-lo visto na estrada. Chamava-se Vallabha, cozinhava para o rei Yudhishthira e já preparara refeições para ele. Disse ser o melhor cozinheiro que Virata poderia encontrar.

O rei mandou chamá-lo, e Bhima entrou. Disse ter vindo do reino dos Kurus, onde servia a Yudhishthira, que agora estava desaparecido. Virata conhecia toda a história e disse que Vallabha servira a um rei infeliz e não tinha culpa por estar desempregado. Disse que, se Yudhishthira tivesse um amigo como Kanka a seu lado, não perderia Indraprastha nos dados.

Quis saber de Yudhishthira, e Vallabha, parecendo triste e sem esperança, disse que talvez tivesse morrido de vergonha junto aos irmãos, pois o exílio fora um fardo pesado. Mesmo com os melhores pratos preparados por ele, pareciam definhar lentamente pela dor e pesar, e até suas mentes pareciam debilitar. Eles se Draupadi estavam embrenhados na mata e podiam ter sido devorados por tigres e ursos. Esperou-os muitos dias, mas, ao acabar a comida, deixou a floresta por não saber caçar.

Virata interpretou a história a seu modo, supondo que no fim Duryodhana havia conseguido o que tanto quis. E pediu que Vallabha (Bhima) lhes preparasse o jantar.

NOVA IDENTIDADE DE DRAUPADI

De noite, Draupadi dirigiu-se ao portão das mulheres do palácio com seus belos cabelos negros – macios como uma brisa e presos por uma fita de seda em uma só trança sobre os ombros – vestida como criada – uma peça única de seda rasgada e imunda – e tendo apenas um lenço à cabeça. Uma empregada que fora acender os lampiões do átrio atendeu-lhe o pedido e abriu o portão, levando-a a Sudeshna, a rainha de Virata.

A rainha se surpreendeu com a beleza da moça, mas pensou que seria mesmo uma criada, ou não se desmereceria em fazer qualquer tipo de serviço. Draupadi ofereceu trabalho e identificou-se: para a esposa de Krishna, Satyabhama, ela seria Malini, *a que tece guirlandas*, mas seu nome verdadeiro era Sairindhri, *a que serve*, sendo muito hábil em pentear cabelos e preparar perfumes e guirlandas de flores variadas. Fora autorizada por Satyabhama a deixar Dwaravati e conhecer o mundo, oferecendo seus serviços em troca de belas roupas e boa comida.

Sudeshna desconfiou, tecendo elogios à beleza dela e perguntando se não seria a própria deusa Lakshmi a prová-la. Disse que o rei costumava estar com ela, mas nunca estaria ao lado de Sairindhri (Draupadi), que iria incendiá-lo com sua beleza. Mesmo sem fazer nada, ela despertaria inveja em todas as mulheres e nenhum homem poderia resistir.

Draupadi elogiou a beleza da rainha e disse que ninguém precisaria vê-la. Ela teria cinco maridos Gandharvas, filhos de Chitraratha, velando por ela, e não tinha medo de nenhum homem de Matsya. A rainha perguntou, nesse caso, qual seria a necessidade de servir, e Sairindhri explicou que os Gandharvas a aguardavam eternamente, mas quando ela fosse para o Céu não mais retornaria. E que eles se entediavam com as mulheres celestes. Disse que apenas não lavaria os pés de ninguém, nem comeria sobras de comida. Sudeshna a aceitou, para servir apenas a ela, tornando-a mais linda.

NOVA IDENTIDADE DE SAHADEVA

O rei Virata se empanturrou da comida de Vallabha (Bhima) e sorria satisfeito, quando Kanka (Yudhishthira) se aproximou, explicando que, por ter se tornado o seu procurador, vinha recebendo muitos pedidos e falou de um vaqueiro que do lado de fora predizia que naquela noite a lua prateada seria engolida.

Na conversa, entenderam que, por ação do demônio Rahu, a lua despontaria de seu pescoço. O rei, estudioso das *ciências naturais* quando menino, entendia daquilo e quis saber quem havia lhe contado. Kanka falou de Tantripala, que era forasteiro como ele, vaqueiro e desempregado. Virata pediu uma lâmpada e desceu com ele aos currais onde estava um homem barbado, vestido com pele de veado, que os saudou e conversou na língua dos vaqueiros.

Disse conhecer instantaneamente o passado e o futuro de todo o gado que via. Quando cuidava, nenhum adoecia, e sim todos se multiplicavam. E teria uma habilidade menor de ler as estrelas.

Perguntado se via Rahu, o Rei dos Meteoros, disse que não, mas que podia calculá-lo, e que naquela noite ele encobriria a lua. Isso comprovaria a sua perícia como astrônomo, mas que estava sendo usada apenas para chamar-lhe a atenção. Sua especialidade era cuidar do gado.

Enquanto falava, a lua foi sendo coberta, e Virata viu-a diminuir, desaparecer, reaparecer, crescer e se tornar cheia novamente, aliviando-se por *o Rei das Estrelas* estar livre. Kanka sugeriu a contratação, pois o vaqueiro falava a verdade. Virata ainda lhe ofereceu o cargo de astrônomo, mas Tantripala (Sahadeva) disse para esperar até ver seu gado se multiplicar. O rei ficaria mais rico; cada vaca daria mais leite, e as bravias se acalmariam.

Perguntado se conversava com elas, Tantripala disse que não falavam nada de interessante, mas quem as entendesse devia estar do lado para incutir ideias corretas em suas mentes, mostrando que estavam felizes. E assim Virata contratou-o para cuidar de suas cem mil cabeças, pedindo a Kanka que lhe desse um quarto no palácio.

NOVA IDENTIDADE DE ARJUNA

Naquela noite Arjuna estava sentado em um campo, sob as estrelas, reunindo forças. Quando a lua desapareceu, ele convocou a maldição de Urvasi, aceitando que sua virilidade desaparecesse por um ano. E quando a lua pairava a oeste, pouco acima do horizonte, quis que seus cabelos se tornassem longos como sua sombra. E quando o sol nasceu, pediu que ornamentos dourados aumentassem sua graça.

Na manhã seguinte, Arjuna apareceu na corte de Virata com braceletes largos de ouro cobrindo as cicatrizes nos braços – deixadas pelas cordas do arco – e com os cabelos escorrendo até os joelhos, realçados por brincos e enfeites. O rei chamou-o perguntando quem era, pois vestia-se de mulher, mas era nascido homem. Disse-se Vrihannala, *um filho ou filha, sem pai nem mãe*.

O rei perguntou o que houve, e Arjuna disse que para ele não valeria a pena ouvir a história e que contá-la causaria dor a si próprio. Mas disse-se hábil em tocar cítara, cantar e dançar e que poderia ensinar tudo à filha do rei, para que os talentos enriquecessem sua beleza.

Ouvindo a música celestial que Vrihannala (Arjuna) aprendera com Chitraratha, Virata pediu aos criados para confirmarem que ele não era mais homem e assim o levassem ao aposento das mulheres no palácio. Lá, ele passou a ensinar música e dança à princesa Uttarah, e com um disfarce irreconhecível, ficou morando com as mulheres.

NOVA IDENTIDADE DE NAKULA

Outro estranho abordou Virata quando ele foi inspecionar os cavalos. Nakula, escuro, belo, forte, olhos e cabelos claros, apresentou-se como Granthika, um cavaleiro de Sindh. Pediu para cuidar de seus cavalos e assim eles jamais mancariam: seriam mais rápidos, viveriam mais e já não tropeçariam ou se feririam com os dentes. Granthika (Nakula) os alimentaria com cuidado e prepararia chapas de ferro para as patas.

Perguntado sobre o trabalho com Jayadratha, o rei Sindhu, disse ter deixado dois irmãos cuidando de tudo como ele mesmo faria, e por lá ser uma terra erma e deserta, preferia trabalhar para Virata. Foi contratado.

Assim, os Pandavas e Draupadi passaram incógnitos em Matsya por quase um ano, escondidos como se voltassem ao útero da mãe. Yudhishthira e Nakula dividiam com os outros o ouro conseguido com dados e corridas de cavalos. Bhima e Sahadeva traziam comida da cozinha real, o leite e a manteiga das vacas para dividir, e Arjuna dividia o que recebia vendendo roupas velhas dos aposentos.

30. Intervenção de Indra

TROCA DE INDRA COM KARNA – ARMADURA PELA LANÇA

Nesse 13º ano, Indra quis tomar a armadura e os brincos de Karna. Mas Surya – o Sol – percebeu a intenção dele e avisou Karna por sonho. Disse que Indra viria disfarçado de brâmane para lhe tirar a armadura e os adereços e assim salvar Arjuna. Mas com esses pertences, que eram seus desde o nascimento, Karna jamais seria derrotado.

Surya recomendou que ele jamais os abandonasse, pois assim não encurtaria a própria vida. Deveria recusar-se a atender Indra quando viesse e fazê-lo levar outra coisa no lugar, pois não poderia insistir em tomar algo que era parte de seu próprio corpo.

Mas, ainda em sonho, Karna respondeu que daria a Indra o que lhe pedisse, pois tudo que lhe era pedido ele dava, em nome da honra. Pois esse gesto, em si, era o que prolongava a vida neste mundo e a preparava para o próximo. Disse que não salvaria a própria vida por mesquinharia, pois a honra o alimentava como uma mãe, e ele a protegeria do mesmo modo, mesmo ofertando o corpo ao sacrifício em batalha.

O Senhor Sol, Olho do Mundo Todo, então lhe recomendou que nada fizesse que lhe fosse danoso. Disse que a honra acima de tudo amava tomar vidas. Mas quando estivesse morto, não daria mais importância a ela do que à guirlanda de flores no pescoço de seu corpo a arder na pira. E que, se quisesse derrotar Arjuna, deveria guardar suas palavras.

Karna respondeu a seu pai, Senhor do Dia, a quem queria mais que a si mesmo, que podia enfrentar Arjuna com ou sem armadura, e que além disso não entregaria sua armadura a Indra sem receber algo em troca. E pedia perdão pelo que estivesse em desacordo. Surya disse que o filho também buscava a fama e que a alcançaria. E logo desapareceu do sonho de Karna.

No outro dia pela manhã, sentado do lado de fora, Karna contou ao Sol seu sonho, e Surya sorriu, dizendo que assim seria. E como fora avisado em sonho, ao meio-dia apareceu para Karna um bondoso brâmane – que era Indra disfarçado – de roupas gastas, mas limpas, cabelos brancos elegantemente penteados, olhos claros e cristalinos. Olhou para Karna, chamou-lhe de Rei Anga e pediu...

Karna ajoelhou-se, deu boas-vindas e ofereceu o que quisesse: cidades, todo o gado, colar de ouro, lindas virgens. Mas o brâmane quis que arrancasse a armadura e os brincos. Karna ofereceu no lugar as mansões senhoriais e muitos pastos nos campos. Indra negou, e Karna disse não poder dar o que pedia, mas daria todo o reino da Terra. Indra negou, e Karna, sorrindo, disse saber, apesar do disfarce, quem ele era – alguém de muitas dádivas e que não precisaria receber as dele – perguntando se não se envergonhava de mendigar e se passar por pobre. Indra, Senhor do Trovão, também sorriu e disse fazer aquilo para aumentar a fama de Karna.

Karna pediu ao menos algo em troca, e se não houvesse, era para voltar como veio. Mencionou uma lança infalível que não saía da mão sem matar aquele em quem era atirada. Indra confirmou a existência dessa lança, e fizeram a troca da armadura por ela.

Indra pensou na lança, e ela surgiu em sua mão, maior que um homem, com asas e mais afiada que as palavras. Explicou que quando lançava a arma, ela retornava às suas mãos com o sangue manchado do inimigo. Mas se fosse atirada sem que houvesse perigo de vida, a arma se voltaria contra o atirador.

Karna então arrancou sua armadura e brincos com a espada e entregou-os com sangue em troca da lança de Indra. E os ferimentos não deixaram cicatriz no corpo de Karna.

31. Draupadi sofre assédio

VISITA DO GENERAL E INSISTENTE PEDIDO DE CASAMENTO

Quando já fazia quase um ano que os Pandavas estavam em Matsya, Kichaka, o general Virata, foi visitar a irmã Sudeshna e viu Sairindhri (Draupadi), passando logo a desejá-la. Disse à irmã que ela não deveria continuar como criada, e sim casar-se com ele. Sudeshna disse que primeiro ele deveria conquistá-la e que a criada só partiria se realmente quisesse. Mandou o irmão voltar para casa, dizendo que arrumaria um pretexto para a criada visitá-lo.

Em casa, Kichaka preparou uma fina refeição para dois, enquanto no palácio Sudeshna pediu a Sairindhri que levasse até ele a garrafa de um bom vinho antigo. Ao receber a ordem, ela pediu que outra pessoa levasse o presente, mas a rainha lhe disse que o irmão general não lhe faria mal, e, para não chamar atenção, Sairindhri obedeceu.

Lá, encontrou Kichaka sentado no leito atrás de uma mesa baixa com um irresistível banquete. Ele era belo, forte, vestia sedas finas, usava brincos e braceletes de ouro. Tinha cabelos negros, pele escura e acariciava o bigode, sorrindo, feliz, e levantou-se quando viu Sairindhri entrar.

Logo a pediu em casamento para que deixasse de ser criada, sendo feliz e deixando de desperdiçar sua beleza. Ele dispensaria todas as suas outras esposas, dividiria com ela suas riquezas e faria todo o necessário para que ela lhe desse amor. Ela desejou que a boa sorte o acompanhasse, mas explicou não merecer essa honra e disse ser casada com cinco Gandharvas.

Kichaka explicou não acreditar em Gandharvas e ser ele o verdadeiro senhor em Matsya, já que Virata estava velho, e que era o melhor homem para ser seu marido. Sairindhri respondeu que ele parecia uma criança querendo alcançar a lua, e que era melhor não desejar o que não poderia ter. O general insistiu para que se sentasse, e ela tratou de apenas entregar o vinho e assim poder sair. Mas ele a prendeu pelo braço dizendo que a rainha tinha muitas criadas e que ela certamente poderia passar lá a noite.

O CASO É LEVADO AO REI – À FRENTE DE YUDHISHTHIRA

Ela se soltou, fugiu, e ele a perseguiu. Ela correu até o palácio, onde atirou-se em prantos aos pés de Virata. O general seguiu-a e a agarrou pelos cabelos na frente de Virata e de Kanka, que o fitava com olhos vermelhos, estreitos e penetrantes. O rei perguntou quem era, e o general disse ser *uma corcinha tímida que valia ser perseguida*.

Virata mandou soltá-la e pediu a Draupadi que se identificasse. Ela explicou ser criada da rainha e pediu que não fosse permitido ao general ter tanta intimidade com os que trabalhavam no palácio. Disse ser casada e que seus maridos Gandharvas celestes, tremendamente ciumentos, o matariam por isso. E era assombroso que ainda não o tivessem feito.

Ao entender o ocorrido, Virata disse que só por ordem da rainha Kichaka poderia se aproximar da criada. O general continuou esperançoso, mas Sairindhri advertiu que nesse caso os seus maridos revidariam com algum mal, e isso causaria prejuízos ao reino. Kanka olhou-a e disse que seus maridos não fizeram e não fariam nada se o general a deixasse em paz. E que ela *não lhes devia interromper o jogo de dados* jogando-se ao chão e lamentando-se como uma atriz.

Virata disse que ela não corria perigo. Ele não repreenderia o cunhado na frente dela, mas depois teria uma conversa. Pediu que dissesse à rainha para que a mantivesse a seu lado, e assim eles não teriam problemas com os Gandharvas, que, estando em paz, lhes dariam boa sorte. E deviam esquecer o assunto.

Sairindhri disse que seus maridos eram extremante bondosos e foi ter com a rainha. Mas no trajeto, Kichaka apareceu de surpresa e a arrastou para uma sala vazia, desejando que a união deles se consumasse. De olhos baixos, ela sussurrou ter sido vencida e subjugada ao interesse dele. Mas que deviam se encontrar em lugar secreto, o salão de danças usado por Vrihannala (Arjuna), onde se encontrariam à meia-noite quando estaria vazio.

O GENERAL É SURPREENDIDO – ATITUDE DE BHIMA

Kichaka se sentiu eufórico com a conquista, dizendo que ela enfim conheceria um homem digno. Draupadi deu um sorriso doce e partiu. Ao encontrar a rainha, contou que o general havia tentado lhe fazer mal. A rainha disse que se quisesse poderia mandar matá-lo, pois havia confiado que ele saberia ser respeitoso. Draupadi perguntou se Virata não o protegeria, e a rainha disse que bastaria uma palavra sua. Mas Draupadi disse que isso não seria necessário, pois outros o matariam, e ela agora iria se banhar.

Depois foi ter com Bhima. Ela o abraçou fortemente e chorou baixinho, escondendo a face em seu peito (diz-se desprotegida, perguntando se os outros estavam mortos, ou eram servos de Duryodhana). Bhima acariciou-a com as mãos macias e também chorou por um instante, continuando a abraçá-la. Finalmente ela lhe explicou que Kichaka a perseguia e sobre o combinado à meia-noite no salão de danças.

Bhima pediu que Draupadi não fosse, e três grandes rugas fizeram sulco em sua testa. Com fumaça nos olhos e os cílios arrepiados, ele passou a língua nos cantos da boca e disse a Draupadi para não se confundir com os disfarces. Lembrou que Sahadeva *sabia o que era verdadeiro*, que Nakula *descobria tudo pela amizade*, que Yudhishthira era *firme e resoluto* e Arjuna, *generoso*. Mas ele... era o Vento... *de além dos confins do mundo!*

No salão de danças, em um dos cantos, havia uma cama, em que Bhima deitou e se cobriu antes que Kichaka entrasse na escuridão da meia-noite. O general veio belo e elegante, com uma lâmpada, indo para o leito *como uma mariposa voa para a chama*. Foi falando de um apartamento preparado para ela, dos criados que teria, enquanto punha a lâmpada numa mesa. E dizia que, segundo todas as mulheres, não havia homem como ele.

Bhima sentia ódio e fúria, mas ao ouvir isso soltou uma risada. Pulou da cama, curvou-se com dignidade e disse ao general que eram doces as palavras sobre si mesmo, e que fazia mesmo sucesso com as mulheres. Draupadi correu para Bhima, e Kichaka sacou a espada. O semblante de Bhima se tornou horrível enquanto o general avançava sobre ele.

Bhima desviou, mas Kichaka chutou-o enquanto ainda estava desequilibrado. Bhima caiu de joelhos, sem fôlego, e Kichaka fez pontaria para decapitá-lo. A lâmina cortava velozmente o ar, quando uma forte ventania negra balançou o edifício. Bhima levantou-se e esmagou Kichaka, esfacelando os ossos e o amassando numa bola disforme. Pulou a janela, e os guardas de Virata correram com tochas atrás dele. Atônitos, os seguidores de Kichaka acharam que nenhum ser humano poderia ter transfigurado o general daquela maneira.

TENTATIVA DE QUEIMAR DRAUPADI VIVA

Os Kichakas imaginaram terem sido os maridos Gandharvas de Sairindhri que fizeram aquilo. De manhã, ao levarem o corpo para queimar, alguns capturaram Sairindhri para ser arrastada e lançada na mesma pira. Puseram-na à força na frente da procissão, e no cemitério, enquanto acendiam a pira, um deles segurava Draupadi em uma mão e uma clava na outra.

De repente, apareceu uma moeda de ouro nos pés do guarda, como se tivesse caído do céu. Ele largou Draupadi e tomou um violento pontapé que o fez cair na pira em construção. Uma voz disse a Draupadi para não olhar, e era Vaishravana, o Senhor dos Tesouros, pairando no ar acima dela, com seu semblante abominável de terror e chamas saindo da boca. Fazia barulho de vulcão e seu rosto se contorcia de ira, com os olhos faiscando e os braços se agitando de modo aterrador.

Quando os Kichakas se deram conta, correram para a cidade. Vaishravana ainda atirou árvores e torrou o cadáver de Kichaka até virar cinzas. Tornou-se invisível e carregou Draupadi nos braços, voando através das paredes até o quarto dela no palácio de Virata. Então deixou-a e saiu voando.

Virata estava no portão do palácio, e os Kichakas chegaram ofegantes, gritando e dizendo que Sairindhri era mesmo protegida pelos Gandharvas por ser bela demais. E que todos corriam perigo. O rei ordenou que se calassem, reclamando da ousadia em raptá-la para queimá-la, e que apesar de velho não tinha mais paciência com essas coisas. Mandou que todos sumissem.

Sudeshna encontrou Draupadi no quarto e chorou ao vê-la salva. Foram até a sala onde Vrihannala (Arjuna) dava aula de danças e, ao verem-na, todas as mulheres correram para Sairindhri (Draupadi) felizes por estar salva e de volta entre elas.

Vrihannala perguntou-lhe de que perigo acabava de escapar, e ela respondeu que isso não importava a ele, que vivia ali tão alegremente com seus braceletes de conchas. Arjuna sorriu, lançou para trás os longos cabelos e disse que vinha convivendo ali com ela e naturalmente sentia afeição. Mas que *ninguém tinha como desvendar o coração alheio*, e que assim ela não poderia conhecer o dele.

32. Cerco de Duryodhana

ATAQUE CONJUNTO COM O REI TRIGARTA

Em Hastinapura, o último espião de Duryodhana prestava contas dizendo que os Pandavas haviam sumido sem deixar vestígios: teriam morrido anônimos ou fugido de medo. E contou que, no reino Matsya, Kichaka estava morto, e o velho Virata sem general. Ouvindo isso, Duryodhana esqueceu os Pandavas por um momento e enviou mensagem ao amigo Susarman, rei Trigarta, propondo tomarem o castelo de Virata, já que estava desamparado.

O Rei dos Três Castelos agrupou os soldados das montanhas ao norte e marchou para Hastinapura. Pediu que Duryodhana atraísse Virata para fora da cidade e voltasse, para depois dividirem o castelo entre eles. Susarman partiu para Matsya, e no dia seguinte Duryodhana e seu exército fizeram o mesmo percurso.

Quando os Trigartas atravessaram os rios gêmeos e prenderam algumas cabeças de gado, os vaqueiros logo avisaram o rei. Virata, o brâmane Kanka, o cozinheiro Vallabha, o vaqueiro Tantripala e Granthika saíram da cidade de Matsya perseguindo Susarman em carros de guerra, seguidos por elefantes que pareciam *montanhas em movimento* e cavalos que pareciam o *som de trovões*.

Ao anoitecer, viram as fogueiras do acampamento Trigarta, mas no dia seguinte, onde o fogo havia ardido, só estava o gado roubado abandonado, e bem longe o exército disposto em centenas de unidades que não podiam ser vencidas. No mesmo dia, Duryodhana e os Kurus roubaram o gado restante de Matsya.

ARJUNA OFERECE AJUDA A UTTARA

O alarme chegou à cidade, mas todos os guerreiros tinham acompanhado Virata, ficando apenas o filho Uttara para governar o palácio em seu lugar. O príncipe disse que os expulsaria, mas não havia sequer um condutor na cidade. Arjuna, ao ouvi-lo, pediu para Draupadi dizer a ele que Vrihannala (ele mesmo) já havia sido condutor em uma ocasião e que poderia dirigir sua quadriga. Draupadi deu o recado falando em Vrihannala ter sido o condutor de Arjuna por ocasião de um incêndio na floresta de Khandava.

Uttara começou a se vestir, pedindo à irmã Uttarah que Vrihannala fosse trazido, e esta correu na direção dele como *o relâmpago ao encontro de uma nuvem trovejante*. E vestindo apenas seu colar de ouro pesado e uma cinta de pérolas caindo da cintura fina à volta dos quadris, *brilhando de excitação*, ela abriu os seus braços perfumados de sândalo. Disse que estavam roubando o gado do reino e o levou à carruagem de Uttara, já decorada com as bandeiras de leões.

Arjuna ainda disfarçou que soubesse mais do que cantar e dançar, mas o príncipe disse para ele apenas segurar as rédeas e levá-lo até onde estavam os Kurus. As mulheres do palácio zombavam e riam enquanto Arjuna colocava sua armadura como se fosse um vestido. Precisou o próprio Uttara ajudá-lo, e por fim estavam na quadriga armados de incontáveis flechas e arcos levados pela princesa. O príncipe consolou a irmã dizendo que os Kurus jamais teriam investido se soubesse que estariam ali para combatê-los.

A princesa e suas damas incentivavam Vrihannala, pedindo coragem e que na volta trouxesse tecidos tirados dos trajes finos de guerra dos Kurus para enfeitarem suas bonecas.

UTTARA DESISTE DE COMBATER E ARJUNA REVELA SUA IDENTIDADE

A carruagem partiu rápido, e logo Uttara avistou seus invasores, Karna, Bhishma, Duryodhana, Kripa, Drona e Aswatthaman, arrepiando-se de medo. Pediu a Vrihannala que parasse o carro, e Arjuna retrucou, dizendo não estarem sequer próximos a eles e que, se sua incumbência era levá-lo até os Kurus, deviam prosseguir.

Arjuna e Uttarah

Mas Uttara achou melhor desistir e deixá-los em paz. Mesmo que o povo risse dele, não era motivo para enfrentá-los. Atirou fora o seu arco, pulou da quadriga e voltou correndo para a cidade. Arjuna correu atrás dele, com seus longos cabelos esvoaçando e as vestes femininas aparecendo sob a armadura. Segurou Uttara e o pôs de volta na carruagem.

O príncipe implorou ao doce Vrihannala que o soltasse, dizendo não haver nada melhor do que uma vida longa. Não tendo ninguém com ele, não poderia enfrentar aqueles guerreiros *altos como árvores*. Arjuna riu, colocou Uttara na boleia e pediu que guiasse por ele na volta à cidade, e que fosse diretamente à árvore Sami, do cemitério.

Uttara ainda se lamentava, mas lá chegando Arjuna pediu que ele subisse e trouxesse o pacote embrulhado em pele de veado. Uttara viu um corpo pendurado e teve medo, mas Vrihannala disse que ele deveria temer sim os vivos. Uttara subiu na árvore, trouxe o pacote e o cortou para abrir. Lá estavam cinco arcos e cinco espadas brilhando como o nascer dos planetas, mais as flechas, *cinco búzios transcendentais* e a coroa de raios e relâmpagos.

Uttara quis saber a quem pertenciam as armas, e Vrihannala disse que o arco comprido, com cem adornos dourados em relevo, sem nódulos e indeformável, era *Gandiva, o arco de Arjuna*. E aquele com elefantes dourados era de Bhima. O ornado com 60 escaravelhos de ouro era de Yudhishthira, o de três sóis era de Nakula, e aquele cravado de diamantes e pedras preciosas, o de Sahadeva.

Uttara ia perguntar sobre os Pandavas, mas Vrihannala disse para ele ficar quieto. Continuou a conferir as mil flechas em duas aljavas e a espada com uma rã no cabo, que eram de Arjuna. As setas de ferro eram de Bhima, assim como a espada na bainha de pele de tigre com guizos. A aljava gravada com cinco tigres, e a espada azul-escura em bainha de pele de cabra eram de Nakula. As flechas multicoloridas eram de Sahadeva, e as grossas, de ponta tríplice, de Yudhishthira. A espada de lâmina curva era de Sahadeva, e o padre flexível de aço reluzente de Yudhishthira.

De novo ele pediu que Uttara se calasse, perguntando se acaso seria o único a não saber que os Pandavas deviam passar um ano ocultos em uma cidade. E disse ser Arjuna, e que Kanka era Yudhishthira, Vallabha era Bhima; Tantripala Sahadeva; Granthika era Nakula e Sairindhri era Draupadi.

33. VOLTA À IDENTIDADE GUERREIRA

PREPARO PARA A BATALHA

Então Uttara quis saber como Arjuna perdera sua condição de homem. Disse ter se disfarçado desse modo, mas agora estava tudo terminado. Retirou seus braceletes e vestiu as luvas de arqueiro feitas com pele de lagarto. Prendeu os cabelos, colocou a espada, a coroa, o arco e as flechas na quadriga. Tomou seu búzio transcendental e pediu que guardasse o resto na árvore.

Enquanto ele subia, Arjuna voltou-se à direção leste e meditou sobre suas armas celestiais – a magia e os encantamentos emanados por elas. As armas surgiram e uniram suas mãos às de Arjuna, dizendo estarem lá para servi-lo. E ele pediu que elas morassem em sua memória.

Uttara pôs-se a seu serviço, perguntando em que lado dos Kauravas deveriam investir. Arjuna chamou-o para dentro da quadriga e *soprou a concha Devadatta*. Os cavalos se ajoelharam, e Uttara caiu sentado na boleia com o solavanco. *Agni ouviu o som do búzio* e atirou do céu a bandeira de Arjuna com o desenho de Hanuman, chefe dos macacos. O mastro caiu dentro do encaixe, e na bandeira não estava uma representação de Hanuman, mas *ele próprio*, com guinchos e berros tão pavorosos que podiam inverter o fluxo de sangue nos corpos. Até o leão da bandeira de Uttara passou a rugir e a abanar a cauda.

Arjuna pediu que ele não tivesse o medo das pessoas comuns e apertasse os pés contra o piso do carro. Enquanto pulava para dentro, mandou segurar-se porque ia soprar de novo a Devadatta. Com o som, os pássaros de todas as árvores tombaram aturdidos.

Uttara, impressionado e sorrindo, ainda sem certeza de estar vendo algo maravilhoso, deu ordem silenciosa aos quatro cavalos e a carruagem partiu com estrondo, enquanto Arjuna retesava seu arco com destreza, puxando-o e soltando-o, fazendo a corda vibrar.

UM PRIMEIRO DUELO DE ARJUNA COM DURYODHANA

Duryodhana, em seu elefante, aproximou-se da carruagem de Bhishma e disse que aquele não podia ser outro senão Arjuna. Eles o teriam descoberto e com isso precisariam voltar à floresta por mais 12 anos. Mas Bhishma sorriu, dizendo para ele se preparar e escolher entre a guerra e a paz, pois *o 13º ano se completava* enquanto ouvia-se o sopro da Devadatta e o toque do arco Gandiva.

Drona chegou em sua quadriga e disse que um *chacal* atacava o exército e escapava sem ser atingido. E embora fosse dia, brilhavam estrelas no céu e as vacas mugiam tristes sob um sol que desaparecia. Suas fogueiras se apagavam, as armas se ofuscavam, suas flores murchavam, e uma poeira grossa cobria o ar.

Duryodhana afirmou que não devolveria o reino aos Pandavas, e Bhishma ordenou que ele voltasse a Hastinapura com o gado e metade do exército, enquanto ele combateria Arjuna com a outra metade. Drona afastou-se do carro e ficou observando Arjuna. Duas flechas do arco Gandiva caíram junto a seus pés e outras duas zuniram por sua cabeça, com as penas roçando suas orelhas. Drona retesou o arco, saudou Arjuna e o desafiou sobre quem venceria esse dia.

Arjuna explicou a Uttara, pedindo que guardasse a informação: à frente vinha Karna, com a bandeira branca mostrando um elefante. E atrás, sobre um elefante, Duryodhana levando um estandarte dourado com a mesma figura. Também à frente estava Kripa, vestindo sua pele de tigre em uma quadriga puxada por cavalos avermelhados, com a bandeira azul e um altar de ouro. O outro era Drona, com um estandarte dourado mostrando a cuia de um eremita e um arco. A seu lado, Aswatthaman portava uma bandeira negra com a cauda de um leão.

E por fim, Bhishma, de estandarte azul com uma palmeira e cinco estrelas prateadas, vestindo um capacete branco e uma armadura de prata, com um manto branco como a neve.

Arjuna pediu a Uttara que circundasse o exército e o levasse até Duryodhana. Uttara manobrou a carruagem por labirintos e em círculos sem que ninguém pudesse atingi-los. Libertou o gado e o mandou de volta a Matsya numa debandada geral, com grande agitação e mugidos altos.

Arjuna gritou para que Duryodhana fugisse rapidamente, mas ele voltou, e Arjuna e Uttara ficaram cercados. Porém, ninguém conseguia atingi-los, e eles continuaram tentando, até seus olhos embaçarem, sem que nenhum ousasse repelir *os mantras de Arjuna*.

Enquanto milhares de flechas caíam à volta dos dois, Arjuna atirou uma seta ao céu e invocou a arma do sono. Todos os Kurus dormiram, menos Bhishma. Arjuna e Uttara ficaram longe dele e passaram pelo meio dos outros, tirando pedaços das vestes de Drona, Kripa, Karna, Duryodhana e Aswatthaman.

Bhishma atirou algumas flechas, mas eram fracas e não os atingiram. Uttara começou a guiar de volta para Matsya e Duryodhana acordou a tempo de vê-los. Pediu a Bhishma que não os deixasse partir e pediu seu arco. Bhishma ironizou, dizendo estar no chão, como se esperava de quem dormia numa batalha.

Duryodhana teve raiva, esfregou os olhos e disse que isso não aconteceria de novo e que teria repelido o encantamento se ao menos tivesse percebido a tempo.

34. Casamento de Arjuna

VOLTA AO PALÁCIO – UTTARAH SE APAIXONA

Uttara dirigiu a toda velocidade, e quando chegou à entrada do palácio, sua irmã e as damas correram até ele. Uttarah reparou ser ele o condutor e que no carro havia um bravo guerreiro com uma bandeira esfumaçada a tremular. Arjuna saltou do carro e curvou-se diante dela dizendo trazer roupas finas para todas, como havia prometido.

Uttarah fitou o irmão, como se perguntasse quem era aquele. Ele sussurrou ao seu ouvido, e ela corou, olhando disfarçadamente para Arjuna e pensando que aprendera a dançar com ele. E então correu para dentro do palácio. Arjuna riu e pediu ao príncipe que cuidasse dos cavalos, fincasse a bandeira no chão e guardasse suas armas. E que depois, reservadamente, o levasse a uma sala para conversar com a irmã dele, com o rei e seus irmãos, quando voltassem.

Quando Virata voltou e soube da vitória de Arjuna, ordenou que decorassem a cidade com flores e bandeiras e mandou um mensageiro em um elefante proclamar o evento no cruzamento das quatro estradas locais, e por fim sua família reuniu-se com os Pandavas e Draupadi. Ele abençoou a todos, abraçando-os, cheirando as barbas e repetindo ter sido uma sorte grata que estivessem a salvo em suas terras. Então ofereceu a eles o reino, e Uttarah como esposa de Arjuna.

Yudhishthira disse não querer o reino, e que Arjuna respondesse sobre a princesa. O irmão aceitou. O rei se alegrou, e Uttarah deixou de prender a respiração, dando a mão para Arjuna.

Arjuna e Virata convidaram todos os amigos para o casamento. Vieram Drupada, Dhrishtadyumna e o irmão Sikhandin, Krishna, vindo de Dwaravati com os parentes Satyaki e Kritavarman, trazendo da floresta Kamyaka as carruagens escondidas dos Pandavas. Também vieram os irmãos de Krishna, Balarama e

Subhadra, e Sudeshna, rainha de Matsya, e a mais bela de todas, nascida do fogo, Draupadi.

Em meio a vinhos, carnes de caça, histórias, música, brilho de joias e de lindos olhos, Virata entregou Uttarah e com ela 700 mil cavalos, 200 elefantes e um milhão de jarros de cobre. Presenteou a todos, derramou manteiga nos fogos e alimentou toda a sua cidade por uma semana.

Carruagens, camas, comidas e bebidas, terras, mulheres – tudo foi distribuído inúmeras vezes em Matsya naqueles dias. Virata anunciava dar tudo de graça – vacas, cavalos, túnicas, ornamentos, ouro e prata – e com os melhores votos de felicidade.

Depois dos banquetes, dos mágicos, dançarinos, desfiles, acrobatas e discursos, trouxeram *sinos para Draupadi dançar*, a *flauta de Krishna* e um *tambor duplo para Arjuna*. E o rei Virata, sonolento, do trono, acompanhava com a cabeça *a música mais maravilhosa do mundo*.

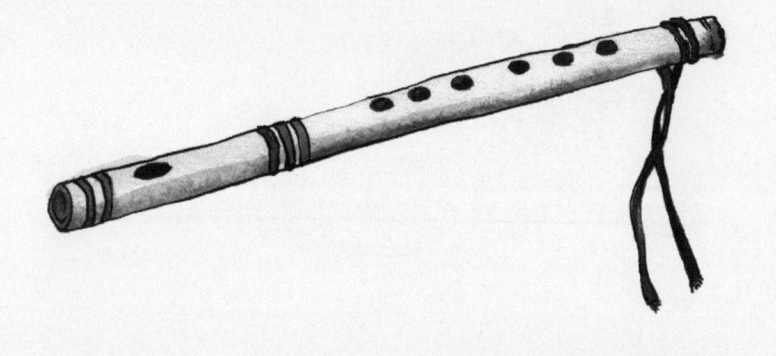

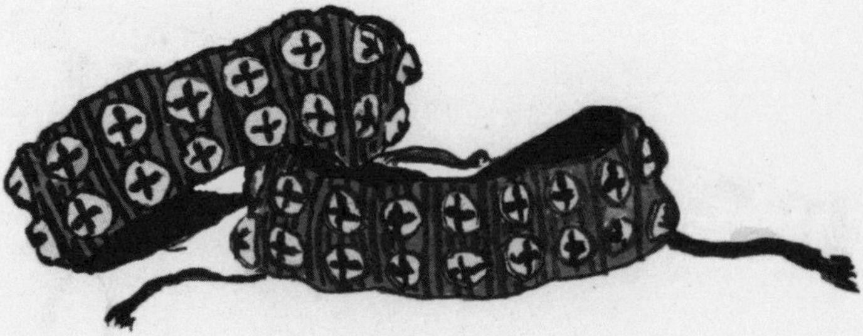

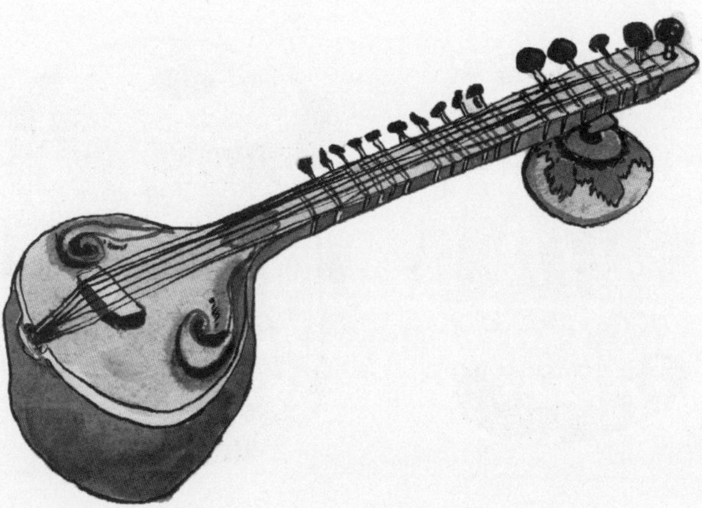

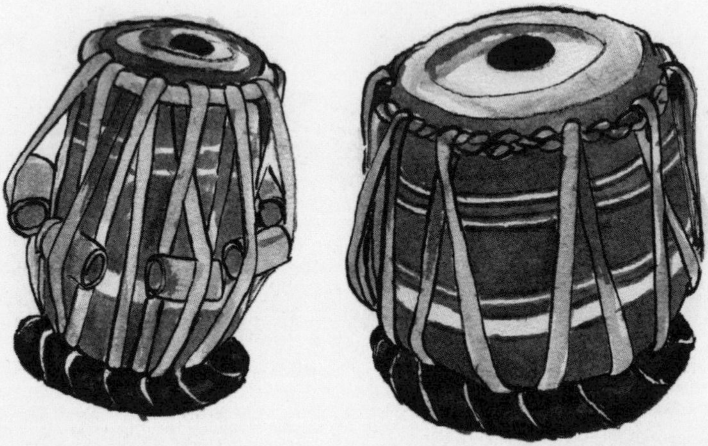

35. Visita de Sanjaya aos Pandavas e reunião com os Kauravas

YUDHISHTHIRA OFERECE ACORDO

Depois do casamento, o condutor de Dhritarashtra, Sanjaya, saiu de Hastinapura para se encontrar com Yudhishthira. Ao cumprimentá-lo, lembrou ser a vida instável e passageira, e que o tempo era um oceano sem fim (onde haveria uma ilha?), desejando que os Pandavas preferissem a paz, pois, *mesmo que tivessem o mundo todo, nunca se libertariam do prazer e da dor*.

Yudhishthira deu-lhe boas-vindas e lembrou que, na juventude, Dhritarashtra lhes oferecera um reino. Deveria então lhes restituir Indraprastha ou dar outras cinco cidades em troca. Assim, os Kurus ficariam alegres e todos poderiam se reunir como amigos novamente. Sanjaya disse que mandaria o recado e foi procurar Arjuna e Krishna no palácio. Os dois bebiam vinho em um divã dourado, e Arjuna abriu espaço para que ele se sentasse ao lado. Mas Sanjaya apenas tocou o móvel e se sentou no chão, aos pés dos outros. Krishna deu-lhe um copo de vinho e sorriu, mas tinha lágrimas nos olhos. Disse ser triste para ele que as vidas dos Kurus estivessem quase terminando.

OS KAURAVAS EM CONSELHO – DHRITARASHTRA E SANJAYA FALAM DE KRISHNA

À frente de Dhrirarashtra, Kripa, Karna, Vidura, Bhishma e Duryodhana, Sanjaya proferiu a mensagem de Yudhishthira, de que esperava uma decisão do rei. Para Vidura, os Kurus eram uma floresta, e os Pandavas, os leões. Por causa deles, nenhum homem ousaria derrubar as árvores, e afirmou que o lar deles era junto a todos. Dhritarashtra achava que deviam lhes devolver Indraprastha, mas Duryodhana discordava, dizendo que não se devia dar uma terra que eles podiam tomar pela espada. Preferia desafiá-los a pôr os pés no reino novamente.

Sanjaya, Krishna e os Pandavas

Karna disse a Duryodhana que ele mesmo poderia destruí-los, caso atacassem, e que os Kauravas desejavam a paz, enquanto os Pandavas só sabiam conversar até a hora de morrer. Bhishma então sobreavisou Karna de que a lança de Indra nada lhe adiantaria contra alguém protegido por Narayana. E Karna disse de Bhishma que, aos 90 anos, teria a inteligência de um bebê e passado a vida como uma mulher. Perguntou se lutaria ou não por Duryodhana, e Bhishma disse que sim, mas que a *verdade estaria do lado de Krishna, e a vitória, do lado da verdade.*

Com os olhos fulgurando de raiva, Karna concordou, mas disse ter ouvido o bastante e que abandonaria suas armas pelo tempo em que Bhishma pegasse nelas. Disse a Duryodhana que, quando Bhishma aquietasse, venceria em seu nome.

Karna e Duryodhana saíram de lá, e Dhritarashtra disse que não participaria disso. Perguntou se Kripa ajudaria seu filho, ouvindo dele que, mesmo sendo a guerra a coisa mais errada e pecaminosa, seria leal ao príncipe.

Quando ficaram a sós, Dhritarashtra perguntou a Sanjaya sobre o que aconteceria e soube que ele acabara de se encontrar com Krishna, que vivia como homem, *oculto por ilusões*, e ninguém o reconhecia – como ao passar por um trabalhador no campo, podemos vê-lo, mas logo esquecemos – *Krishna é a alma de todas as criaturas.* Mesmo de olhos abertos, nada se enxerga sem ele.

Dhritarashtra perguntou como ele sabia isso tudo, que os outros não podiam ver. Sanjaya abençoou o rei e disse não considerar a ilusão. Fazendo uma trégua às palavras ardilosas, disse que falaria a verdade: que

> Arjuna e Krishna eram os donos de todas as vidas.
> Sabiam como os pássaros voavam e para onde iam os ventos mais longínquos.
> Para eles, nada seria pequeno ou grande.

Ouvira que Krishna queria agora recuperar a vida de seus filhos, e não haveria como impedi-lo.

Quando Dhritarashtra ficou sozinho, Karna pôs-se a seus pés e pediu que não discutisse essa guerra com Vidura ou Kripa. Eles o convenceriam a refrear Duryodhana, que por isso acabaria morrendo, assim como ele, Karna. Dhritarashtra respondeu-lhe que após terem feito o possível, apenas o *Destino* iria mostrar o resultado. Apenas a *Fatalidade* lhes reservaria riqueza ou miséria, e por ela é que sairiam vitoriosos ou derrotados. Se a riqueza porventura chegara a eles, deviam guardá-la com cuidado, para que não fosse roubada ou se perdesse aos poucos. E assim ele se colocava diante dos deuses que obscureciam sua mente.

CONVERSA ENTRE DURYODHANA, KRISHNA E ARJUNA

No mesmo dia, Arjuna, vindo de Matsya, e Duryodhana, de Hastinapura, chegaram a Dwaravati para ter com Krishna. Duryodhana, primeiro, encontrou-o dormindo e quis esperar, sentando-se à cabeceira. Arjuna entrou em seguida, ficando junto aos pés de Krishna.

Krishna acordou e perguntou por que vieram. Duryodhana explicou que haveria uma guerra e pediu que ficasse do seu lado. Krishna disse que não empunharia armas para nenhum lado, mas que eles podiam escolher entre o terem desarmado ou dez mil guerreiros Yadavas que souberam da batalha e lhe perguntaram de que lado lutar.

Disse para Arjuna escolher, e Duryodhana protestou, dizendo ter chegado primeiro. Mas Krishna explicou que ao acordar viu primeiro Arjuna. Arjuna respondeu "você", e Duryodhana sorriu, dizendo que podia então ficar com o exército, que na verdade era o que queria.

Quando Duryodhana partiu, Krishna sentou-se no leito e perguntou a Arjuna por que o escolhera. Arjuna disse que era para conduzir sua carruagem, lembrando que apenas com o príncipe Uttara como condutor ele derrotou muitos Kauravas. E perguntou se Krishna iria a Hastinapura como emissário deles, tentando obter paz. Krishna confirmou as duas coisas, mas lembrou que Duryodhana ainda o temia e poderia querer destruí-lo: *como um veado selvagem* em plena cidade, *um mentiroso desconfia de todos*, achando que são iguais a ele. Disse que levaria os parentes Satyaki e Kritavarman e reencontraria Arjuna depois, em Matsya.

36. O FIM PARA DUHSASANA

KRISHNA VAI A HASTINAPURA EM MISSÃO DE PAZ

Krishna partiu para Hastinapura após as chuvas, na estação do orvalho, quando a luz do sol era mansa e o ar estava claro. Lá, viu as moças atirarem flores a seus pés nas ruas e outras o observarem das janelas de pedra esculpida, dos telhados e das sacadas.

Ele foi primeiro à casa de Vidura, que deu boas-vindas aos três (também foram Satyaki e Kritavarman), e Kunti lhes trouxe água e alimento. Vidura lamentou que, embora tivesse prazer em vê-lo, sua vinda de nada adiantaria. Convidou-o a ficar e achou perigoso ele falar com Duryodhana. Achava mais útil que fosse ao Ganges, largo e de bravas correntezas, e com um punhado de areia das margens criasse uma passagem para os homens atravessarem, pois todos enfrentavam grandes dificuldades.

Kunti lamentou que era como se os filhos estivessem mortos, os que nasceram de seu sangue e da *semente dos deuses*, mas agora viviam dependentes de outros. Não era para isso que a esposa de um rei trouxera filhos ao mundo. E pensou no que diria Draupadi, que não aceitaria a baixa moralidade no comando de um reino. Mas Krishna disse a Vidura que estava na hora de ir ao palácio.

Entrou só na corte de Dhritarashtra e apresentou-se, dizendo vir buscar a paz em nome de Yudhishthira. Dhritarashtra disse para ele falar com seu filho, pois não teria nada a ver com isso. Duryodhana o recebeu dando boas-vindas, oferecendo-lhe um palácio para morar e muitas vacas. Krishna não aceitou e Duryodhana perguntou por que recusava, se eles não tinham rixas. Perguntou o que teria contra eles e se achava que não tinham virtudes. Krishna se disse apenas um mensageiro e que só tinha ido lá para conversar.

Karna riu e perguntou quais eram afinal suas palavras. Em sua túnica amarela, Krishna pôs-se diante dele como uma safira encravada em ouro, dizendo ter as sandálias sobre sua cabeça e que, mesmo sendo de palha, ele deveria prostrar-se em sua presença.

Duryodhana pediu que Krishna dissesse logo sua mensagem, e ele a proferiu, aconselhando-o a se contentar com metade do reino, como era antes. Era melhor não endurecer o coração dos Pandavas, que haviam cumprido as condições impostas pelo jogo de dados. E que eram todos irmãos: a paz não seria difícil, dependeria apenas deles dois. Afirmou não serem uma ameaça e que ele nunca teria amigos iguais. Hastinapura se tornaria mais segura, e ele sairia fortalecido. Se devolvesse aos Pandavas a cidade que lhes pertencia, se tornaria mais rico do que tentando manter toda a Kurujangala.

Mas Duryodhana disse que, enquanto vivesse, nada lhes daria. Quando era criança, Dhritarashtra ofertara metade de seu reino, mas não seria dada novamente. Preferia não viver na mesma terra que os primos. Pediu que o deixassem sossegado e não pretendessem mais aquelas terras que eram dele.

TENTATIVA DE PRENDER KRISHNA

Krishna ia pedindo para ele reconsiderar, quando Duryodhana questionou a necessidade de tantas palavras. Perguntou se ele não conhecia o darma dos guerreiros: "ereto e acima, nunca se curve, pois está aí a virilidade. É melhor partir-se ao meio que dobrar-se".

Duryodhana e Karna saíram, e Dhritarashtra convidou Krishna a se hospedar por alguns dias, pois não sabia se voltariam a se ver. Krishna disse que não podia, e Dhritarashtra revelou o que Sanjaya já havia lhe contado. Mas lembrou que não se podia prever totalmente o futuro, e nenhum homem havia derrotado Duryodhana. Krishna disse que um pote de argila não se quebrava duas vezes, e que Dhritarashtra tinha poder para estabelecer a paz, mas não sua vontade. Disse não ter mais o que fazer e se despediu. Ia saindo quando Satyaki sussurrou algo ao seu ouvido, e ele então pediu que dissesse isso ao rei.

Satyaki se apresentou como parente de Krishna e disse que podia desvendar o coração dos homens pelas *mudanças de expressão em seus rostos*, e que quando Krishna deixasse a sala, Duryodhana e o irmão pretendiam prendê-lo. Dhritarashtra disse que isso estava além dele e que não sabia se sua proteção valeria alguma coisa. Satyaki disse para não se preocupar com Krishna, que estava devidamente protegido, mas que devia guardar seu filho.

Duryodhana e o irmão entraram na sala, e Satyaki apontou para eles, comparando-os a cachorrinhos latindo para um leão dormindo. Duryodhana pediu silêncio e disse que aquilo era uma insolência perigosa diante do rei. Satyaki ironizou-o, chamando-o de estúpido e ignorante, e disse que jamais o imaginou como um rei. Krishna pediu para ele esperar do lado de fora, com Kritavarman e a carruagem. Satyaki sacudiu seus ombros largos e fortes e saiu.

Dhritarashtra pediu que não fizessem mal ao mensageiro de um rei, e que Krishna não sucumbiria a eles: seria como prender o vento numa rede. Duryodhana relutou, mas Duhsasana sacou a espada, dizendo não precisar de permissão do pai. Tentou ofender Krishna, dizendo ter fama de ser alguém muito especial, mas não passaria de um *provinciano* criado no meio das vacas e pastorinhas *despudoradas*, tentando se passar por guerreiro.

Krishna ironizou a coragem de Duhsasana, vendo-o sozinho e desarmado e ainda querendo falar em pudor. Duhsasana deu-lhe ordem de prisão e mandou que os seguisse, ou seria trucidado. De repente, *Krishna fitou Duhsasana e com seus olhos negros, cheios de felicidade, determinou que, do momento em que teria desonrado Draupadi até ali, seria todo o seu tempo de vida. Um disco duro e veloz, afiado como faca brilhante, saiu de suas mãos e fez a cabeça de Duhsasana rolar até os pés de Duryodhana*. E enquanto um fluxo luminoso de energia saía do corpo sem vida de Duhsasana, penetrando o centro do peito de Krishna, o disco desaparecia de sua mão morena. Duryodhana ficou atônito, e Krishna deixou o palácio para andar firme, de braços dados e sem hesitação, com os companheiros Satyaki e Kritavarman até a carruagem.

KRISHNA CONVERSA COM KARNA

Quando passaram em frente à casa de Karna, Krishna o chamou e ele pulou para dentro do carro em movimento. Enquanto Satyaki o conduzia lentamente à saída de Hastinapura, Karna disse, calmo e com voz suave, que um deles já caíra como árvore morta, mas não sabiam nada além disso, nem tinham como saber, a não ser Sanjaya. E que uma colher não podia provar o gosto da sopa.

Krishna disse que quem odiava os Pandavas também o odiava, pois eram um só coração. E revelou a Karna que eles eram seus irmãos, pois Kunti era sua mãe. Karna disse ter sido há muito abandonado por ela, e que Adhiratha e a esposa eram seus pais. Por amor a ele, a mãe adotiva teve os seios enchidos de leite quando o encontraram à beira do rio.

Krishna disse que sendo o irmão mais velho, os Pandavas lhe obedeceriam. Karna perguntou se Yudhishthira lhe daria seu *reino amado* e Krishna disse que sim. Karna disse que o entregaria a Duryodhana, que era capaz de provocar uma guerra só por tê-lo ao seu lado. Tornara-o rei, e tudo o que sabiam dele, inclusive a esposa, é que fora um bebê abandonado e teve a sorte de não se afogar.

Krishna disse que se Yudhishthira soubesse quem ele era, não lutaria contra. Karna pediu que ele não contasse, pois Bhishma havia movimentado a *Roda do Dharma*, que vinha rolando sobre as terras há vários anos. E era esse o darma xátria (o Dharma Kshatriya dos guerreiros). Duryodhana engolira o anzol com a isca da riqueza de Yudhishthira, e a Roda agora dera quase toda a volta. Desejou que o Portal dos Reis se abrisse para o outro mundo, e que *o Senhor amarrasse os nós do destino*.

Krishna silenciou por um momento e quando quis falar de Arjuna, Karna de início se negou a qualquer coisa, dizendo que seria seu inimigo para sempre: como poderia o Sol se iluminar com um *jardim de virtudes*? Os dois eram guerreiros, comprometidos com as batalhas, e não morreriam de doenças ou velhice. A morte chegaria para todos, e perguntou se alguém teria se tornado imortal por não lutar. Krishna disse que não responderia, e que agora havia *água e frutas doces* por toda parte, com o calor chegando ao fim. Pediu que avisasse Duryodhana de que se enfrentariam na planície de Kurukshetra dali a sete dias.

Karna se apressou em dizer que, se sobrevivessem, ele o procuraria, ou então o encontraria nos Céus. Mas não acreditava que voltariam a ser amigos na Terra. Então pulou da carruagem e ficou de pé em meio ao pó da estrada iluminado de sol, com a cabeça baixa e os olhos fechados. Logo caminharia, solitário, de volta para Hastinapura.

37. Preparativos da guerra – Notícias de Vyasa

CONVERSA COM DHRITARASHTRA E DELEGAÇÃO DE RELATO A SANJAYA

Indo a Hastinapura, Vyasa narrou a Dhritarashtra o que vira. Pareciam duas grandes cidades: na vasta planície foram montados acampamentos de guerra com tendas de seda, uma de frente para a outra. Havia tendas multicoloridas para reis, soldados, animais, mulheres, músicos, artesãos e brâmanes médicos.

Ao amanhecer, as tendas cheiravam a vapor. Bandeiras tremulavam ao vento, e as armas e armaduras se espalhavam por toda parte, brilhando ao sol como fogo branco.

O rei quis saber como Vyasa via a guerra, e ele disse que por trás das tendas finas, os corvos negros chiavam, sugerindo que fossem embora. As árvores de toda a planície estavam cobertas de gaviões e abutres expelindo sangue, parecendo um único ser de olho macabro, com uma asa preta e outra vermelha. E embora brilhasse, o sol estava cercado por um círculo negro, sendo atingido por meteoros. De noite, os oito pontos do horizonte se incendiavam, e todas as estrelas eram hostis.

Dhritarashtra quis saber mais, e Vyasa contou tudo: que o oceano não parava de subir e os rios invertiam seus cursos. As vacas pariam asnos e davam sangue quando ordenhadas. As estátuas de deuses, nos templos, às vezes gargalhavam ou tremiam, e as crianças lutavam pelas ruas com clavas de madeira. Os fogos sagrados se azulavam e inclinavam estranhamente para a esquerda, enquanto os canalhas e assassinos da cidade riam e se divertiam. As safras das quatro estações já estavam maduras, com cem frutos em cada pé. As árvores sagradas das vilas e cidades caíam tombadas, atingidas por raios ou derrubadas por ventanias. As bandeiras de guerra se esfumaçavam, e as tochas acesas já não espantavam as trevas e a tristeza da noite.

Duryodhana, Drona e Kauravas

Fora de Hastinapura os poços secavam, mas na cidade eles transbordavam e inundavam as ruas. Todos os cavalos lamentavam e choravam, com lágrimas escorrendo em enorme quantidade. Ao estar lá, o olho esquerdo de Vyasa piscara por si mesmo: os Himalaias estavam explodindo e desmoronando. Isso era medo e o mal se sobrepondo ao mal. E então perguntou se o rei não faria nada.

Dhritarashtra disse que seu conhecimento sobre a vida e a morte era igual ao dele. E que, sobre seus próprios interesses, já não tinha juízo e sensatez. Via-se como um homem comum, desobedecido pelos filhos. Não podiam determinar o futuro e eram como marionetes. Era tarde.

Vyasa então respondeu para ele não se amargurar com o que ia acontecer a todos que habitavam aquelas belíssimas tendas. Haveria apenas as transformações inevitáveis do Tempo, e nada mais. Dhritarashtra disse que se saberia em breve e que tanto os que possuíam dezenas de milhares quanto os que não tinham quase nada estavam vivos.

Então Vyasa avisou que concederia *visão celestial* a Sanjaya. Indo a Kurukshetra, nada de mau lhe aconteceria e haveria de saber tudo o que acontecia, dia e noite, no claro ou no escuro, e mesmo o que fosse apenas pensado. Dhritarashtra ordenou a Sanjaya que fosse e ficasse no acampamento, voltando quando a guerra terminasse, para contar-lhe tudo.

Sanjaya e Vyasa saíram de lá e caminharam pelas galerias do palácio. Depois da porta da sala do trono – onde o gongo de bronze que anunciava os visitantes ecoava sozinho –, eles pararam, e Vyasa disse que ia para floresta e que mais adiante eles voltariam a se encontrar.

Com suas mãos escuras, pegou um pesado martelo e golpeou o gongo como um lenhador abate uma árvore. Mas não se ouviu som, apenas notou-se uma fuligem preta caindo sobre o piso de pedra polida. Ao vê-la, Sanjaya pensou: *as palavras de Vyasa são sempre verdadeiras*, e essa última ilusão deixou seus olhos tranquilos.

38. Premonição de Bhishma

CONVERSAS ESTRATÉGICAS NO ACAMPAMENTO KAURAVA

Naquela véspera de lua cheia, Bhishma, em sua tenda em Kurukshetra, disse a Duryodhana que todas as riquezas, comidas e mulheres na Terra não poderiam satisfazer uma só pessoa. E que seguir o Dharma Kshatriya (dos guerreiros) seria seguir *uma negra que faz jus aos carniceiros*.

Duryodhana pediu que ele comandasse os seus exércitos no dia seguinte, e Bhishma disse que nesse caso Karna não lutaria ao lado dele. Duryodhana insistiu, e Bhishma aceitou ser o líder, dizendo que faria o melhor que pudesse por ele, que era tão difícil de conquistar. Mas que não mataria nenhuma mulher, ou quem se parecesse com mulher ou tivesse nascido mulher: se Sikhandin, o príncipe Panchala (irmão de Dhrishtadyumna e Draupadi) o atacasse, nem olharia.

Duryodhana não entendeu e precisou que Bhishma lhe narrasse toda a história de Sikhandin. Bhishma disse se lembrar de *tudo que houve entre eles* e que para ele Sikhandin era a mesma Sikhandini de quando nasceu. Duryodhana disse que então o manteria afastado de Bhishma, não sendo alguém a ser temido.

OS DOIS EXÉRCITOS FRENTE A FRENTE

Na primeira manhã em que os exércitos se defrontaram, o dos Kauravas era muito maior e suas tropas tomaram a iniciativa no campo de batalha. Estavam Duryodhana, os 98 irmãos, Yuyutsu (o outro filho de Dhritarashtra), todos chefiados por Bhishma, assim como Kripa, Drona, Jayadratha, Aswatthaman, Sakuni, Susarman e Salya, rei dos Madras, e Kritavarman, que embora fosse da família de Krishna, lutava a favor deles.

Sanjaya abriu espaço entre a multidão de mercadores, prostitutas e espiões saídos dos dois acampamentos que se colocavam desarmados à beira da planície. Ouviram-se os tambores usados na carruagem de Yudhishthira e viram-se as tropas dos Pandavas se aproximando das dos Kauravas.

Dos dois lados o seu rei tinha um exército. Do lado de Yudhishthira, Dhrishtadyumna era o chefe junto com os Pandavas e Drupada. Krishna dirigia a quadriga de Arjuna, e também estavam Satyaki, Sikhandin, Virata e o filho Uttara. Houve um grande clamor dos dois lados quando apareceu o exército de Yudhishthira, de frente para o sol da manhã. As armaduras metálicas e todos os escudos brilhavam, e os de bambu, espinhos e couro também se faziam ver com as bandeiras de guerra revoando acima.

As tropas avançaram como um rio inundando a planície, com os elefantes parecendo nuvens cinzas. Bhima era o centro de sua ala alinhada diante dos guerreiros de Duryodhana, e bem à sua frente estava Bhishma, todo vestido de branco em sua quadriga de prata. Bhishma pôs nos lábios a trombeta de concha e soprou o anúncio de batalha. Dos dois lados os guerreiros se juntaram a ele, fazendo soar os búzios, cornetas de bronze, tambores, gongos e címbalos.

39. O Bhagavad Gita

DIÁLOGO ENTRE ARJUNA E KRISHNA

Quando os dois lados estavam prestes a se defrontar, Arjuna pediu a Krishna que dirigisse sua quadriga para fora das fileiras e parasse ao centro, em algum lugar, entre os exércitos. Seu carro de guerra tinha as cores do arco-íris, *enfeitado com cem sinos de prata e puxado por cavalos brancos*. Krishna manobrou-o, levando o inigualável arqueiro, até o meio do campo de batalha.

Arjuna ficou ali a céu aberto, entre as duas paredes de soldados, olhando por um tempo para o exército de Duryodhana. Então jogou o arco na quadriga e recostou-se ao mastro da bandeira, encarando os Kauravas. Viu Bhishma, Kripa e Drona prontos a lutar contra ele, enquanto as flechas de sua aljava pareciam ansiosas para voar, mas seu longo arco Gandiva permanecia intocado e indiferente. E *sentiu que seu coração não era de aço, nem fora forjado assim*.

Então perguntou a Krishna que felicidade haveria de ter se os matasse por causa de um reino. Eles não hesitaram em ir até lá, mas isso não era digno deles. Eles sim sabiam o que era melhor e deviam agir nesse sentido. Krishna, que estava na boleia, passou a dizer que Arjuna era seu amigo querido e que se quisesse partiriam dali sem sequer olhar para trás. Mas se então não se rendessem, Yudhishthira morreria: Karna mataria Bhima, Nakula, Sahadeva, e em seguida Yudhishthira e todos os homens do exército. E Arjuna não poderia impedir essa guerra.

Então Krishna entoou a *Canção divina* ou o *Cântico do Senhor*, em que perguntava a seu amigo amado "por que ceder?" e por que se renderia. Arjuna retomou o arco e voltou-se a Narayana pedindo que o conduzisse, pois iria lutar.

Arjuna e Krishna

SIGNIFICADO ESPIRITUAL – NOTA SOBRE O CÂNTICO

Quem lê sobre a batalha entre os Kurus – o que é como um sacrifício feito com manteiga e torrões de açúcar – e quem o ouve sem malícia, o Vento e o Senhor do Fogo nele se deleita, assim como a Lua e o Sol eternamente.

Vyasa compôs o cântico para que todos se livrassem das doenças e tivessem muita riqueza, junto à vitória e ao alimento, e a todas as delícias e prazeres dos Céus. Para ele, ninguém é maior ou menor: todos os homens lhe são reis. Deus é eterno, e por aqui se quer louvá-lo; os méritos que se têm ao ouvir falar dos tempos antigos equivalem aos obtidos pela oferta de vacas com seus bezerrinhos todos os dias e noites durante um ano àqueles que merecem. E as palavras de Vyasa nunca foram falsas.

ÚLTIMOS PREPARATIVOS

Krishna voltou, mas passando por Yudhishthira, eles o viram arrancar sua armadura, que quebrou ao atingir o solo. Sem armas ou vestes de guerra, Yudhishthira saltou de sua carruagem e se dirigiu ao exército Kuru, onde todos silenciosamente lhe abriram caminho. E marchando em meio à chuva de lanças e flechas, foi até a carruagem de Bhishma e curvou-se para o avô.

Então pediu permissão para combatê-lo, e ela lhe foi dada. Perguntou como haveria de – se possível – derrotá-lo, e o avô lhe agradeceu pela pergunta, dizendo que se o neto não a fizesse, ele o teria amaldiçoado. Bhishma lembrou que a morte não poderia levá-lo sem permissão (pela dádiva recebida de Santanu), acreditando que ninguém pudesse sequer aproximar-se dele em combate.

Yudhishthira abaixou a cabeça e caminhou entre os Kurus atônitos até a quadriga dourada de Drona. Do mesmo modo, pediu permissão para combatê-lo e perguntou como poderiam vencê-lo. Mas Drona disse que enquanto tivesse qualquer arma à sua mão, ninguém poderia vencê-lo.

Do mesmo modo foi a Kripa. Yudhishthira não conseguiu perguntar como poderia vencê-lo, e Kripa disse compreendê-lo, pois não podia ser morto. Yudhishthira curvou-se, uniu as mãos para Kripa, caminhou de volta entre os Kurus até que, face a face com todos, ofereceu ser amigo dos que passassem para o seu lado.

Houve movimentação nas tropas Kauravas, e Yuyutsu, filho de Dhritarashtra com uma criada, passou para as fileiras atrás de Bhima e Dhrishtadyumna, depois de os Kurus lhe abrirem caminho. Yudhishthira vestiu sua armadura e equipamentos, e ao longo de Kurukshetra já estavam os bardos e menestréis a compor *os versos e canções da grande guerra dos Bharatas.*

> Toda a Terra foi se viu enrubescida de sangue,
> tomada por armas brilhantes,
> parecendo uma dançarina negra vestida de vermelho,
> caída e tonta de vinho,
> com seus sinos dourados e adereços de prata desarranjados...
> Mas tudo era ilusão, um drama encenado.
> Quem ali morreria ou cometia assassinato?

40. Início da Guerra – 1º dia

BATALHA VIOLENTA

O Dharma dos guerreiros é cruel, e num piscar de olhos começou o confronto caótico dos exércitos. Sanjaya, encarregado de narrar a guerra a Dhritarasthtra, estava protegido por Vyasa e tudo observava: as loucuras e a devassidão da guerra, nuvens de pó tapando o sol, o barulho das carruagens se chocando e quebrando suas madeiras, os gritos de elefantes e cavalos, ossos, metais, berros, brados de guerreiros anunciando os nomes de suas famílias, orientando-se pelos uniformes, bandeiras, códigos, sinais.

Bhishma estava lá, de branco, anunciando os nomes dos que havia matado com seu arco também branco, em circunferência queimando como fogo sem fumaça. Sanjaya não pôde encará-lo, e quando olhou para os Pandavas, viu homens morrendo. As setas de Bhishma zuniam e eram atraídas para seus alvos assim como os olhos são atraídos para o belo. Os elefantes paravam e depois fugiam, assim como as carruagens e os cavaleiros, e a bandeira Kaurava penetrava no exército de Yudhishthira deixando-o coberto de flechas e sangue.

Yudhishthira viu isso e correu para Arjuna, reconhecendo sua ignorância por estar contra Bhishma e dizendo que voltaria à floresta para pôr fim à guerra, já que a vida era mais valiosa. Arjuna se opôs, dizendo para não admirar Bhishma como se ele mesmo fosse um fraco. Era para deter seus homens e aguardar.

Arjuna foi em direção a Bhishma tendo ao lado Virata, que lhe protegia as rodas. O exército de Yudhishthira passou por eles em fuga, cada um para um lado. As duas carruagens logo ultrapassaram Drona e Kripa, e a quadriga de Arjuna, com as cores do arco-íris, avançou sobre eles como pássaros reluzentes em voo, ou como uma cidade Gandharva de nuvens volúveis, coloridas no céu.

As duas quadrigas se aproximaram de Bhishma sob uma saraivada de flechas. Arjuna se protegeu, mas *Virata pereceu em batalha*, fazendo seu condutor dar a volta e fugir. Krishna ordenou a Arjuna que atirasse, mas ele, olhando-o de viés, contou ao primo que quando era pequeno subia no colo do avô e sujava suas roupas. E que quando o chamava de pai, ele o corrigia dizendo não ser seu pai, mas o avô. E era todo amor para brincar com o menino de pele escura e cabelos crespos.

Krishna saltou da carruagem girando freneticamente o seu disco Sudarshana na mão e avançou para Bhishma. Arjuna prendeu a respiração, mordeu os lábios, saltou da carruagem e atracou-se com Krishna por trás. Os dois caíram enquanto Bhishma olhava e ria, reclinado no arco. Chamou-os, saudou e reverenciou Krishna, dizendo que se o matasse traria grande felicidade.

Krishna quis soltar-se de Arjuna, que estampava no rosto uma total inocência e pedia ao primo que fosse pacífico ou nunca o soltaria. Krishna concordou em não lutar, e quando Arjuna perguntou da chakra, o disco desapareceu. Arjuna deixou-o levantar-se, e Krishna subiu na carruagem coberto de pó.

O sol se pôs, e os guerreiros se recolheram às tendas para passar a noite, deixando Kurukshetra coberta de lanças, flechas, bandeiras, chicotes, arcos, armaduras, machados, tochas carbonizadas e vasos quebrados, que antes guardavam inúmeras serpentes venenosas. E enquanto caminhavam para suas tendas ao escurecer, os Pandavas viam a cada piscar de olhos a figura orgulhosa de Bhishma, toda branca, em sua quadriga prateada.

NOITE DE DESCANSO – CONVERSA ENTRE BHISHMA E DURYODHANA

De noite, os soldados descansaram com música e mulheres, sem falar sobre a batalha e retomando o aspecto agradável em suas aparências. As ruas do acampamento Kaurava eram iluminadas por lamparinas douradas com óleos aromáticos, e Duryodhana desfilou a cavalo, mostrando-se belo com a vitória.

Amigos o aclamavam em várias línguas, e ele os saudava como um rei, não demonstrando raiva ou impaciência, malícia, medo, paixão pela discussão nem ânsia de vencer – o que fez Sanjaya achar que a vitória fosse possível, não como mera ilusão, mas conforme o seu tempo de duração.

Duryodhana foi à tenda de Bhishma e, curvando-se a ele, pediu que não poupasse os Pandavas por bondade, depois de relatar que seu exército era *um mar sem praia*, invencível, crespo pelas ondas em uma terrível tempestade. Bhishma pediu silêncio e disse que qualquer um pode ser *escravo de riquezas*, mas as riquezas não eram escravas de ninguém. Lutava por ele, mas jamais mataria um inocente, alguém desarmado, condutores, mulheres, os que fugiam, se rendiam ou estavam lutando com outros.

Duryodhana se desculpou e disse ao avô que não pretendia ser cruel, mas sabia que venceriam. Contou que o ar da noite estava fresco e brilhante e que acabara de saber que, quando se estava à beira da morte, é que se descobria que todas as árvores eram feitas de ouro.

41. 2º DIA

SIKHANDIN E ARJUNA ATINGEM BHISHMA

Na segunda manhã, Bhishma conseguiu dispersar os Pandavas de novo, fazendo os seus homens rirem e aplaudirem. Sanjaya não acreditou ao ver com os próprios olhos o estandarte com o macaco Hanuman, único que estivera firme em meio às tropas que debandavam, também bater em retirada.

Mas quando o exército Pandava fugia desesperado pela planície e alguns mergulhavam no rio Ganga, Krishna parou perto de uma bandeira prateada com o desenho de um lótus azul. Sikhandin pulou de sua quadriga para a de Arjuna, e os dois partiram contra Bhishma.

De seus arcos saíram flechas velozes, embebidas em óleo, e Bhishma preferiu nem olhar para eles, enquanto as flechas o perfuravam às centenas *como o frio cortante do inverno*, até não restar parte alguma de seu corpo sem ser atingida. Os deuses cruzaram os braços, e Bhishma caiu da carruagem de cabeça, e de tantas setas, seu corpo não chegou a tocar o solo.

Krishna parou o carro, e Arjuna e Sikhandin baixaram seus arcos. Por toda Kurukshetra os combates foram interrompidos em meio a uma chuva de flores suave e silenciosa, saída dos dedos entrelaçados dos deuses. Os guerreiros dos dois lados se reuniram à volta de Bhishma, juntos, como antigamente.

Bhishma disse estar vivo e pediu almofadas para a cabeça pesada que pendia. Muitos reis ofereceram almofadas de sedas finíssimas, mas ele pediu que Arjuna lhe desse um travesseiro apropriado. Arjuna fincou no solo três flechas de sua aljava para que as penas da outra ponta fizessem um travesseiro. Ajoelhou-se e sussurrou estar feito o travesseiro.

Bhishma disse que as setas que queimavam não eram de Sikhandin e pediu água. Novamente, muitos trouxeram, mas Bhishma recusou e pediu a Arjuna, pois não estaria mais no mundo dos homens e não seria mais esse tipo de água. Arjuna disse que lhe daria. Então, em meio ao silêncio, tomou o arco Gandiva e caminhou à volta de Bhishma. Segurou uma flecha no arco e lançou-a zunindo, certeira, para dentro da Terra. Ao jorrar água das profundezas, Sanjaya entregou uma taça a Arjuna, que deu água para Bhishma.

Duryodhana ajoelhou-se ao lado do avô e disse ter trazido médicos. Bhishma agradeceu e dispensou-os, avisando que não morreria antes do solstício de inverno. Ficaria mais tempo repousando sobre aquelas flechas e disse que as obras de Arjuna iam além do que se podia conhecer, e que agora Duryodhana as via.

Bhishma, filho de Ganga, o belo rio que leva ao oceano, caiu em silêncio e fechou os olhos. E Sanjaya viu, entre suas próprias lágrimas, os bravos Kurus e Pandavas voltarem para as tendas, enquanto guerreiros dos dois exércitos cavavam uma grande trincheira à volta de Bhishma e enviavam guardas para protegê-lo, abrindo uma bandeira para marcar o local.

SEGUNDA NOITE – KARNA E KRISHNA HOMENAGEIAM O LÍDER KURU

De noite, Karna foi ter com Bhishma e lembrou-o de quando ele o olhou com ira. Bhishma disse não o odiar, mas que ele teria desejado a guerra quando Bhishma buscava a paz. E por isso proferiu palavras ásperas: mas *a Roda não parará de girar*.

E Bhishma repetiu o que já dissera antes, recomendando que vivesse em paz com os irmãos. Sendo ele o melhor guerreiro do mundo, deveria fazer findar a guerra com a morte de Bhishma. Mais do que ninguém, teria coração e bondade para fazer isso por ele.

Mas Karna disse que lutaria e que viera lhe pedir permissão e perdão pela crueldade que tinha por ele, vinda da ira. Bhishma deu-lhe ambos, dizendo ter fracassado novamente, e que se Karna pensava ser tão bom guerreiro quanto ele, era ainda melhor.

Depois que Karna saiu, Krishna se aproximou despercebido de Bhishma e, num sonho, soltou as amarras de esperança que prendiam a vida. Disse ser *o Senhor* e ter aquilo, e que mais ainda obteria; que àquele matou e que a outro mataria depois; que era rico, nobre e feliz, perguntando-se se haveria alguém semelhante. E assim, toda a dor e o sofrimento cessaram, a sede e a fome, e Bhishma pôde adormecer em paz sobre as pontas das mil flechas.

DRONA SE ALIA AOS TRIGARTAS PARA ENGANAR ARJUNA

Karna pegou a espada e foi à tenda de Duryodhana, que lhe perguntou quem passaria a chefiar os Kurus. Karna sugeriu Drona, e ao derramar-se água do Ganges em seus cabelos prateados e atar-se uma tira de prata em seu pulso, foi designado o comandante do exército.

Drona pediu ordens a Duryodhana, e este lhe disse para capturar Yudhishthira vivo: sem ele, o exército Pandava não teria ânimo para resistir, nem força para vingar sua morte. O Kaurava perguntou se Drona seria capaz, e ele disse que só se Arjuna não estivesse ao seu lado. Duryodhana disse que Karna poderia desafiá-lo, mas Drona disse que, se isso acontecesse, os exércitos parariam para acompanhar a disputa. Drona disse precisar de um planejamento de toda a batalha para ser bem-sucedido e que teria um modo.

Drona procurou o Rei dos Três Castelos, Susarman, que aceitou liderar os Trigartas contra Arjuna na manhã seguinte. Eles juraram diante do fogo sagrado que derrotariam Arjuna ou morreriam. Com vestes e prendas apropriadas, seguiram Susarman até o rio, simulando o seu próprio funeral.

A lua nova tinha se posto e Susarman acendeu uma pira às margens do Ganges, com cada guerreiro lançando um bolinho de arroz ao fogo (para que suas almas pudessem se alimentar depois da morte), outros três ao rio (para apaziguar a Lua, que daria corpos celestiais aos mortos) e outros três às esposas para que suas famílias não morressem.

Esses Trigartas não mais voltaram para onde estavam os outros, pois suas palavras ainda não haviam se cumprido. Dormiram ao relento, longe das tendas Kauravas. E Susarman pôde ser visto à luz das estrelas, dormindo nas costas de seu elefante com a cabeça entre as ondulações da nuca do animal, como se dormisse *entre os fartos seios de sua rainha*.

42. 3º DIA

DISPUTA DE ARJUNA E KRISHNA COM OS TRIGARTAS

Na terceira manhã, o sol nasceu reluzente como uma mulher sorrindo, brilhando como um leão dourado ao sair da toca nas montanhas, expulsando as trevas como uma manada de elefantes escuros, e os guerreiros morreram em diferentes tempos, ao som de "agarrar", "cortar", "aqui", "atacar", "esperar", "ali", "olhar", "onde?".

O desafio dos Trigartas chegou a Arjuna, e Dhrishtadyumna lhe disse que podia ir ao encontro deles, pois seus espiões já haviam descoberto o plano e, enquanto ele estivesse no comando, Yudhishthira jamais seria capturado por Drona.

Os dois exércitos se enfrentaram parecendo dois mares revoltos, com Arjuna atirando nos Trigartas, que se aglomeraram em seu carro impedindo a passagem. Vendo seus homens tombarem, Susarman enviou trevas sobre Arjuna e Krishna. Com a ilusão, surgiu uma montanha, e Susarman aparecia em cem lados diferentes, mas era tolice combater Arjuna com esses recursos.

Ele mandou uma flecha de seu arco Gandiva com o *mantra Naja* para a Terra, e milhares de serpentes prendiam e imobilizavam os Trigartas. O elefante de Susarman também foi coberto como trepadeiras em um muro de pedra, deixando o rei imobilizado.

Outra *flecha com mantra* voou pela atmosfera, fazendo os Trigartas bocejarem de sono mágico. Assim, suas memórias saíram pela boca, e as cobras sumiram. Susarman olhou para os lados estupefato, desceu do elefante e caiu aos pés de Krishna, perguntando-lhe o que era aquela guerra. Pediu a bênção e disse que voltaria ao seu lar.

OUTRA BATALHA NO MESMO DIA E CHORO DE ARJUNA PELA MORTE DE UTTARA

Dhrishtadyumna chamou a atenção para a aproximação de Drona. Para escapar, eles precisariam furar as falanges Kauravas, mas quem conseguiria? Uttara, o príncipe de olhos azuis, disse que poderia passar com seu carro, mas não conseguiria escapar de volta. Dhrishtadyumna disse que todos o seguiriam e que Drona talvez esperasse o recuo dos Pandavas, mas não a investida.

Uttara pegou as rédeas de seu condutor e, por caminhos labirínticos, dirigiu a quadriga até passar Drona. Penetrou na formação mas foi engolido e se perdeu. Jayadratha atacou-o por trás e fechou aquela passagem aberta no exército Kaurava. Os Pandavas não conseguiam avançar, tendo à frente a bandeira de Jayadratha com o javali prateado. Uttara ficou só e foi morto por Salya e por Sakuni, que lutaram juntos contra ele.

Arjuna e Krishna voltavam do combate aos Trigartas quando viram os Kauravas em euforia e Yuyutsu repreendendo-os, dizendo que não deviam se alegrar por terem matado uma criança. Raivoso, Yuyutsu abandonou as armas e foi para a tenda.

Arjuna perguntou a Yudhishthira sobre Uttara, e ele não sabia com que olhos encarar o irmão, mas contou toda a história e que pretendiam segui-lo, mas foram barrados – até mesmo Bhima – por Jayadratha. Apenas Krishna e Yudhishthira foram capazes de olhar para Arjuna, que teve o rosto banhado de lágrimas e olhava para os Kauravas tremendo e ofegando muito, como um doente, apertando os próprios braços e gritando que as armas deles não passavam de enfeites. Culpava-se por ter-se afastado, sabendo que todos eram fracos.

Krishna pediu que não chorasse, pois *as lágrimas queimavam os mortos como fogo líquido*. Arjuna sussurrou que Uttara devia ter pensado que ele o salvaria. E dizendo isso para si mesmo, apontou o arco contra Jayadratha e avançou como se não houvesse ninguém à frente. Krishna pediu que quando se aproximassem deles apenas lhe obedecesse, para não perderem suas vidas.

Então viram que Drona recuara e ia juntar-se a Jayadratha: ele tinha os avistado quando voltavam e sabia o que pretendiam.

ARJUNA E KRISHNA DISPUTAM COM DRONA E DURYODHANA

Drona mandou Jayadratha para a retaguarda, mas antes que enviasse mais alguém, Arjuna gritou, pedindo permissão para entrar em seu exército. Drona o desafiou a uma luta, e Arjuna lançou algumas flechas sobre ele, indo rapidamente para o flanco em sua retaguarda. Drona questionou-o, perguntando se não costumava lutar até vencer o adversário. Arjuna disse que ele era seu mestre, e não seu inimigo, e não havendo quem o suplantasse.

De seu trono sobre um elefante, Duryodhana perguntou a Drona por que havia permitido a passagem de Arjuna, e ele respondeu que assim poderia capturar Yudhishthira. Passando, Arjuna se atrasaria, com o Kaurava podendo interceptá-lo na volta. Então pediu que subisse em sua carruagem, onde amarrara a armadura de seu filho com nós secretos de fios Gandharvas, fibras que repeliam as armas que o atacassem.

Quando Arjuna surgiu na retaguarda, Duryodhana o esperava. Os Kurus bradaram que o rei estaria morto, mas Duryodhana riu deles e acertou o ombro de Arjuna com uma seta. O Pandava largou o arco e caiu abatido de joelhos. Tentou levantar-se, enquanto Krishna observava Duryodhana e era saudado por ele com uma chuva de flechas cobrindo a quadriga que tinha as cores do arco-íris.

Todas as flechas de Arjuna erravam o alvo, e Duryodhana riu dele, perguntando de suas famosas setas. Krishna pensou no que estaria acontecendo de errado, e Arjuna falou dos nós Gandharvas e que ele se descuidara. Mandou Duryodhana parar e, antes que lançasse outras flechas, quebrou-lhe o arco e fez cair o pálio real sobre sua cabeça. Asfixiado pelos panos, Duryodhana ainda ordenou que seu elefante fosse ao ataque, mas este se recusou a obedecê-lo, *como a esposa de um homem pobre faria ao marido.*

ARJUNA MATA JAYADRATHA E ENGANA VRIDDHAKSHATRA

Quando Duryodhana pôde enfim enxergar, Arjuna e Krishna já se aproximavam de Jayadratha. Krishna avisou para tomarem cuidado, passando a contar a história de Jayadratha, filho de Vriddhakshatra, que ao nascer o pai soube que ele seria decapitado numa guerra e rogou uma praga ao assassino: quem fizesse a cabeça de Jayadratha rolar teria a sua simultaneamente despedaçada. E que o pai havia se retirado para uma floresta ali perto.

Arjuna disse ter compreendido e com uma seta afiada arrancou a cabeça de Jayadratha. Com outras a fez cair suave nas matas à volta de Kurukshetra, no colo de Vriddhakshatra, que estava meditando e não percebeu. Mas ao acordar, olhou para baixo e deixou cair a cabeça do filho, tendo a própria explodida em cem mil pedaços.

43. Vingança envolvendo Drupada, Drona, Dhrishtadyumna e Aswatthaman

ESTRATÉGIA DE BHIMA E DHRISHTADYUMNA

Enquanto isso, Drona mirava em Yudhishthira como um gavião no pardal, silvando como uma naja preta em sua carruagem dourada. Com os olhos vermelhos como cobre, apontava a setas de penas e ouro que tinham o seu nome gravado e, ao perceber que Drupada mirava contra ele, lançou seu dardo de ouro e lápis-lazúli. O rei Panchala caiu como um penhasco de pedra desmoronando, fuzilado pelo olhar de Drona. E por Drona ter desviado o olhar, Dhrishtadyumna avançou sobre ele como a própria morte, pulando da carruagem para as costas de seus cavalos com o escudo sombrio, decorado com cem luas de prata e um espadachim curvo, azul como o céu.

A bandeira de Bhima – o leão prateado de olhos azuis – se aproximou, e ele gritou que Aswatthaman havia morrido. Drona deixou cair as setas curtas de lutar de perto (que só ele tinha) e, tomado de dor e desespero, *liberou as armas celestiais que lhe serviam*, sentando-se desconsolado em uma esteira de grama da carruagem, sem portar nenhuma arma. Todo o céu ficou de uma só cor e não se via o sol, quando Sanjaya, que a tudo assistia, olhou para trás e viu Dhrishtadyumna coberto de sangue, segurando em sua mão esquerda a cabeça de Drona.

Dhrishtadyumna gritou aos Kurus para não os abandonarem sem levar um presente, e eles saíram assustados, em debandada, quando o príncipe atirou a cabeça de Drona no meio deles. Alguns soldados pediam que os outros não fugissem, mas todos saíram de Kurukshetra.

Arjuna voltou e perguntou a Bhima se Aswatthaman havia de fato morrido, e Bhima disse ser um elefante de mesmo nome, que ele próprio havia matado. Também perguntou a Dhrishtadyumna sobre o porquê de atacar Drona quando ele estava desarmado. Dhrishtadyumna confirmou ter matado Drona, amigo de Arjuna, reconhecendo que, pensando bem, havia contado a ele uma mentira. Arjuna disse que agora não imaginava quem o protegeria de Aswatthaman.

SOFRIMENTO DE ARJUNA PELA MORTE DE DRONA – QUE ASWATTHAMAN QUER VINGAR

Arjuna e Krishna partiram sós. Arjuna balançava sem parar a cabeça, enxugando as lágrimas da face, e pensou sobre Dhrishtadyumna (olhando para ele, mas sem dizer) que aquela fora uma atitude vergonhosa e que ele não sabia o que era ser um guerreiro.

Drona morrera aos 85 anos, coberto de flechas, derrotado mortalmente por uma mentira, golpeado desarmado em sua quadriga, e em seguida Bhima e Dhrishtadyumna se abraçaram. Aswatthaman, perguntou sobre o ocorrido a Duryodhana que, pálido e trêmulo, pediu a Kripa que lhe contasse. Kripa explicou que seus homens fugiam de onde Drona havia sido morto.

Aswatthaman chorou *lágrimas de fogo* e soube por Duryodhana que o pai baixara as armas quando achou que o filho estivesse morto. E que agora, sem ele, eram um céu sem estrelas, uma mulher sem um homem, *um rio sem água*. E que seus homens correriam para casa, por mais distantes que estivessem.

Aswatthaman lembrou que um homem deseja apenas ser superado pelo filho, e por isso Drona teria ensinado só a ele o uso de uma arma *que ninguém sobreviveria a usar pela segunda vez*. Olhou as tropas Pandavas ao longe e disse que seu peso sobrecarregava a Terra, levando ao arco uma flecha com o mantra de que ela seria *o silêncio entre coisas secretas*, e nela *todo o mundo se enfiaria* como um colar de pérolas. E lançou-a.

A seta de ouro mortal incendiou-se pelo céu, e sobre o exército Pandava caíram dez mil flechas e dez mil dardos pegando fogo, cem mil espadas, clavas, machados, um milhão de rodas girando afiadas como navalhas e pesadas bolas de ferro. Krishna percebeu ser a arma de Narayana e puxou Arjuna da carruagem.

Mandou dizer a todos para que não corressem, e se jogassem no solo rapidamente, sem nenhuma arma.

Krishna e Arjuna correram para lados opostos em direção a todas as tropas Pandavas, derrubando espadas e arcos, tirando homens de seus cavalos, carros e elefantes, até todos estarem em solo, desarmados, e disseram-lhes para não pensar em guerra, pois morreriam só de imaginá-la.

E assim fizeram com que todos obedecessem às ordens, exceto Bhima, que se transformou em um fogaréu quando todas as armas caíram somente nele, mas Satyaki derrubou-o com uma lança comprida. Por toda a planície os Pandavas se desarmaram, tendo o coração em paz e o rosto sem olhar para os Kauravas.

Quando a arma de Aswatthaman fracassou, já anoitecia, e o sol baixo e vermelho recolhia seu esplendor das armaduras e escudos brilhantes até escurecer de vez. Aswatthaman baixou o arco e caminhou lentamente, perguntando-se se seria *tudo mentira*.

44. Karna e Arjuna

KARNA DESAFIA ARJUNA – NA VOLTA AO ACAMPAMENTO CONFABULA COM DURYODHANA E ASWATTHAMAN

Naquela noite de lua nova – de contorno radiante e vivo como o arco de Kama –, os Pandavas tiravam flechas do corpo e se banhavam, atendidos por brâmanes que lhes *recitavam mantras*. Karna entrou na tenda de Arjuna e ouviu de Krishna que seria pecado deixar de matar os que merecem. Arjuna perguntou se ele estava só, e Krishna quis saber o motivo de estar com espada e vestindo armadura. Karna disse conhecê-los bem, e então desafiou Arjuna a encontrar-se com ele na manhã seguinte para uma luta na planície. Arjuna, tocando na própria espada, disse para ele ser paciente, pois teria *prazer em matá-lo*.

Os Kurus estavam reunidos na tenda de Duryodhana, sentados como deuses em camas de pele de tigre decoradas com pedras preciosas, quando Karna voltou, dizendo que aquela noite era escura como cem anos – como a noite do fim do mundo – e que haveria cadáveres decapitados ainda de pé no campo de batalha procurando às cegas quem os matou.

Aswatthaman disse a Duryodhana que vira sua arma falhar, e sendo assim não poderiam mais vencer e a guerra seria uma desonra. Pediu autorização para conversar com Arjuna e sugeriu repartir Kurujangala com eles, pois não imaginava mais o término de suas misérias e desgraças – como alguém que se afoga e já não vê praia do meio do mar.

Duryodhana disse que naquele dia Bhima havia matado os seus 98 irmãos usando flechas de ferro polidas em pedra. O que restava deles? Quem defenderia os Kurus? *Karna*, sugeriu o filho de Drona. Para Karna, teriam matado Bhishma com uma cilada, e Drona com uma mentira. Assim, todos os filhos de Kunti estavam vivos, e os Pandavas *manchados para sempre*, como a Lua. Mas ele seria o refúgio dos Kurus: no dia seguinte enfrentaria Arjuna e depois, se vivesse, mataria todos os outros.

Os corações dos Kurus voltaram-se para Karna, e Duryodhana passou a imaginar Arjuna sem vida – era como se pudesse renascer. *Só Sanjaya* sabia o que Karna pensava *intimamente*: que já estava morto, e que Arjuna seria apenas o meio.

PREPARATIVOS DE KARNA PARA ENFRENTAR ARJUNA

Derramaram água perfumada com mantras, ervas e flores sobre Karna e trouxeram vasos cheios de riquezas para empossá-lo como general. Alguns brâmanes vieram apoiá-lo, dizendo que os contrários não veriam suas flechas voláteis, assim como as corujas não podiam olhar para o sol. Pediram que aniquilasse os Pandavas, Krishna e todos os seus seguidores. E, querendo vencer, Duryodhana ofereceu ouro a Karna, um colar de prata com enfeite para o peito e dez mil vacas.

Belo e claro, de cabelo úmidos, Karna disse a Duryodhana que daria por ele o seu sopro de vida e o seu corpo, *tão difíceis de dar*, para que pudesse ver seu reino como uma flor livre de espinhos. Era o único que poderia salvá-lo. Não temeria o combate, pois o mundo, sendo *impermanente*, sofria contínuas transformações. Mas com Drona morto e Bhishma à morte, como o sol voltaria a raiar? Sentiam-se abandonados e era o momento de compensar todos eles, os Kurus e a Terra.

Duryodhana disse ter escolhido os inimigos e que não era para ter-lhes afeto, pois Drona, em troca disso, fora traído. Mas Karna defendeu Drona, dizendo ter dado o melhor de si em defesa dele, não havendo qualquer falta. Para Duryodhana, Drona permitira a incursão de Arjuna em seus exércitos e não capturou Yudhishthira. Karna questionou-o, lembrando de quantos Kurus já haviam morrido e os deixado. Lamentou não serem mais jovens, quando tudo podiam, e por estarem já no final da primavera daquele ano.

Duryodhana lembrou haver aqueles que os deuses amavam, e que assim podiam ter certeza do sucesso e da felicidade. Não seriam mais inteligentes nem melhores, mas venciam, pois tinham a boa sorte sempre ao seu lado, enquanto os outros fracassavam. Ficou em silêncio por algum tempo até que, provocado pela Morte e preso ao passado, disse que *ninguém nascera assim*, e que *a sina e o destino* deles poderiam mudar *a qualquer momento*. E questionou sobre as restrições e liberdades das pessoas, indagando sobre o que seria mais necessário.

45. 4º DIA – A GRANDE LUTA

KARNA E ARJUNA SE ENFEITAM PARA O COMBATE

Na aurora da quarta manhã, o céu de Kurukshetra estava tão apinhado de deuses vindos para observar a luta que as carruagens celestiais se atrapalhavam umas às outras. Karna, com as mãos *marcadas pelas rodas do trovão*, retesava o arco Vijaya de que só ele era capaz. Pôs guirlandas de flores de ferro escuro e sem vida em seu carro e tomou como condutor o rei Salya, para compensar Krishna, e numa segunda carruagem colocou penas de abutre para compensar as aljavas infalíveis de Arjuna.

Uma pasta de sândalo tingia os seus braços de vermelho, e ele trazia pendurados nos ombros pequenos objetos azuis e dourados. Subiu em sua quadriga, que levava, em uma arca de ouro forrada com serragem de sândalo, o dardo alado de Indra – o dardo fatal que Karna *adorara durante um ano* com velas, contas, alimentos ofertados, flores e incenso, há muito reservados para a morte de Arjuna. As pequenas asas do dardo brilhavam como o sol, e tê-lo à mão era doce como a infância relembrada. Enfrentá-lo seria amargo como o Tempo.

Todos olhavam-no como para uma Árvore de Desejos, e seu olhar aterrorizou até mesmo Sanjaya, que se conteve para não pedir que não fosse. Todos o seguiam em silêncio, caminhando por entre os mortos, então Karna parou, com 60 milhões de flechas de ferro, aço, madeira e prata, com vários tipos de ponta, e disse a Salya não saber quem morreria, mas que era para avançar um pouco e esperar por ele.

Perto da tenda, Arjuna pôs flores na armadura e bebeu vinho até que seus olhos brilhassem como a coroa em arco de sua testa. Também enfeitado, tocou no espelho de bronze que lhe devolveu as forças em dobro e vestiu os braceletes da boa sorte, as joias perfeitas e as ervas revigorantes guardadas em cápsulas douradas presas a correntes de prata. Montou na quadriga, e Krishna a dirigiu em direção a Karna, com os cavalos branco-prateados de arreios que pareciam de pérolas.

Dhrishtadyumna fez um sinal, e eles pararam longe de todos (incluindo ascetas e deuses, que estavam a observá-los). Karna bateu com força em sua axila, e Arjuna retribuiu a saudação. O céu escureceu e escondeu Arjuna com névoas e brumas. Sobre todos pairavam nuvens de raios e trovões, mais altas que as montanhas, até caírem mansamente a chuva e o orvalho do Senhor Indra. Seu arco-íris resplandecia em Arjuna, enquanto surgiam nuvens negras parecendo rir quando as garças passavam entre elas. Então Arjuna retesou seu arco e sussurrou para Krishna se ainda caminhariam juntos, ouvindo em resposta que era para ele *se calar*!

MAIOR DAS BATALHAS

Surya, o Sol, pediu hospitalidade a Karna na batalha, e este se disse honrado. Os cavalos de Arjuna ainda marchavam lentos, quando de súbito a carruagem de Karna avançou rápida, fazendo tremer a Terra sob suas rodas, lançando-lhe de uma vez um milhão de flechas para furar sua armadura, e *a própria Morte sentiria a dor daquelas setas*.

Arjuna dançava em sua quadriga como Shiva ensanguentado à noite. Bateu palma, trouxe a escuridão e começou a esticar seu arco até a orelha. Para Sanjaya, aquelas setas eram como os dados, e o arco Gandiva o seu receptáculo. Quem perdoaria mais do que Arjuna? E de quem seria a pior das iras?

Enormes blocos de pedra caíram do céu sobre Karna, mas ele os despedaçou e triturou com suas flechas até torná-los grãos de areia que brilhavam no céu noturno. Rodeou Arjuna com chamas que estalavam, e com essa arma colocou fogo nas túnicas dos guerreiros Pandavas que estavam mais distantes, queimando e escurecendo tudo à volta. Já iam fugir em correria quando Arjuna rapidamente *proferiu um mantra* e o fogo desapareceu, deixando todos submersos até os ombros em água gelada.

Arjuna e Krishna

Do arco de Karna saiu um vento quente do deserto que castigou a planície e secou toda a água. O sol voltou a brilhar, e o vento foi cessando em espirais, não havendo mais sinal de fogo ou areia caída, com tudo voltando a ser como antes. Flechas brancas de Arjuna, com penas de pavão acesas, perfuraram Karna como cobras de pele nova e cabeça arredondada entrando na terra. E mesmo com uma seta fincada na testa, Karna cortou a corda do arco Gandiva ouvindo-se um enorme estalo. Os dois guerreiros pareciam em total equilíbrio, levando morte ao céu com suas flechas variadas, enquanto os deuses exclamavam "excelente, Karna", ou "excelente, Arjuna".

De tarde os dois pararam para descansar, exaustos, enquanto as sombras de suas flechas misturadas no céu encaravam-se mutuamente e Apsaras celestes os *abanavam com folhas macias de palmeiras* e colocavam água refrescante de sândalo sobre eles.

Arjuna deu início a um novo combate, e antes que Karna replicasse, o Tempo lhe disse, imperceptivelmente, que a Terra lhe devoraria as rodas. Sua carruagem virou à esquerda, e a roda travou. Karna desceu e fez força, mas a roda não soltava – a Terra subira quatro dedos e com ela as sete ilhas e suas montanhas, águas e florestas. Viu que Arjuna apontava contra ele e mostrou estar de pé e desarmado, alertando-o para que não fosse covarde. Arjuna não pretendia esperar e, sentindo o perigo, Karna pulou para a quadriga, abrindo sua arca comprida.

KARNA USA A LANÇA DE INDRA, MAS É DERROTADO POR ARJUNA

Quando Karna sacudiu o pó do dardo Naikartana, houve novos estrondos de trovões em meio ao céu límpido e cristalino, provocando efeitos extraordinários que fizeram todos correrem. Ele retirou a lança pontiaguda e a lançou contra Arjuna dizendo que ele já estava morto. O choque derrubou a treliça de flechas com enorme barulho, enquanto a lança de Indra cuspia chamas de suas asinhas e levava fogo vivo na ponta. Sua velocidade aumentava cada vez mais, rasgando o ar com ruídos, com o dardo se deslocando em direção ao peito de Arjuna, quando Krishna *fincou violentamente o pé no chão* e os cavalos *tombaram*.

A lança despedaçou a coroa de raios na cabeça de Arjuna, e a joia voou para uma constelação de estrelas no horizonte. A coroa, guardiã e aroma de seu dono, despedaçou-se no solo. Os cabelos de Arjuna, encharcados de sangue, cobriam seu rosto e as costas. Por todos os seus poros ardiam labaredas, e ele, em prantos, lançou de seu arco Gandiva uma flecha selvagem como um Rakshasa à noite, de ponta chata em crescente, afiada como uma navalha e com dois palmos de largura, desejando que ela o matasse.

Quando Karna caiu com a cabeça decepada, caíram para os Kauravas as esperanças, o orgulho, a fama, a felicidade e seus corações. A cabeça de Karna relutava em sair do corpo, mas Arjuna vencera. Karna nunca supôs que a lança de Indra pudesse falhar, e por isso não se protegeu. Quando já escurecia, Salya levou embora a carruagem vazia, ouvindo-se tambores na atmosfera. Surya, o Sol, sempre bondoso com seu filho, tocou o corpo de Karna com seu último raio e desapareceu, vermelho de dor e agonia, atrás das montanhas no horizonte. Os deuses deixaram o céu, e a vitória de Arjuna estava consumada.

CHOQUE ENTRE OS PANDAVAS E OS KAURAVAS COM A MORTE DE KARNA

Duryodhana chorou por Karna, Arjuna atou um pano branco na cabeça, Yudhishthira foi até Karna e, perplexo, perguntou-se quem era ele. O exército de Dhritarashtra virou um *campo de morte*, com todos pálidos, de boca seca, prontos para fugir. Ninguém queria mais lutar, e os Pandavas os encaravam fixamente em silêncio, enquanto o sol se apagava e o vento gemia.

Pessoas dos dois exércitos se reuniram à volta de Karna com luzes de lampiões. Ainda era belo para um lado e assustador para o outro, e por um momento os rios pararam suas águas e todos sentiram no coração uma pontada. Duryodhana chegou e depois saiu lentamente, olhando muitas vezes de relance para trás, ora para a quadriga de Arjuna, ora para Kurukshetra, com todos os vestígios horripilantes da guerra ainda à vista.

Duryodhana perguntou aos seus quem poderia vencer sempre, e disse que a lança falhou como as esperanças de um infeliz, pedindo que descansassem pelo resto da noite. Yudhishthira disse a Arjuna não crer que o guerreiro mais poderoso do mundo estivesse morto e que por treze anos não dormia sem pensar nele. E assim, em meio à brisa suave, ao silêncio da noite e sob as estrelas, o corpo de Karna endurecia e esfriava.

ENCONTRO DE DURYODHANA, KRIPA E SALYA EM UMA PRAIA DO GANGES

Sanjaya viu Kripa se encontrar com Duryodhana em uma enseada do Ganges. Sem descer da carruagem, ele perguntou o que deviam fazer. O príncipe, entediado, respondeu-lhe que não suportava a ideia de Karna estar morto – era como se algum mago tivesse lançado seu reino ao fogo. Lembrou-se que um homem podia morrer pela família, por uma cidade ou por um reino, mas deveria salvar o seu próprio ser. Se rompesse com ele, tudo estaria perdido.

Duryodhana lembrou que no jogo de dados, quando Draupadi era jovem, morena, de pele quente no inverno e fresca no verão, ele lhe ofereceu para que escolhesse um dos Kauravas e assim não precisasse mais de cinco maridos. Ou então estaria livre como uma corça suada para chorar e desejar algo. Perguntou a Kripa, que estava lá, se lembrava daquele insulto tão terrível como a consciência, vendo que ela jamais o perdoaria.

Então chegou Salya, velozmente, oferecendo-se a liderar as tropas de Duryodhana no dia seguinte. Disse que sua vida era dele e que só não seria correto ele se exaltar ou se humilhar na frente dos outros. Duryodhana lembrou que há muito tempo ele advertira Bhishma de que não deveria pedir, e sim comprar Madri com ouro, perguntando se ele ainda odiava os filhos dela. Salya disse que não mais, mas via-se ali à beira do rio preso pelo desejo e incapaz de se modificar ou libertar. E então molharam Salya, que lhes deu coragem.

Passaram a noite rindo, cantando e rugindo como leões. Sanjaya se preocupou pelo que aconteceria de novo, mas Duryodhana disse que ninguém lutaria sozinho, dando liberdade a quem quisesse sair. E todos ficaram.

Enquanto isso, no acampamento dos Pandavas, Krishna convencia Yudhishthira de que só ele poderia deter Salya.

46. 5º DIA

INÍCIO DA BATALHA

Na quinta manhã, Salya encorajou os seus a enfrentarem os Pandavas, a matá-los e deixarem seus corpos no campo de batalha. Sakuni (tio dos Kauravas) falou a Sanjaya, de modo que Duryodhana escutasse, que precisava de todos os homens e que os comandaria. Duryodhana sorriu e disse que Sanjaya não era do exército, não podendo ajudá-lo.

Sakuni insistiu, e Sanjaya perguntou se era para preparar seu funeral. Isso arrancou gargalhadas de Duryodhana, que chamou Sakuni de "adorado jogador" e disse que ainda não estavam derrotados: que agora era o que haveria de ser, a menos que tivesse medo por estar sem seus dados.

Sakuni partiu, e Duryodhana abraçou Sanjaya. Lembrou que *a morte não se curva para os corajosos* e ofereceu um escudo e uma de suas espadas. Ainda sorrindo, subiu em seu elefante belamente decorado. Sanjaya tinha suas próprias armas e foi buscá-las enquanto Dhrishtadyumna já estava no campo de batalha à frente do exército de Yudhishthira.

Yuyutsu, o filho de Dhritarashtra que mudara de lado, enfrentava os Kauravas com uma singela flâmula dourada. Sanjaya viu a bandeira de Yudhishthira com a lua dourada e todos os planetas à volta, mais os adereços musicais presos ao mastro. E também Satyaki, com seu leão de juba dourada sobre o fundo branco, Sahadeva com seu cisne prateado, e a bandeira de Nakula com o belo Sarabha do Himalaia, de oito pernas, quatro olhos e dorso de ouro.

No carro de Salya, a bandeira mostrava um elefante de prata e quatro pavões dourados com gritos estridentes de vitória. Os dois chefes ficaram frente a frente, e os condutores soaram suas conchas claras como a lua. Os arqueiros gritaram, e muitas mulheres enviuvaram quando o sangue cobriu o pó da terra.

YUDHISHTHIRA MATA SALYA – NAKULA E SAHADEVA MATAM SAKUNI

O carro de Dhrishtadyumna avançou veloz, mas com um olhar de Yudhishthira sua roda direita travou de medo e o fez rodopiar para o lado. Yudhishthira dirigiu sua quadriga em direção a Salya com os tambores rufando – ele, que os Kauravas achavam meigo e inofensivo, agora se mostrava trágico, selvagem e de olhos esbugalhados pela fúria. Quebrou o arco de Salya e arrancou as rodas de sua carruagem. Salya puxou a espada e pulou para o chão, com o escudo azul-escuro de mil estrelas que lembrava uma parte do céu noturno, e correu até Yudhishthira, que lhe arremessou uma lança encantada. Salya tentou agarrá-la, mas ela atravessou o escudo e atingiu seu peito, entrando no solo como se fosse água e desaparecendo. A Terra, por amor a Salya, ergueu-se e foi ligeiramente ao encontro de seu corpo ensanguentado e sem vida, recebendo-o como esposa a seu marido.

Para deter Yudhishthira, Sakuni subiu em seu cavalo montês de peitoral prateado levando uma lança longa e brilhante, abrindo caminho pela retaguarda dos Pandavas, onde as carruagens não podiam manobrar entre os destroços da guerra. Nakula e Sahadeva deixaram seus carros e subiram em dois cavalos de crinas e caudas azuis como pena de pavão, um escuro como a noite e o outro claro como o dia. O primeiro a aproximar-se de Sakuni foi Sahadeva, segurando a espada com uma luva preta, e em seguida chegou Nakula. Sanjaya, que a tudo assistia, fechou os olhos mas percebeu o "jogador" cair cortado pelas duas espadas em três pedaços. E mesmo de olhos fechados, Sanjaya via lanças, corvos e outros pássaros voando à esquerda deles.

Cabeças e corpos tombavam com um som suave, e novamente Bhima estava coberto de faíscas, obrigando os Kauravas a mergulharem na lama, enquanto ria, docemente, oferecendo ajuda. A cada Kuru morto por Bhima, outro morria de pânico ao ver o que estava acontecendo. Os que não morriam, caíam largando as armas, balbuciando que Bhima não seria humano.

Sanjaya abriu os olhos por um momento, vendo os guerreiros desfalecerem em sangue, paralisados, e no lugar deles surgirem árvores enormes que caíam, vermelhas, dos bosques celestiais. De repente apareceram elefantes com couraças tombadas despedaçadas, e no lugar deles se viam os Himalaias cor de chumbo sem as nuvens do inverno. Corria um rio de sangue e as flechas logo perfuravam mais um rosto, e então Sanjaya pôde vislumbrar as enxurradas vermelhas das montanhas, a as abelhas parecendo *devorar um lótus para sorver sua doçura*. A Terra parecia uma mulher marcada pelo amante, com o solo coberto de estrelas e planetas calmos caídos dos céus depois de cumprirem suas missões. Ele ouviu gritos de dor e percebeu o riso acolhedor das Apsaras tilintando seus colares e *joias sobre os seios*: estavam recebendo os mortos no Céu.

Na Terra, moribundos irreconhecíveis eram levados, e os que carregavam voltavam mais vezes. Sanjaya sentiu o *perfume das Apsaras e das flores de seu desejo*, chorando e lamentando por não ter ninguém diante dele que pudesse matar para elas. Sentiu um cheiro de sangue tão fresco que procurou ferimentos em si mesmo e também um caminho para fugir de Kurukshetra.

Tudo isso ele via mais rápido do que poderia depois narrar a Dhritarashtra: era mais veloz que as setas voando – tão próximas que as de trás roçavam nas penas de garça das da frente – e do que as quadrigas que iam à velocidade das próprias setas. O fascínio do horror pôs Sanjaya em transe, enquanto a seus pés eram quebradas as leis da guerra: condutores e animais eram mortos, guerreiros deixavam de proclamar seus nomes e de gritar até com os que estavam desarmados. Soldados a pé eram atropelados por cavalos, elefantes despedaçavam carruagens, e as quatro divisões dos exércitos lutavam contra todos.

Os homens arrastados à carnificina já não podiam cumprir as regras e, em meio ao sangue e ao que viam à volta, já nem sabiam se suas vítimas eram amigos ou inimigos – não havia tempo para se preocuparem com essas questões menores. Os Kauravas iam perdendo a guerra, e Dhrishtadyumna matou a flechadas os poucos que ainda restavam portando apenas espadas ou nenhuma arma e que, a pé, já não podiam alcançar Duryodhana.

47. Cerco a Duryodhana

O PRÍNCIPE ACUADO

Sanjaya mal pôde ver Duryodhana, mas ele estava muito ferido, ainda vivo. Totalmente só e cercado de inimigos, mesmo assim não sentiu nenhum medo ou perda. Para cada membro do exército Pandava que Sanjaya olhasse, via-o atingido por uma flecha de Duryodhana ou lança arremessada de cima do elefante. Sempre acertava de primeira e ninguém podia aproximar-se dele. Era o único em quem os Pandavas miravam.

Quando o filho de Dhristarashtra teve seu arco partido, passou a quebrar as flechas inimigas com a espada. Enquanto lutava, seu elefante pereceu, e ele saltou de cima como uma pantera, apenas com a clava, e desapareceu na floresta.

Os Pandavas atravessaram o campo correndo e chegaram ao acampamento Kaurava. Dhrishtadyumna e Satyaki pararam seus carros perto de Sanjaya, e o primeiro perguntou se devia mantê-lo vivo, gargalhando e sacando a espada. Mas Sanjaya reparou que ele estava *fraco como areia úmida*, parecendo amortecido, incapaz de raciocinar. E assim Sanjaya ergueu sua espada e o desafiou.

Ouviu-se um estrondo de trovão, e era a carruagem de Arjuna e Krishna, que disse para não matarem Sanjaya, pois ele estava sob proteção de Vyasa. O Panchala Dhrishtadyumna disse não estar vendo Vyasa e não precisar de Sanjaya, que a essas alturas, olhando para Narayana (Krishna), pensava que devia deixá-lo lutar. Mas Satyaki desceu do carro, juntou suas mãos às de Sanjaya e desejou-lhe paz, dando-lhe permissão para partir e pedindo sua espada.

Dhrishtadyumna disse ser ele o comandante, e enquanto Sanjaya dava-lhe a espada e começava a tirar a armadura, Satyaki disse obedecer só a Krishna, que olhou duramente para Dhrishtadyumna e depois para Sanjaya, sorrindo. Arjuna, da quadriga, pegou uma lança e disse a Dhrishtadyumna que colocaria nela a sua ira, arremessando-a para o céu. Ela subiu e passou a cair em chamas, e enquanto os outros escondiam o rosto, ela caiu sobre Sanjaya e desapareceu. Sanjaya não sentiu nada, e no lugar dela havia uma guirlanda de flores em seu pescoço.

E assim ele voltou. Atravessou o acampamento e pegou a estrada, passando por sentinelas, velhos e mulheres que também voltavam. Muitos camponeses haviam deixado as terras por medo de Bhima, e Yuyutsu chorou ao ver o êxodo, reparando haver fugas por todos os lados. Duryodhana estaria morto e ele seria agora o único filho de Dhritarashtra.

Yudhishthira concedeu permissão para Yuyutsu escoltá-los até a cidade, e assim ele partiu com seu carro de guerra rasgando o solo. Ao passar por Sanjaya, pediu que o acompanhasse, mas este respondeu que Dhritarashtra o esperava e ainda faltava *algo*, ou *alguém*. Sanjaya prosseguiu só, entristecendo-se ao ver à volta o choro das mulheres que soltavam suas tranças, arranhavam-se com unhas ou pedras, batiam as mãos no peito, corriam, caíam no chão e subiam nos carros puxados por mulas atordoadas e em silêncio. Mas logo elas sumiram, e Sanjaya ficou só.

DURYODHANA SUBMERSO

No caminho, Sanjaya percebeu uma armadura brilhando nas matas à beira da estrada. Foi até as árvores e encontrou Duryodhana sozinho com a clava, ferido por inúmeras flechas. Tinha tantas lágrimas nos olhos que não o viu à sua frente. Sanjaya ficou triste e calado, apenas olhando-o, até que se identificou e contou ter sido capturado por Dhrishtadyumna e libertado por Krishna. Disse que os Pandavas o procuravam, mas não sabia em que parte.

Duryodhana tocou as mãos de Sanjaya e disse que essas eram as primeiras notícias que tinha, e que todos os outros deviam estar mortos. Contou que ali perto havia *um lago coberto de pássaros e flores*, onde pretendia *descansar em suas profundezas*. Pediu que Sanjaya o levasse, e lá, com poderes ilusionistas, Duryodhana encantou as águas e criou entre elas um espaço para si. Mergulhou sem ser visto, e o aspecto do lago voltou a ser como era.

Então três carruagens surgiram silenciosas entre as árvores para Sanjaya: a de Kripa, a de Kritavarman e a de Aswatthaman, que o abraçou. Perguntaram sobre Duryodhana, e Sanjaya apontou para o lago. Eles lamentaram, pois Duryodhana não sabia que estavam vivos. Aswatthaman gritou para o lago dizendo que os três estavam vivos e dispostos a continuar a luta, mas de dentro do lago Duryodhana disse estar cansado e que voltaria no dia seguinte. Aswatthaman argumentou que não deviam demorar, pois os adversários também estavam cansados, muitos deles mortos e feridos, e eles deviam se aproveitar desse fato.

Duryodhana se animou e disse não esperar deles menos do que isso, mas manteve o encontro para a manhã seguinte. E disse a Sanjaya que, caso os outros não voltassem, era para contar a Dhritarashtra que ele se escondera no lago.

OS PANDAVAS SÃO AVISADOS DO LAGO E A NOTÍCIA TAMBÉM CHEGA A HASTINAPURA

Passavam por ali uns caçadores que todos os dias levavam carne para Bhima, e ao verem Aswatthaman gritando para o lago vazio, foram a Kurukshetra avisar que sabiam onde estava Duryodhana. Em troca eles receberam as riquezas que queriam para poder trabalhar menos. Arjuna comemorou dizendo que não o haviam perdido, e agora poderiam terminar a guerra.

Ouvindo o barulho, Aswatthaman avisou que os Pandavas estavam indo para lá, muito alegres, sugerindo que abandonassem o local. Duryodhana concordou. Kripa, com um só braço, pôs Sanjaya em sua carruagem e então buscaram um esconderijo distante, imaginando o que aconteceria a Duryodhana dentro do lago com os Pandavas chegando.

No fim de tarde, Yuyutsu entrou em Hastinapura, e Vidura, sentado, chorando e com voz estrangulada, perguntou por que ele voltara sem Duryodhana. Ele contou que voltara com permissão de Yudhishthira, ajudando a proteger as viúvas que fugiam em pânico depois de Duryodhana ter desaparecido.

Vidura levantou-se, achando ótimo e dizendo que a honra deles repousava agora sobre a compaixão do sobrinho. Disse que ainda se veriam, mas que não procurasse o rei nem voltasse naquele dia para Yudhishthira. Ele seria agora o único cajado que os ajudaria a caminhar. E assim Yuyutsu voltou à própria casa. Foi recebido por criados e brâmanes com cânticos de louvor que o magoaram. E não dormiu à noite, pensando na terrível e inevitável destruição dos Bharatas causada também por ele.

48. 6º DIA – Duryodhana luta com Bhima

CONVERSA COM YUDHISHTHIRA

Pensando se, depois de cruzar um oceano, iria se afogar em uma poça à beira do caminho, Bhima bateu sua clava octogonal sobre o lago. A água, ainda fresca e transparente, se solidificara por uma maravilhosa ilusão de Duryodhana. Nem Bhima ou mesmo Krishna podiam entrar.

Notando a solidificação, Yudhishthira disse que ele não temia ninguém. E Krishna disse ser ele a *alma da ilusão* e que, sendo um adepto, seria necessário destruí-lo pela magia. Yudhishthira voltou-se para Duryodhana e perguntou por que fez aquilo com a água e onde estava sua coragem para esconder-se assim. Duryodhana os desafiou a quebrar o encantamento. Yudhishthira o advertiu a não ser cúmplice da desgraça e propôs que lutasse com um de seus irmãos pela posse de Kurujangala.

Duryodhana disse já não querer aquele reino viúvo e destruído, pobre e sem cidadelas, e que depois de descansar partiria para a floresta. Disse que era tudo dos Pandavas, mas que gostaria de derrotá-lo antes de ir-se. Yudhishthira questionou o tipo de rei que daria o reino só por estar cercado, e Duryodhana, que por orgulho não suportava sequer o brilho do sol, agitou os braços e disse que, com tudo que fez aos Pandavas, nada puderam fazer contra ele. E propôs enfrentá-los um a um, pois um não poderia lutar contra muitos, e que Yudhishthira arbitrasse a luta.

Mas Yudhishthira se disse um xátria muito cruel e sem qualquer compaixão: teria o coração duro e lutaria sem certo, errado, ou medir consequências, bastando ao oponente escolher uma arma. De dentro do lago, Duryodhana disse ter uma *maça* e uma *funda*, e Yudhishthira lhe ofereceu também a armadura.

DURYODHANA SAI DO LAGO E DECIDE-SE COM QUEM VAI LUTAR

Duryodhana disse ter a sua de ouro, e então rolaram ondas para as margens. Ele saiu encharcado de água e sangue, parecendo um elefante em uma lagoa cheia de lótus. Caminhou até a margem e ficou diante de Yudhishthira, pedindo a quem fosse lutar que desse um passo à frente. Os Pandavas e os Panchalas se deram as mãos, e Yudhishthira mandou Duryodhana prender o cabelo e dizer se queria algo além da própria vida. Krishna reagiu, chamando Yudhishthira de tolo e dizendo ser aquilo uma temeridade, pois assim passariam de novo por dúvidas e perigos por culpa dele.

Bhima levantou-se com sua clava de luas e estrelas, e Krishna observou: Bhima era forte, mas Duryodhana era habilidoso e haveria o risco de perderem tudo, enquanto ele, calmo, nada arriscaria. Desse jeito, os filhos de Kunti teriam nascido apenas para mendigar nas florestas, sem nunca desfrutar de um reino.

Bhima concordou, cuspiu nas mãos e perguntou que homem em perfeito juízo desafiaria Duryodhana, já derrotado, ansioso por abandonar tudo e se embrenhar na mata, dando-lhes o que não era mais seu? Ia apenas lutar pela vida, e na armadura de ouro se punha altivo, como se os Pandavas estivessem vencidos.

Duryodhana pôs um novo tecido dourado em sua clava e disse-se contente por escolher Bhima, chamando-o de *ventre-de-lobo*. Disse que por treze anos golpeara uma estátua de ferro com a semelhança dele, treinando para aquele momento, e que era preferível – suspirou – Kunti ter parido um *aborto* no lugar de Bhima.

Bhima pediu que Krishna se sentasse para não irritar os olhos ao ver Duryodhana morrer. Krishna pensou não querer mais ver a vida sendo derramada, e seu irmão Balarama, alto, em túnicas azuis, enfeitado com um brinco de pedra na orelha e flores silvestres no pescoço, sacudiu o jarro de vinho olhando para ele e para Yudhishthira. Disse que não lutaria contra eles dois, mas perguntou a Yudhishthira se, quando foi derrotado, expulso de Hastinapura com a esposa, os irmãos e o gado, por que a Terra *simplesmente não se dobrou para morrer*.

Bhima

Krishna chamou-o de bêbado, mas Balarama disse ter se banhado nos rios em lugares sagrados. Krishna disse para o irmão tomar mais um gole, e Balarama lhe disse para tomar outra esposa. E chamou Yudhishthira para ir com ele, pois aquele não seria um lugar de luta. Yudhishthira se recusou, mas Balarama insistiu e pediu que Bhima e Duryodhana também o seguissem.

LOCAL ESCOLHIDO POR BALARAMA

Balarama levou-os em direção leste até Kurukshetra, no lado sul do rio onde não havia areia. Disse que seria ali, e houve então o primeiro *choque das clavas assassinas*. Duryodhana girava em mandala à direita, e Bhima, sempre à esquerda: faziam círculos mágicos para se protegerem da dor e da confusão. Quem assistia era tomado de temor, a não ser Balarama, que sorriu e adormeceu.

Os dois se moviam em círculo ou ficavam imóveis, saltavam para cima, para o lado, para frente ou para trás, se curvando ou desviando. Duryodhana acertou Bhima uma vez, e outra em seguida, e mais outra, tão rápido que o ar esquentou. A armadura de Bhima quebrou e caiu como uma nuvem levada pelo vento em direção ao sol. Seus olhos rodavam, e ele sacudiu a cabeça, apoiando-se na clava.

Duryodhana ficou perplexo com a incrível paciência de Bhima, que, com a alma suave, levantou do chão a clava revestida de correntes para que o combate continuasse. Duryodhana o circundou lentamente, procurando uma abertura, mas Bhima guarnecia todos os lados. E assim, os dois se atacavam e defendiam com suas terríveis clavas de ferro.

Nenhum dos dois abria os flancos, até que Bhima conseguiu desequilibrá-lo e lançar nele a clava. Duryodhana pulou, mas foi atingido no fêmur e tombou como uma cobra venenosa esmagada e jogada no chão para morrer. Depois de um pequeno silêncio, os soldados Pandavas gritaram e aplaudiram. Os bichos da mata fizeram ruídos, címbalos e tambores foram tocados, mas muitos estremeceram, lagoas viraram sangue, *mulheres se assemelharam a homens e homens a mulheres* quando Duryodhana caiu.

Balarama acordou e reclamou com Bhima, dizendo ter lhe ensinado a não atacar abaixo da cintura. Levantou-se, dizendo que a desgraça e a vergonha podiam cair sobre ele, pois teria agido com ignorância. Mas Duryodhana disse para deixar estar: Bhima teria feito vazar sua ira e vingado a própria mãe, justa ou injustamente. Disse-se tombado e que não seriam essas palavras a lhe levantar, querendo saber, afinal, por que haviam sido levados até ali.

Balarama contou-lhes sobre o passado, em que o campo dos Kurus seria um futuro campo de batalha e abriria caminho para o Céu (ao final dela, quando Kuru convidou Indra para sentar-se ao lado, ele disse que ia apenas entoar-lhe um canto, e assim o fez, para depois desaparecer).

Bhima perguntou-lhe se então o *cântico do pó* era verdadeiro, e Balarama disse que sim, pedindo que trouxessem sua carruagem. Perguntou por que haveria de morrer em outro lugar e disse que voltaria à sua cidade no litoral, Dwaravati.

49. Últimos dias de Duryodhana – agonia e desconsolo

DESABAFOS DO PRÍNCIPE E EXPLICAÇÕES DE KRISHNA

Quando Balarama saiu, Krishna disse a Duryodhana que o perdoava. O Kaurava tentou se levantar apoiando nos braços, chamando Krishna de escravo e filho de escravo e dizendo que ele só teria vencido por meios ilícitos. Krishna respondeu que Duryodhana fez todos morrerem apenas por um prazer pessoal.

Duryodhana continuou a desafiá-lo, sugerindo que continuasse vivendo naquele mundo infeliz. Como haveria de encarar as viúvas e de escapar das suas maldições? Ele enfim os deixaria, mesmo que não percebessem seu movimento.

Yudhishthira, ofegante, pensava consigo mesmo que de fato o invejava. Seriam agora criaturas do Inferno, desgraçados para sempre. Mas Bhima curvou-se à sua frente dizendo que o reino agora voltava a ele, que não tinha inimigos vivos. E assim lhe entregava o sopro de glória, *sua guirlanda de fama*.

Os gêmeos seguraram em seus braços sorrindo, dizendo que viam tudo e apenas falavam pouco. Krishna explicou a Yudhishthira que Duryodhana insultara aquela mulher de pele morena--clara, pura e gentil, dizendo ser esposa de escravos e não ter mais maridos, que seriam *sementes estéreis e sem vida*. Duryodhana ainda perguntou se era a *infeliz de olhos amanteigados*, e Bhima disse que ele não olharia mais para mulheres pois estava morto, não passando de um toco de madeira, e que Krishna não devia gastar mais seu *fôlego amargo* com ele, devendo todos irem embora.

Mas quando Duryodhana se calou, os 88 mil Siddhas que estão entre a Terra e o Sol saudaram-no em uníssono como rei. O céu do anoitecer estava só e azul, e os Pandavas, tristes e envergonhados. Krishna explicou que, embora estivesse exausto, nem mesmo os deuses poderiam vencer Duryodhana sem ardis e que não era para se aborrecerem. Se, contra um inimigo poderoso, até os deuses lutaram deslealmente, eles podiam fazer o mesmo. E deviam agora ir para as tendas, levando com eles a vitória e a noite. E ouvindo essa mentira da boca de Krishna, os Pandavas se alegraram de novo, soprando os búzios transcendentais.

EXÉRCITO PANDAVA DESCANSA NO ACAMPAMENTO KAURAVA – ENCANTO DA CARRUAGEM É DESFEITO

Dhrishtadyumna levou seu exército para o acampamento dos Kauravas, que, para Sanjaya, seria mais gracioso e elegante que o dos Pandavas. E assim as tropas descansaram nos leitos macios das tendas abandonadas, comendo os alimentos deixados, incluindo vinhos finos.

Krishna parou a quadriga em frente à tenda de Duryodhana e disse para Arjuna descer com seu arco Gandiva e as flechas, que depois ele desceria – o que seria para o bem dele. Então, Krishna soltou as rédeas e pulou, fazendo desaparecer o macaco que cobria o manto da quadriga de Arjuna. Toda a carruagem, incluindo os quatro cavalos, viraram cinzas sem que houvesse qualquer chama. O monte de pó cinza foi levado pelo vento e assim, a quadriga invencível, multicolorida como o arco-íris, deixou de existir.

Krishna explicou que há muito Drona já destruíra aquele carro por Arjuna ter se recusado a lutar contra ele. Fazia dois dias que era cinzas, mas existia como ilusão. Arjuna teria se protegido, mas não ao carro, e por isso Krishna havia agido por ele.

Os Pandavas, Satyaki e Krishna ainda ficaram um pouco por lá, e Dhrishtadyumna trouxe mulheres e músicos Panchalas de seu acampamento, passando a abrir os baús com tesouros. Draupadi e as mulheres Pandavas continuavam em suas próprias tendas, e Krishna disse que, para começar uma ação de graças, não passariam a noite em nenhum dos acampamentos, e então foram até a margem do rio e lá adormeceram.

CONVERSA DE ENTRE DURYODHANA E ASWATTHAMAN, ACOMPANHADA POR KRIPA E SANJAYA

Sanjaya contou a Kripa sobre o ocorrido e foram até Duryodhana. Ainda agonizando, coberto de pó, ele mal recolhia os cabelos esvoaçantes. Tinha o semblante irado, olhava para todos os lados e de repente suspirava. Sentaram-se ao seu lado, e Aswatthaman chorou, perguntando por que ele continuava ali. Não via seus irmãos, nem Karna, nem as centenas de reis que estavam em seu exército. Seria difícil entender Yama, a Morte. Perguntou a Duryodhana onde estava tudo, as vestimentas, as tropas...

Duryodhana limpou o sangue dos olhos e começou a lhe contar a história da Morte, *de como ela veio a existir, no princípio dos tempos*, para explicar que *nenhum deus tem controle sobre ela*. Depois de concluí-la, Duryodhana disse a Aswatthaman que ele não deveria ser estúpido, que a história servia para libertar pessoas como ele da dor e da desgraça e também das amarras do amor. Disse que os reis que desejavam vida longa a seus filhos deviam ouvir essa lenda a cada manhã, sendo ela mais assustadora que qualquer *Veda* e capaz de destruir os inimigos às centenas.

Duryodhana perguntou se Aswatthaman havia entendido, e ele disse que não. E, com o sol se pondo atrás da mata, disse que, embora ele fosse um favorito entre as mulheres, teria sempre falado a verdade, mas não deveria derramar combustível para apagar uma chama, como *derramou sua vida*.

Duryodhana disse que não poderia continuar vivendo porque só haveria de lamentar os que morreram por ele. E conversando também com Sanjaya, disse que morria ali *sem ser tomado como escravo*, vendo que os outros escapavam com vida de sua guerra. E que certamente mereceria os Céus, pois conhecia todos os livros, sabia ler e escrever, dera presentes, governara os Kurus e impusera-se a seus inimigos. E que homem não desejaria ser livre como ele, só obedecendo às próprias vontades? Disse que Krishna não poderia seduzi-lo para a paz.

Aswatthaman disse ter desvendado Krishna, que não diria o que sabe. Pediu permissão a Duryodhana para, na presença de Krishna, e com seu conhecimento, matar a todos. Mas Duryodhana disse já haver derrotado Krishna, e que agora partia sem nada, como um andarilho desprovido de tudo, deixando atrás de si o seu reino estéril. Pediu a Sanjaya que jamais confiasse nas palavras dos Pandavas e pediu para dizer o mesmo a sua esposa e à irmã.

Aswatthaman perguntou se já se ia, e Duryodhana disse que em breve. Mas que o veria novamente e que era para todos partirem e se salvarem. Aswatthaman ainda pediu para ser general, e Duryodhana pediu água a Kripa, que trouxe do rio um jarro cheio. Pediu em seguida que ele nomeasse o filho de Drona comandante, e assim foi feito. Duryodhana encostou-se e pediu novamente que todos seguissem seus caminhos, que os veria no dia seguinte. Mas Sanjaya disse que ficaria e pediu que deixassem fogo e alimento. Aswatthaman, Kritavarman (parente de Krishna) e Kripa partiram, e logo escureceu.

50. Chacina promovida por Aswatthaman

INCONFORMADO, O FILHO DE DRONA VAI AO ACAMPAMENTO E MATA DHRISHTADYUMNA E SIKHANDIN

Os três desceram em direção sul, entraram secretamente em uma floresta densa e escura e lá acamparam sob uma imensa figueira. Aswatthaman não dormia. Observava uma coruja dominar sua presa e então prendeu sua bandeira, cobriu a carruagem e foi acordar Kripa. Pediu que ele pegasse o arco e o seguisse. Aswatthaman disse que aquilo era injusto, contrário ao Dharma. Kripa disse que não teria como dissuadi-lo, mas que deveria tirar a armadura e baixar a bandeira, já que não dormia há várias noites. Disse que eram mestres de todas as armas e não teriam o que temer quando proclamassem seus nomes e esmagassem o inimigo pela manhã. E ordenou a Aswatthaman que dormisse.

Kripa reconheceu que os que ardiam de desejo e sentiam raiva tinham dificuldade de dormir, assim como os que eram derrotados ou revolviam no coração os muitos planos para enriquecer. E após outras conversas, decidiram ir ao acampamento dos Kauravas. Kripa acordou Kritavarman e seguiram Aswatthaman. No acampamento, havia um gigante pálido guardando o portão, tendo na cintura uma pele de tigre gotejando sangue, e três olhos na face – até as montanhas se rachariam ao vê-lo. A floresta estava quieta e tranquila.

Aswatthaman atirou nele a espada, e o gigante a engoliu, assim como as flechas, lanças e clavas carregadas de morte. O filho de Drona desceu da quadriga, chutou terra para formar um altar – meditava sobre sua necessidade de vingar a morte do pai, cada vez mais necessária – e se pôs diante dele.

Então subiu ao altar – que virou ouro sob seus pés – e sacou uma pequena faca que não conseguia mover da mão, mas disse ao gigante ser seu sacrifício, e ele desapareceu, ouvindo-se uma voz dizendo que o tempo havia esgotado e as vidas deles agora estavam completas.

Sem sentinelas, as tendas estavam em silêncio. Kritavarman e Kripa ficaram do lado de fora, e Aswatthaman fez uma ponte de flechas para transpor o muro sem portão, sabendo que quem pretendia o mal deveria entrar numa cidade pelo meio indevido, o que não tivesse porta ou passagem. À *luz azul* da joia em sua testa, ele chutou todas as mulheres que dormiam à volta de Dhrishtadyumna e sufocou-o até a morte. Depois esganou Sikhandin. Quando chegaram os soldados Panchalas para combatê-lo, a espada estava tão ensanguentada que grudou em sua mão.

O acampamento continuou silencioso, e então entraram os demônios noturnos *para beber o sangue e quebrar os ossos*. Kripa ouviu os Rakshasas comentarem sobre a doçura do sangue, da sua monstruosidade e pureza. Gritou o próprio nome como guerreiro nobre, tranquilo e imparcial, e lançou três flechas incendiárias que zuniram sobre os muros.

Aswatthaman andou rápido pelo acampamento incendiado como se fosse fogo do Inferno, trombando e empurrando os Rakshasas que pediam piedade e diziam serem seus. Perguntou se havia outro vivo além dele, e o *monstro nu de cinco pés e dedos apontados para trás* disse que não, pois os que não tinham sido mortos por sua espada teriam matado uns aos outros. Perguntou se eles pegaram os que se agarravam à terra para se salvar, e o Rakshasa disse que sim, todos. Também perguntou se alguém podia se ocultar deles, e o Rakshasa disse que não.

AO LADO DE DURYODHANA, ASWATTHAMAN É REPREENDIDO POR TER MATADO OS PANCHALAS

Já amanhecia, e Aswatthaman se juntou aos outros, passando os três a assistir ao nascer do sol, saudando o novo dia com as mãos unidas. E após as orações no céu da aurora, retornaram à margem do lago, onde estava Sanjaya.

Aswatthaman perguntou a Duryodhana se ainda tinha forças para ouvir e contou como havia matado os irmãos de Draupadi e todos os Panchalas. Quase sem voz, Duryodhana respondeu que sua disputa não era com eles e que agora não tinha mais permissão para combatê-los. Teria assassinado inocentes e deixado de pé seus inimigos. Pediu que abandonassem logo aquelas ruínas e se salvassem. Disse que quase vencera...

MORTE DE DURYODHANA

Silenciando, o filho de Dhritarashtra fixou *a mente no Sol e o coração na Lua*. Sanjaya lhe pediu para que, no lugar para onde fosse, saudasse em seu nome todos os que foram antes. Restava apenas o corpo, e ele morreu nos braços de seus amigos, ao nascer do sol.

51. Sanjaya e Dhritarashtra

RETORNO DRAMÁTICO DE SANJAYA

Naquele instante, em meio à dor, Sanjaya perdeu a visão celestial de Vyasa. Pegou um dos cavalos de Aswatthaman e foi até Dhritarashtra, cavalgando sem parar. Ficara cinco dias em Kurukshetra e na aurora desse sexto foi que voltou velozmente a Hastinapura, indo logo encontrar-se com o rei.

Dhritarashtra estava em uma sala escura, sem janelas, e Sanjaya chegou com uma lamparina, dizendo estar tudo acabado. O rei pediu que lhe contasse sobre todos os eventos, pois não tivera notícia alguma. Sanjaya explicou não haver como, pois lhe faltavam *ânimo* e *coragem* e suas palavras soariam estranhas e distantes, *muito distantes*.

Também na madrugada do sexto dia, enquanto em Kurukshetra os guerreiros acordavam ao som de música em suas cidades de tendas, Vyasa entrou em Hastinapura e encontrou Dhritarashtra de pé no palácio, tendo ao lado Sanjaya. Apresentou-se e disse vir da planície dos Kurus, passando a descrever o que vira.

E assim narrou-lhe como morreram *todos os Kurus e Bharatas, Panchalas, Gandharvas, Matsyas e Madrakas*, todos os homens, elefantes e cavalos, sobrevivendo apenas sete Pandavas, três Kauravas e Yuyutsu.

Depois de ouvir os relatos detalhados de toda a guerra, Dhritarashtra, agoniado, exalou fumaça maldizendo todos esses acontecimentos. Disse que na essência seu coração seria inquebrantável, como diamante, mas amaldiçoou a ira, o *darma xátria* e todos os que o tinham. Lembrou que seu filho amava lutar, mas seus conselheiros seriam tolos. Duryodhana não teria qualquer sapiência, mas em sua vaidade achava-se sábio. E não podia enxergar as coisas mesmo olhando para elas.

Sanjaya respondeu que a falta não fora de Duryodhana, mas do próprio rei, pois o que Vidura e Vyasa haviam lhe dito realizou-se como deveria ser, a mais pura verdade. Para Sanjaya, no palácio já não haveria mais esplendor, nem conforto ou felicidade. Tudo estaria *vazio e em desordem*. Sentia muita dor desde a morte de Duryodhana e o palácio a intensificava – partia seu coração –, podendo agora chorar por todos eles.

Dhritarashtra perguntou se seus filhos não mais o amariam, por estarem mortos, nem mais o abraçariam no pescoço pedindo o seu comando, dizendo que aquela terra era tanto deles quanto de Yudhishthira. Sanjaya pediu abnegação: ao refletirem sobre atos passados dos quais ninguém se lembra, podiam se afogar. Duryodhana teria combatido os Pandavas como alguém que combate os seus cinco sentidos, e por isso teria perdido.

Dhritarashtra disse que amava os filhos mesmo sem tê-los visto. Alegrou-se quando se tornaram homens e sentia-se agora abandonado à cegueira e à velhice, perguntando-se qual seria o fim de um casal de velhos sem filhos. Elogiou a habilidade narrativa de Sanjaya e pediu para não dizer mais nada.

Dhritarashtra desmaiou, e Sanjaya levou-o até a rainha. Vidura e Gandhari borrifaram-lhe água fria no rosto, abanaram, até que ele despertou, sem esperanças de lar, esposa ou riqueza.

52. Bhima persegue Aswatthaman

NOTÍCIA DA CHACINA DADA PELO CONDUTOR DE DHRISH-TADYUMNA E POR VYASA

Do exército de três, Kritarvarman, parente de Krishna, voltou para Dwaravati. Kripa dormiu algum tempo em um esconderijo seguro e depois iniciou uma longa volta até Hastinapura pelo meio das matas. Aswatthaman destruiu a própria carruagem e a incendiou, e também às suas armas e armaduras até virarem pó, e com uma roupa de palha foi descendo sozinho pela margem do Ganges.

O condutor de Dhrishtadyumna encontrou os Pandavas logo ao amanhecer, contando-lhes da morte dos Panchalas. Só ele pôde escapar, em um único descuido de Aswatthaman. Yudhishthira chorou, e Arjuna, de olhos secos, perguntou como foi.

O condutor disse ter se escondido em uma árvore quando a lança de Aswatthaman atingiu seu tronco e pôs fogo nos galhos e folhas, até que tudo, inclusive ele, virou cinzas. Mas Vyasa ergueu essas cinzas e deu *ordem para que o Senhor da floresta revivesse*. Moldou um broto verde, e a árvore se refez. Ele ainda estava no mesmo galho, e não havia mais vida humana no acampamento.

Com uma bota de ferro e um baú de armas carbonizado, para passar pelos Rakshasas deu pontapés na cara de uns e os outros não puderam revidar: em vez disso, comeram os próprios Rakshasas que ele matara. Depois de Aswatthaman ele não tinha nada a temer, mas demorou para descobrir onde estavam os últimos Pandavas.

BHIMA REAGE

Sem precisar ouvir mais, Bhima prendeu seus cavalos e partiu na quadriga. No acampamento de Dhrishtadyumna abriu caminho entre os rios de sangue, seguiu as marcas de carruagem até o lago e, no rio, descobriu a pista de Aswatthaman.

Krishna ordenou a Satyaki, seu parente, que também lhe trouxesse a quadriga. Segurou no braço de Arjuna e lhe disse com pressa que Bhima caminhava para a morte. Satyaki chegou com a carruagem e apressou Krishna, que lembrou que, além de Aswatthaman, só Arjuna conhecia esse mantra de Brahma.

Ao atravessarem o rio no encalço de Bhima, Arjuna contou a Krishna que, quando Brahma lhes ensinou o Brahmasira, advertiu para jamais ser usado contra homens, mesmo nos maiores perigos. Krishna disse preferir que o mantra nunca fosse recitado.

Conseguiram alcançar Bhima, mas não puderam fazê-lo parar. Os dois carros acompanharam em disparada a curva do rio e viram o filho de Drona sentado à beira da água com Vyasa. Bhima preparou uma flecha, mas, ao soltá-la, ficou presa ao arco, balançando na corda. Aswatthaman riu, brilhou os olhos, sorriu para todos e pegou uma folha de grama com a mão esquerda. Olhou para a erva, para Bhima, e então seus olhos cruzaram com os de Krishna, que lhe disse para não recitar o mantra e não lhe fariam mal.

O filho de Drona disse não entender o que Dhrishtadyumna tentara lhe dizer na noite anterior, mas ouvira que não era para confiar em Krishna, de quem a palavra seria *uma nuvem sem chuva*. E começou a mover os lábios silenciosamente, recitando o mantra:

Disse trazer *salvação* e que os tornaria *um só com o Senhor Brahma*, pois não precisariam tornar-se ascetas e em um átimo *todo o vestígio de suas mentiras desapareceriam para sempre.*

Logo a Terra estremeceu, todas as árvores e os animais tremeram, e o medo sacudiu o mar. Ouviu-se um ruído estridente, e era Arjuna deitado no solo retesando o arco Gandiva. Bhima não conseguia se mexer. Aswatthaman revirou a folha de grama na mão e olhou-a atentamente em seus detalhes. Ela enrugou e voltou a se esticar, brilhando nas cores azul e branca e deixando atrás a sombra de Aswatthaman em meio à luz amarelada do sol.

53. Arjuna e Aswatthaman

DISPUTA NA INVOCAÇÃO DO MANTRA DE BRAHMA

Com grande esforço, Krishna olhou para Arjuna, que pôs uma flecha no arco e começou a recitar o mesmo mantra. Os dois encerraram ao mesmo tempo o *conjuro secreto de morte*. Aswatthaman lançou a folha para o céu e disse ser para a destruição dos Pandavas e de Krishna, e Arjuna lançou a flecha pedindo *paz no mundo inteiro e dentro de si*.

Formaram-se duas imensas esferas de fogo branco em anéis, como sóis no ar. A Terra passou a estalar e a pegar fogo, enquanto algumas pedras explodiam e o rio fervia. Vyasa avisou a Krishna que deteria a flecha de Aswatthaman e que era para pedir a Arjuna que detivesse a sua. Perguntou ao filho de Drona se duvidava de suas palavras e ouviu que não (sabe-se que é *dez milhões de vezes mais difícil reverter um projétil do que lançá-lo*; ao menor erro, Arjuna e os que estavam lá teriam morrido, e a Terra teria se tornado *um deserto sem vida por sete mil anos*).

Arjuna conseguiu, mas logo caiu de joelhos, debilitado e doente, suspirando sem ar. Vyasa mandou Aswatthaman trazer a sua de volta e garantiu que não seria atingido por nenhum mal, pois ele mesmo o protegeria. Sua bola de fogo foi ficando amarela, depois laranja, soltou chamas, e Aswatthaman disse não conseguir retrocedê-la. Vyasa explicou que era para ter o coração *em paz*, e não *em brasa*, e que ele tinha medo de Bhima, que havia *mentido para seu pai*. Mas agora Bhima não podia se mover, ele tinha a proteção de Vyasa, e a arma e Arjuna já não existia.

Aswatthaman concordou, e logo o fogo diminuiu pela metade. Disse que ao confiar em Arjuna perdera o medo, e ao confiar em Vyasa, cessara sua tristeza. E como Arjuna não desejava sua morte, pôde dissipar a ira.

As chamas continuavam parecendo uma tocha à luz do dia, e Aswatthaman disse que ainda precisava ter sua vingança. Vyasa pediu que ele fizesse cessar sua tristeza e matasse, isso sim, a própria vingança; que percebesse o velho feio que o aprisionava como correntes e que apontasse para onde se escondia com a verdade. Aswatthaman concordou, e a esfera de fogo explodiu em pleno ar e desapareceu. Ele caminhou até Arjuna e curvou-se sobre ele, enquanto Vyasa acenava para Krishna voltar, mas ele continuava lá, querendo ajudar Arjuna.

Então, Vyasa, por um trigésimo do dia, transformou-o em pedra, para que não fosse atingido e morto. Em troca de sua vida, Aswatthaman deu a Arjuna – para quando acordasse e ele já tivesse partido – a joia azul de sua testa, a maior preciosidade de Kurujangala. Mas deveria ter cuidado, pois, por não ser dele, poderia trazer infortúnios destinados ao filho de Drona, que depois de Vyasa era quem conhecia mais os mistérios, assim como ele, Arjuna, era... quem era!

AO ACORDAR, ARJUNA CONVERSA COM KRISHNA, RECEBE A JOIA DE ASWATTHAMAN E HOMENAGEIA DRONA

Arjuna percebeu estar sendo levado numa carruagem; sentiu uma pedra na mão, ouviu vagamente algumas palavras e despertou. Krishna conduzia a quadriga na chuva, que Arjuna comentou ser sempre cristalina e brilhante com o fogo, mas estava agora opaca, enuviada e fosca. Pediu para ir até Drona, pois só Krishna poderia achar a cabeça perdida que Dhrishtadyumna lançara ao ar.

Krishna falou que aquela pedra tirava o medo e que era para guardá-la. Arjuna pôs as mãos na cabeça lembrando que ele temia Bhima e pediu novamente que Krishna encontrasse Drona, porque seriam amigos *desde há muito tempo*.

Chegaram a Kurukshetra e viram o corpo e a cabeça de Drona estirados em uma pira. Krishna lembrou que o filho de Arjuna, que estava no útero de Uttarah, também fora morto por um fragmento da arma de Aswatthaman, mas ele o trouxera de volta à vida e ainda nasceria como o rei Parikshita.

Arjuna pediu fogo, dizendo ser necessário circundar os mortos. O mais velho deveria ir à frente, e Arjuna perguntou qual dos dois o seria. Krishna disse para ele ir à frente. Então Arjuna *depositou suavemente a joia azul entre os olhos de Drona*. Sua cabeça decepada ainda era linda *como uma montanha escura sob a luz da lua*.

54. Dhritarashtra visita o campo de batalha

CONVERSA COM VIDURA

No palácio, Vidura dizia a Dhritarashtra que, quando não havia nada a se ganhar e muito a perder, a escolha não era difícil. E que tudo que fora unido um dia iria separar-se, e tudo o que vivia morreria. Assim, todos estariam numa jornada rumo à Morte, como uma caravana que não pode parar ou se desviar de uma cidade desconhecida. Chegar antes ou depois não faria diferença.

Dhritarashtra respondeu-lhe que as dores e descaminhos da vida vinham apenas dela e que pensava em dissipar a sua. Vidura disse que nada se construiria dessas sombras. Bastaria querer que sempre haveria razões para medo e desgraça. *A árvore que dá o mel silvestre é alta, longa e dura em sua queda. Se insistir na tristeza, ela se multiplicará.*

Dhritarashtra achava-se injustiçado, e Vidura lhe disse que os filhos não foram criados por ele, que não seria capaz de criar uma vida. Dhritarashtra sentou-se e agradeceu ao irmão pelas palavras que eram como *néctar, espada afiada da sabedoria*. Em meio a outras considerações, Dhritarashtra afirmou que com ou sem espada não era pai de nenhum filho de nome Desgraça. Era forte e capaz de destruí-lo com as próprias mãos, não precisando da espada: sendo cego, não poderia mirá-la, nem ver o sangue jorrar ao dilacerá-lo.

EM KURUKSHETRA, CONVERSA COM VYASA

Sanjaya levou o rei a Kurukshetra. Mal saíram de Hastinapura e avistou entre as árvores um carro de guerra puxado por cavalos vermelhos coberto com peles de tigre. Parou, e era Kripa, que se disse cansado. Contou que as tropas lutaram lealmente e que ninguém desertou ou fugiu. Aswatthaman entregara sua joia a Arjuna e depois sumira, podendo agora ser qualquer um.

Kripa pediu permissão para voltar ao lar em Hastinapura e disse que via Vidura vindo atrás deles e Yuyutsu caminhando à frente das mulheres Kurus que saíam de Hastinapura. Com elas vinham sua irmã Kripi – que não podia mais ver o filho –, Kunti e a rainha Gandhari. Dhritarashtra disse para ele viver no palácio e que não devia seguir na estrada para não se deparar com as mulheres.

Galoparam até Kuruksketra, e logo ouviram o choro e o canto das viúvas. Sanjaya ajudou Dhritarashtra a descer e disse que ali ele podia até bendizer sua cegueira. Pediu para esperar e foi à procura dos Pandavas. Dhritarashtra percebeu a aproximação de alguém e era Vyasa, que o avisou da partida de Sanjaya e falou em *miséria,* pois o mundo inteiro fora iludido. O rei perguntou sobre o som estridente que ouvia, e Vyasa disse ser Arjuna retirando as cordas do arco Gandiva, pois a guerra havia terminado.

Vyasa explicou que Vidura, quando chegasse, não poderia fazer coisa alguma sem ter visto a carnificina e apenas ouvido falar. Lembrou que *no princípio não havia nada,* e que só existimos no entremeio. Depois também não haveria nada, e logo que nascemos, as calamidades nos atacam como lobos. Pediu que ele sentasse e passou a contar uma história.

HISTÓRIA CONTADA POR VYASA E NOVAS EXPLICAÇÕES

Um brâmane vivia em uma floresta repleta de leões e tigres a farejá-lo e a rugir. Não havia quem lhe oferecesse abrigo, e ele correu, mas foi seguido pelos animais. À volta de toda a floresta havia uma rede guardada por cobras altas que iam até o céu. Ao vê-la o brâmane recuou e caiu em uma armadilha coberta por folhas, ficando de ponta-cabeça preso pelo tornozelo.

No poço invisível havia uma serpente, e em cima, à volta dele, um elefante de seis faces e doze patas o ameaçava. Ratos pretos e brancos já tinham roído quase toda uma árvore que ia cair sobre ele, mas nessa árvore moravam muitas abelhas, e de seus favos pingava um mel que ele sorvia, mesmo sendo insuficiente e não havendo modo de se libertar, pois nunca perdera a esperança de prolongar a própria vida.

Dhritarashtra perguntou como iriam libertá-lo, e Vyasa perguntou se ele conhecia o local. O rei confirmou e disse que o mundo era um *descampado selvagem*, de caminhos que fazem cada um limitar-se a si mesmo, inacessível em seus confins.

Dhritarashtra ouviu algo, e Vyasa disse ser Sanjaya rachando lenha com Krishna. Draupadi chorava lamentando por seu irmão, e ao longe, na estrada, as mulheres Kurus se aproximavam. Vyasa disse não terem muito tempo: a vida era um longo caminho em que, quando nos cansamos, precisamos retornar ao útero para encontrar repouso. Os nobres e ricos desprezam os humildes, e assim abandonamos o senso, passando a mentir uns aos outros. Mas vendo tudo o que se passa está a inclemente testemunha, o *eu de nós mesmos*, que se torna inimigo quando pode ser o melhor amigo. Essa falácia esvaziaria nossa alma, e sem ela não nos cansaríamos tanto.

Vyasa levantou-se dizendo ter muito a fazer antes da noite. Era meio-dia na Terra, e ele iria ao Céu e voltaria antes de reencontrá-lo à noite. Deu um passo para o lado e sumiu.

CHEGADA DE YUYUTSU COM GANDHARI E DOS PANDAVAS – DHRITARASHTRA DESTRÓI A ESTÁTUA DE BHIMA

As lamentações e choros ficaram mais altos, e Dhritarashtra já nada ouvia, sentado em profunda reflexão. Quando as mulheres viram a planície, houve um silêncio assustador. Então Dhritarashtra ouviu a voz de Yuyutsu dizendo serem ele e a rainha Gandhari. Dhritarashtra ficou ao lado da rainha e pediu ao filho que buscasse seda para envolver os mortos. E que construísse piras com as carruagens quebradas e madeiras aromáticas embebidas em manteiga e chamasse Yudhishthira e seus irmãos.

Logo chegaram os Pandavas com Krishna e Draupadi vindo atrás. Dhritarashtra perguntou a Yudhishthira o que ele via e escutou serem mulheres que antes se consolavam umas às outras pela menor perda e agora sequer erguiam os olhos do chão a seus pés. Dhritarashtra abraçou-o e disse que eles agora eram seus filhos, e nisso não havia tristeza. Perguntou dos irmãos, e Krishna confirmou a presença deles, mas no lugar de Bhima colocou a estátua de ferro maciço que Duryodhana havia golpeado por treze anos com sua clava.

Dhritarashtra abraçou-a, mas foi tomado de raiva e esmagou-a contra o peito até que rachasse e quebrasse. O peito largo do rei foi ferido e jorrou sangue, então Sanjaya se aproximou pedindo que ele não agisse assim. Dhritarashtra chorou achando que tivesse matado Bhima, mas Sanjaya explicou que Krishna, vendo o que sentia, colocou à frente a estátua, sabendo que não queria fazer mal a ele. Sanjaya lavou o sangue do peito, os olhos e a face do rei, agradecendo a Krishna. Então chamou Bhima, que foi abraçado por Dhritarashtra assim como Arjuna e os gêmeos, sendo todos abençoados por ele.

Yudhishthira ajoelhou-se diante de Gandhari. Apresentou-se, falou dos erros que todos cometiam e pediu que ela fizesse o que devia ser feito. Que se trouxesse em si uma maldição contra ele, que a expressasse em palavras. Draupadi quis passar à frente, mas Krishna a reteve. A rainha deixou cair os olhos nas pontas dos pés de Yudhishthira e queimou-as. Arjuna correu para trás de Krishna, e os outros se agitaram inquietos, mas nada mais houve. A rainha disse para ele ir até Kunti e pediu que Draupadi ficasse por um momento.

Os Pandavas recuaram sem conseguir tirar os olhos de Dhritarashtra. As duas rainhas choraram juntas, e Krishna sentou-se com Sanjaya e Dhritarashtra, passando a contar-lhes, com palavras que fluíam com doçura, que um bilhão, 660 milhões e 20 mil caíram na batalha, e que lhes diria os nomes.

> Uma brâmane tinha filhos para serem austeros.
> Uma égua, para galoparem em velocidade.
> Mas uma princesa como sua mãe, para serem massacrados.

E mandou reparar que todos os mortos estavam voltados para quem os havia matado.

55. FUNERAIS

QUEIMA DE CORPOS E IDA AO GANGES

Yuyutsu pôs o corpo de Duryodhana na pira e conversou com ele como se estivesse vivo. Depois de muitas considerações, lembrou que com os dados ele havia conquistado o reino de Yudhishthira, mas agora Bhima tirara-lhe a vida. Então acendeu a pira e proferiu mais algumas palavras. Em seguida saiu com Satyaki para andar por toda a planície acendendo as piras com suas tochas e libertando os mortos.

Quando chegaram a Karna, Yudhishthira disse ser aquele o seu irmão mais velho (Kunti havia lhe contado, cobrindo o rosto). Pediu que ateassem fogo, e Satyaki o aconselhou a abandonar por ora o passado, perguntando o que afinal sentia por Karna. Disse que os bardos haveriam de exaltar sua reputação, mas que agora ele estava morto.

E assim se queimaram os corpos de Jayadratha, Drona, Karna, Duryodhana e os irmãos, Salya, Drupada e Sakuni, de Dhrishtadyumna, Sikhandin, Virata e Uttara, e de todos os Kurus, Panchalas, Matsyas, Sindhus, Angas, Madras e Gandharas, e de muitos Trigartas. Depois da queima, as mulheres foram se banhar no Ganges e ao anoitecer encontraram Vyasa sobre uma pele de veado, *coberto por ervas e sedas*.

DISCURSO DE VYASA ÀS MULHERES

Disse-se um veneno que faria arder como fogo os membros de cada corpo e destruir as mentes. Reconheceu que uma parte delas havia morrido, pedido que parassem de dedicar a ela sua afeição, pois agora estavam finalmente livres. Depois esperou que muitas delas partissem, e já não o ouvissem, para dizer mais.

Então recomendou que, se não conseguissem abandonar suas partes que se foram com eles, que segurassem o choro, pois *nunca encontrariam os mortos pela tristeza,* nem era assim que haveriam de morrer. E que apagassem as lamparinas e tochas, entrassem na água, submergissem, e depois voltassem para a margem ao lado dele.

As mulheres vestiram-se de branco, sem faixas vermelhas nos cabelos, sem adereços nem flores de enfeite e viram Vyasa entrar em Ganga até que ela rodopiou ao redor de seus joelhos. O som do rio pareceu confuso e alterou-se de dentro das águas: vieram ruídos de cavalos, de carruagens e elefantes, de correntes batendo e flechas balançando nas aljavas, de rodas rangendo e homens chamando-se uns aos outros por cima do barulho. Surgiram luzes subaquáticas refletindo armaduras e joias dos guerreiros em um brilho fosco.

Então milhares de pessoas mortas em Kurukshetra levantaram-se do rio formando círculos à volta de Vyasa como o rio envolvendo uma ilha. Chegando à margem, as mulheres levavam seus maridos, irmãos, filhos, pais, que vieram como deuses dos Céus e saíram do rio em brilhos de luz. Estavam os dois exércitos juntos, compreendendo-se e amigos, vestindo suas túnicas celestiais e se enfeitando com brincos brilhantes. Já não havia inveja ou crueldade.

A noite correu rápida: Drona levou os guerreiros mortos de volta ao rio pouco antes da aurora, e o último foi Karna, novamente com a roda do Sol em seu peito e com o signo da luz solar nas costas. Ganga fechou o rio e todos partiram. Vyasa apressou os que ainda precisavam entrar na água para não partirem sem eles, se não tivessem fé em suas palavras. A noite estava linda, com o ar fresco e claro, o céu leve sobre as piras queimando sem fumaça em meio à névoa fina do rio.

Enquanto Vyasa chamava os mortos, Draupadi e Arjuna passaram toda a noite a sós, no campo de batalha. Em silêncio, entregue aos abraços dele, Draupadi viu o amanhecer e arrancou todos os seus adornos – exceto quatro, um em cada braço e perna – para não fazerem barulho a cada movimento, e voltaram juntos caminhando. Ela quis lembrá-lo que ainda estavam vivos!

Vyasa, mulheres e sobreviventes da guerra

56. Despedida de Bhishma

YUDHISHTHIRA CONVERSA COM KRISHNA

Ao amanhecer, Yudhishthira foi à tenda de Krishna em Kurukshetra. Tinha os olhos baixos, estava parado como uma rocha, ou como uma chama de vela quando não há vento. Saudou-o dizendo que as rodas de sua quadriga deixavam um rastro de luz e que, ao se levantar, ele fechava as sete passagens do Vento. Falou também nas águas fúnebres derramadas no rio, e que com as mulheres partindo, as grandes trilhas, abertas por muitos pés, sumiram. Para Yudhishthira, o mundo era *irreal e sem fim*, com o Tempo seguindo o seu curso.

Krishna respondeu que Bhishma pensava nele em seu leito de morte, sendo uma chama prestes a apagar. Então pediu que Yudhishthira fizesse agora o que era preciso.

ENCONTRO COM BHISHMA

Satyaki levou Krishna e os Pandavas pela planície dos Kurus, entre pilhas de carcaças de animais, entre piras de fogo lento queimando as caveiras e animais carniceiros empanturrados. Ao parar diante da vala de Bhishma, o estandarte com a palmeira ainda estava hasteado, ouvindo-se o som de uma espada de bronze batendo no escudo de cobre e zinco: dois cavaleiros de dentro da trincheira queriam enfrentá-los, sendo um do exército Pandava e outro do Kaurava.

Yudhishthira desceu da quadriga fazendo o namastê com as mãos e identificando-se como o rei Pandava, que pedia permissão para entrar. Prometeu não cometer atos de traição e assim foi aceito. Bhishma abriu os olhos e viu todos os que estavam à volta: os Pandavas, Sanjaya, Dhritarashtra, Krishna, Vyasa, Satyaki, Yuyutsu, Kripa e Vidura.

Caminharam ao redor dele, em círculo à direita, e se sentaram. Yudhishthira tocou os pés do avô com a cabeça, e ele o saudou, pedindo que se aproximasse mais. O Pandava disse sentir medo e ameaça, e o avô deu-lhe a bênção, dizendo não trazer maldição dentro de si. E que os que já não viam a estrela Polar, ou não se refletiam nos olhos de outro, tinham apenas um ano de vida. O que estava pálido, só teria seis meses. E o que via a lua cheia esburacada como teia de aranha, ou sentia o cheiro da morte em um templo, tinha apenas uma semana. Disse a Yudhishthira que sua hora estava ainda mais próxima, e que *todos eles eram Pandavas*. Enquanto durasse a criação, viveriam inúmeras vezes no mundo dos homens. Então abençoou-os desejando que não houvesse medo entre os seus.

Os Pandavas se aproximaram, e Bhishma cheirou-lhes as cabeças, como fazia na infância deles. Disse ser o sol do anoitecer coberto por uma auréola de raios inclinados. Então silenciou, fechou os olhos e todos ficaram imóveis, como numa pintura. Sahadeva percebeu o sol voltado à direção norte e anunciou o solstício. Yudhishthira pediu instruções ao avô, e Bhishma foi se despedindo de todos, pronunciando os nomes dos que ali estavam. Chamou Krishna e disse ter afirmado aos outros só haver verdade onde ele estava, e haver vitória onde estava a verdade. Então também se despediu dele, chamando-o de "meu querido". E mal movendo os lábios, recitou: *Você é a membrana que recobre o Universo e segura-o com amor em suas mãos...*

Krishna se curvava para ouvi-lo, e a Morte também se aproximou. Pela coroa na cabeça de Bhishma, os cinco sopros de vida se elevaram para o Céu em luz, como meteoros. As flechas, as cicatrizes e as feridas de guerra sumiram de seu corpo, e Krishna desceu-o delicadamente à Terra.

VIDA QUE SEGUE – NOVAS HOMENAGENS A BHISHMA

Quando todos os vestígios da guerra desapareceram de Kurukshetra, os animais de terra e as aves voltaram em paz às suas moradas, sob um vento refrescante e cheiroso. Com o fim do inverno, a primavera brotou por si e tudo se restaurou e rejuvenesceu. Kama entoou um cântico:

> Eu, a doce Brisa mensageira dos deuses, sou o Prazer que passa ao largo das preocupações mundanas.
> Se alguém sussurra o *Veda* para me aniquilar, eu prevaleço e me torno a alma da Retidão: me torno sua própria voz.
> E se alguém quer me superar pela paciência, sou a força da Verdade: ele nunca notará que Eu sou.
> Do homem de livros imensos que me mataria pela Salvação, eu rio e gozo da cara, passando longe, muito longe das preocupações do mundo...

Levaram Bhishma com panos de ouro e prata até a pira feita de aloé macio e sândalo. Perfumaram, puseram flores e incenso, e Yuyutsu colocou sobre tudo um manto branco de sete camadas. Yudhishthira colocou uma folha de palmeira; Arjuna, a bandeira de guerra; Bhima, um leque de rabo de boi selvagem; Nakula, uma armadura; e Sahadeva, um arco.

Vyasa cobriu o fogo sagrado de Bhishma e deu a Yudhishthira para acender. As cinzas foram jogadas no Ganges e provocaram agitações e grandes e ondas. Ganga, a linda deusa do rio, levantou-se da água em prantos, desconsolada, com dor e tristeza. Cada lágrima sua tornava-se um lótus dourado que saía flutuando. E ajoelhou-se à margem cobrindo o rosto com as mãos e tremendo nos ombros.

Arjuna envolveu-a em seus braços morenos e chamou-a de "linda amiga", tentando consolá-la. Ela disse que não o veria mais, e que as cinzas de seu filho – o melhor para lhe dar a vida – permaneceriam em sua boca. Pedindo que Maya voltasse a ele, Arjuna disse a Ganga para abrir os olhos e nadar até os Céus. E que lá se lembrasse de todos eles. Então pediu permissão à deusa para deixarem suas margens.

57. Tristeza de Yudhishthira

PESO DA GUERRA E ARREPENDIMENTO – CONVERSA COM KRISHNA

Quando escalava o barranco do rio, Yudhishthira tropeçou e caiu com dor – como um elefante atingido por lanças – pensando que a vitória lhe parecia mais uma grande derrota. Haveria apenas um inimigo: a ignorância.

Seus irmãos e Krishna ficaram com ele, enquanto os outros seguiram para a cidade. Bhima colocou a cabeça de Yudhishthira em seu colo dizendo que aquilo não podia ser, mas Yudhishthira só suspirava, calado. Krishna comparou-o a alguém sedento que não queria beber, e ao homem cheio de desejo que recusava uma mulher ansiosa pela entrega.

Yudhishthira tentou se levantar, mas Bhima o reteve, e ele subitamente relaxou, enxugando as lágrimas. Viu Bhima de relance, olhou para os gêmeos com compaixão, para Arjuna perplexo e, depois, demoradamente para Krishna. Mas ninguém poderia entender sua expressão naquele momento.

Disse a Krishna que ele era como um saco de couro *cheio de palavras e de vento* e que os olhos dos que foram traídos iriam queimar e derrubar o rei. Ele herdaria com o trono maldições, súplicas e misérias, e recolheria com os impostos os pecados do povo. Quando jovem, precisaria de um bordão e envelheceria e morreria sem ficar de pé por si só. Apenas os idiotas e os que tinham as almas dominadas seriam felizes na Terra, e os outros apenas sofreriam desgraças.

Krishna disse que ele era *brando e razoável*, e por isso os homens não o respeitavam. Aconselhou-o a não se mostrar ansioso depois de fazer algo. À tristeza seguia-se a alegria, e à infelicidade a felicidade. Havia quem acreditasse que os homens se matavam entre si, e outros que não. E aquela seria *a linguagem do mundo*.

Yudhishthira interrompeu-o, dizendo que a verdade era como *folha e palha sobre um poço* na armadilha, e o darma, muitas vezes, a *isca de uma cilada*. Krishna seria *um deus em mera gestação* e teria uma enorme lista de crimes. Krishna pediu calma, dizendo que o vento não se sujava com o pó que soprava para longe. Yudhishthira disse estar calmo, e então Krishna o questionou novamente por estar se lamentando frente à adversidade e à desgraça, quando era pelo Tempo que vinham as flores nos lagos e nas florestas, e as noites podiam estar escuras ou claras.

Em resposta, Yudhishthira disse que só os ladrões aconselhavam um rei a buscar a guerra e vencer. E os reis, entre todos os homens, seriam os de menos senso e juízo. Perguntou-se com que direito assassinara a todos e disse que renunciaria a Kurujangala, querendo pôr fim à existência individual. Conquistar o mundo, verdadeiramente, seria vagar pelas florestas, e mesmo com frio, doença, fome e exaustão, *a alma da Terra* caminharia à sua frente, e de alguma forma teria bebida e alimento. Mendigaria frutos de árvores, que cairiam e ele comeria. Mas nada colheria ou cataria do chão. As criaturas deviam manter o que era seu.

Tinha *bons exemplos* de brâmanes que abandonaram o mundo, e não pretendia propositalmente fazer mal a *qualquer criatura de Deus*. Haveria de ampliar sua alma e de despertar para o autoconhecimento. Como de um monte distante, veria-os todos ao longe, escolhendo o que quisessem, chorando pelo vazio no espírito e ninando com cuidado o nada, afeiçoando-se ao que não tinham.

Como uma tartaruga que recolhe as patas, Yudhishthira obteria *domínio sobre seus sentidos e desejos,* tendo prazer *em seu próprio coração*. Não temeria ou oprimiria ninguém e, em sintonia com as palavras, atos e pensamentos, contemplaria sua *própria alma a brilhar*. Não olharia para trás ou perguntaria a alguém sobre o caminho, seguindo apenas como o *Tempo*, sempre avançando.

Não agiria como um apaixonado pela vida ou como alguém disposto a morrer. Se um tigre devorasse seu braço, não quereria o mal dele, e se um anjo enfeitasse o outro braço com joias e riquezas, não lhe desejaria boa sorte. E que assim ele encontrasse o Palácio da Sabedoria, constante e eterno em sua continuidade.

E se perguntassem sua intenção, diria que a todos rejeitava e arrependia-se para que a culpa servisse a pagar pelo sangue do massacre que trazia nas mãos.

YUDHISHTHIRA AMPARADO POR DRAUPADI E BHIMA

Todos partiram sem dizer nada, e só ficou Bhima. No acampamento, Nakula contou a Draupadi sobre a decisão de Yudhishthira. Disse que estava ferido e que ela devia levar-lhe fogo e alimento. Ela logo se preparou, mas Sahadeva disse para ter calma e ir devagar. E quando lá estivesse, ouvisse-o sem responder. Devia mostrar amor sem dizer nada e ficar ao lado dele até se lhe pedisse para sair. Nakula recomendou o mesmo e que ela mantivesse a comida aquecida. E que, se ele não dormisse, ela, ao menos, deveria repousar. Quando fosse a hora, os gêmeos estariam lá.

Draupadi se encheu de lágrimas, lembrando de tudo que acontecera e lastimando-se. Sahadeva amparou-lhe os ombros morenos com suas mãos claras e disse não ter dúvida de que Yudhishthira se recuperaria. Ele estava dizendo a verdade, mas querendo dizer algo que não estava nas palavras.

Yudhishthira continuou deitado nos braços de Bhima e perguntou se não achava certo ele renunciar a tudo. Bhima espirrou e disse que *um longo vento* soprava em Kurukshetra, fazendo a grama se curvar e na certa jogaria poeira em seus olhos se ele não lhe desse as costas. Yudhishthira sentou-se e disse a Bhima que ele não discursava como os outros. O irmão concordou e disse não ser hábil com as palavras, que iria aquietar-se. Mas não por um palácio, um reino, pelas riquezas e uma esposa. Yudhishthira quis saber o motivo, e Bhima perguntou-lhe por que apegar-se apenas a um pouco de cevada e a uma túnica marrom rasgada. O irmão não quis que duvidassem de sua inteligência, e Bhima respondeu-lhe que a loucura era sutil e que ninguém podia evitar *a própria imagem no espelho*.

Yudhishthira sorriu, dizendo que, se não fosse correto tomar os tesouros de outros, a única virtude dos reis acabaria. Dizendo-se *cruel e covarde*, ofereceu o trono a Bhima, que considerou que ele estaria menosprezando a sua própria força e poder. E que aqueles não eram enigmas dos sábios, e sim tolices vazias. Pois se uma vida agreste e inocente levasse a algum lugar, todas as árvores e montanhas já estariam lá, por suas *castidades e selvagerias*.

Yudhishthira acusou-o de não saber pensar, mas apenas comer e matar, e Bhima disse que o irmão enaltecia a pobreza sem jamais olhar à volta: o pobre era sempre acusado pelo que ocorria onde passava, enquanto o rico aumentava facilmente seus rendimentos como quem usa um elefante para capturar cada vez mais elefantes. Yudhishthira pediu que Bhima calasse e ouviu dele que qualquer médico lhe receitaria *incenso para as narinas* e pólen fino para os olhos. Esta era a cura para a doença mental, e perguntou *quem além dele se amargaria com a vitória*. Bhima perguntou onde estavam ele e o reino encantado em que todos viveriam felizes, e se por acaso havia chorado quando a casa de palha se incendiou sem que estivessem mais dentro dela.

Yudhishthira gostou dessa lembrança, dos tempos em que todos podiam ver suas vitórias. Então Bhima lembrou-lhe de quando Arjuna, vestido de brâmane, retesou o arco de Drupada. Yudhishthira pediu que ele continuasse, e Bhima lembrou de Maya e o Palácio de Ilusão, e de seu tropeço no Morro de Rishava. Yudhishthira riu, e Bhima lembrou-lhe da carruagem de Indra descendo do céu com Arjuna. O irmão disse ter sido *lindo*, e Bhima lembrou, gritando, de quando ele respondeu às perguntas do grou e trouxe os outros de volta à vida. *A lagoa da morte*, disse Yudhishthira, suavemente, mas que agora tudo seria uma incógnita.

Bhima ressaltou que, se disse algo errado, era para estar alerta, pois ele esperava vencer. O vento aumentara, levantando poeira do solo e quebrando as árvores, derrubando-as sob um céu amarelo.

58. Sonho com o fim

OS PANDAVAS VÃO PARA O NORTE E SÓ YUDHISHTHIRA SOBREVIVE

Yudhishthira caiu em um sono sonoro e sonhou que caminhava com Draupadi e seus irmãos, todos vestidos com cascas de árvore, indo em direção norte além dos Himalaias, sobre um deserto sem fim de sal e areia branca, onde os raios de sol haviam evaporado toda a água. E havia montanhas longínquas que, mesmo andando com pressa, eles não se aproximavam.

Draupadi tropeçou e caiu sem fazer som, e Yudhishthira sabia que estava morta. Não olhou para trás, nem diminuiu o passo; Arjuna inclinou-se por um instante sobre ela e logo voltou a seguir os outros. Olhando para os próprios pés, Yudhishthira viu um cachorrinho marrom, ofegante, ao seu lado.

Sahadeva morreu, Nakula correu para ele e desfaleceu docemente sobre o irmão gêmeo. Arjuna morreu, e Bhima perguntou o porquê disso. Yudhishthira respondeu-lhe para esquecer tudo o que havia e merecia ser ouvido. Deveria recordar-se apenas do antigo, daquilo que ele nascera sabendo. Bhima disse ser exatamente como pensava, tudo muito simples, e também caiu.

Yudhishthira percebeu que não precisava sequer olhar para saber que ele estava morto. Devia seguir para que a morte não o encontrasse à espera dela. Se não tivesse matado Karna, ascenderia aos Céus num raio de sol, e se não tivesse matado Bhishma, acompanharia Ganga até encontrar a morte nas calmas cidades de rocha dos Najas, iluminadas por joias enterradas em solo profundo. Mas ali ela o evitava. Sentiu sede e cansaço, mas seguiu, com o sol pairando imóvel no céu.

Indra, Matali e Yudhishthira

CONVERSA COM O REI DOS DEUSES

Ouviram-se tambores celestes, e a carruagem de Indra desceu, pousando ao lado de Yudhishthira. O Senhor dos Deuses o saudou e convidou a subir para que saíssem daquele *deserto de morte*. Yudhishthira disse que precisava levar também os irmãos e a esposa, ouvindo de Indra que já haviam deixado os corpos e partido à sua frente, e era para ele subir. Yudhishthira pediu então para levar o cãozinho, sua derradeira companhia, mas Indra recusou, dizendo que não poderia entrar no Céu com *um cão nos calcanhares*, um ser *profano e sem alma*.

Yudhishthira argumentou que o animal se dedicava ao dono e buscara sua proteção; sem ele, morreria. Indra mais uma vez explicou não haver lugar para os cães no Céu, por serem impuros, e Yudhishthira perguntou se haveria alguma maneira. Indra explicou que ele *conquistara* o Céu, a imortalidade, a prosperidade e a felicidade em todos os níveis. Pediu mais uma vez que deixasse o cachorro, e Yudhishthira perguntou se aquele lugar não seria parte de seu reino. Indra concordou, e Yudhishthira argumentou que, sendo assim, era ele quem devia decidir. E que não renunciaria ao cão, e sim ao deus, pois não abandonaria um animal fiel por ele. Disse que de algum modo, em algum lugar, foram colocados na balança a *Verdade* e *mil sacrifícios*, e já teria chegado aos ouvidos de Indra qual se revelou o mais pesado. Como rei, quem fosse a ele por medo, tragédia ou amizade, nunca seria abandonado.

Indra reafirmou que não levaria o cão, mas poderia fazê-lo dormir, sem dor. Yudhishthira disse que ele então podia partir, e Indra insistiu dizendo que bastava entrar na carruagem sozinho para que tivesse o *esplendor pleno nos três mundos*. Já havia deixado os outros, e por que não o cachorro? Mas Yudhishthira disse ser uma decisão, e mais do que isso não concernia a Indra.

Então Indra, com muita velocidade, ajoelhou-se na areia e curvou a cabeça saudando *Dharma*. Yudhishthira olhou surpreso e o cachorrinho deitado em sua sombra desaparecera. Em seu lugar, Dharma mostrou-se alto, loiro, e de olhos cinzentos, dizendo para Yudhishthira não se curvar diante dele. Abençoou-o e disse que o seguira naquele deserto na forma de um cão. Disse que o rei teria *compaixão por todas as criaturas*, o que não era uma fraqueza, e sim sua fortaleza. E que defendera suas crenças até os portais dos Céus.

AINDA NO SONHO, YUDHISHTHIRA É LEVADO POR INDRA

Yudhishthira se viu carregado para os Céus e chegou ao parque Nandana junto com Indra. Mas ao entrar no revigorante Mandakini – afluente celestial do Ganges –, as Apsaras que se banhavam ficaram envergonhadas ao serem vistas. Algumas mergulharam, outras fugiram pelos bosques, outras se vestiram. Então Yudhishthira viu Duryodhana, Sakuni e Duhsasana em tronos magníficos que perturbavam os olhos. Disse que não compartilharia do mesmo espaço e quis ser levado aos irmãos. Indra riu e disse que ele ainda tinha o corpo humano, e por isso as Apsaras se assustavam e fugiam com pudor. E também por isso ainda sentia amor pelos Pandavas e ódio por Duryodhana, sendo que não podia haver *amizade ou aversão entre os que já estavam mortos*. E assim insistiu para que ele ficasse e saudasse Duryodhana com cortesia.

Yudhishthira voltou seus olhos de leão para Indra e perguntou sobre seus amigos, dizendo que iria para lá, não importando onde fosse. Indra, como se apaziguasse uma criança, retrucou que estavam no Céu e que Duryodhana, ao lançar-se ao sacrifício da guerra, merecera os louros de um herói. E disse-lhe para repousar e esquecer o passado, pois conquistara a região eterna *de deleite sem fim*. Não deveria irar-se, e sim gozar da *delícia e da beatitude* como bem quisesse.

Yudhishthira disse que sequer poria os olhos em Duryodhana e queria ver os outros, pois sem eles aquilo não era o Céu. Indra perguntou se estava recusando a hospitalidade e seus melhores votos, e Yudhishthira disse que sim. Indra explicou friamente que seus amigos estavam em outro lugar e que se quisesse poderia ir até lá, mas ele não aconselhava. Yudhishthira jogou a cabeça para trás e disse-lhe para pegar seu conselho e ir para o Inferno.

Indra, fechando-se como uma máscara de pedra lisa, respondeu que quem iria para lá era ele!

Yudhishthira escorregou em algo podre no escuro e teve o rosto coberto por uma nuvem de abelhas com os ferrões quentes. Teria despencado não fosse o pulso firme do Gandharva a segurar-lhe a mão. Quando notou um enorme verme branco em seu braço, o Gandharva o pegou e atirou longe com indiferença, levando Yudhishthira ainda mais para baixo.

Eles eram seguidos pelo Vaitarani, um rio de pelos, sangue quente e tutano gelatinoso que corria sobre um leito de esqueletos: nas ondas borbulhava gordura humana, e um vento fétido gemia em seus ouvidos. Então abriram caminho pelas rochas pontiagudas de uma floresta de árvores com folhas de navalha, que se abriam para o Gandharva passar e depois se fechavam.

Em meio à água fervente, a rochas de ferro e abutres de uivos pavorosos, ao ar fedorento e horrível, à fumaça tóxica e imunda, Yudhishthira mal respirava e o Gandharva o empurrava mais para baixo, onde o ar ia ficando cada vez pior. Mais desciam e as trevas mais se fechavam, com *espinheiros de bronze* envenenados e *demônios famintos* de bocas em forma de agulha e estômagos imensos os observando.

Algo lambuzou a perna de Yudhishthira, mas ele não pôde ver. Largou a mão do Gandharva e tremeu, perguntando até onde precisariam descer. O Gandharva parou e disse que era até ali e que se estivesse cansado podia lhe dar a mão para voltarem juntos. Yudhishthira sentiu a mente adormecida e se voltou, aturdido, guiado às cegas pela mão do Gandharva, quando ouviu uma voz trêmula de desgraça e desânimo pedindo que não fosse. Outras vozes também o chamavam, um pouco familiares, dizendo serem gratos pela sua presença, o *Rei dos Reis*, trazendo-lhes cheiros doces e um sopro de ar fresco. Enquanto estivesse por lá, a dor deles diminuiria um pouco.

Yudhishthira se impressionou com toda aquela miséria e sofrimento, perguntando quem eram eles. Eram Karna, Arjuna, Draupadi, Bhima, Nakula, Sahadeva, Drupada, Virata e Uttara. Então disse ao Gandharva que aquilo não era sonho e quis saber que fim horroroso era aquele. Mas o Gandharva disse ser apenas um mensageiro. Com a voz raivosa de um rei, Yudhishthira disse para ele comunicar aos deuses, em seu nome, que enviava sua maldição para que caísse sobre Dharma, Indra e todos os outros. Desejou que eles fossem atingidos pelo desgosto, pelo mal e pela desgraça e que a desonra, a vergonha e a mentira os esmagassem. E ordenou ao Gandharva, *escravo do pecado*, que voltasse e advertisse o rei daquele lugar para que sumisse, ou então ele voltaria de surpresa para esmagá-lo como a um inseto. E que se tinha amor pela vida, que saísse de lá.

E então virou tudo confusão em seu sonho, com raios atingindo as trevas e ficando imóveis onde caíam. A noite se despedaçou sob seus pés, e Yudhishthira caiu dentro do Sol nos braços de Dharma, que tinha os cabelos longos e dourados, ofuscando a vista com seu brilho. Nos olhos de seu pai, Yudhishthira dormia em Kurukshetra com Draupadi sentada ao lado.

EM KURUKSHETRA ELE ACORDA AO LADO DE DRAUPADI

Yudhishthira despertou ao amanhecer a sós com a esposa, que explicou que ele dormira desde o dia anterior. E também perguntou se tinha fome, pois a comida estava quente e tudo que havia ali era para ele se deliciar. Ele mesmo derramou uma vasilha de água na cabeça e bebeu profundamente da outra, sorrindo para Draupadi. Ela ria como uma *árvore de vidro ao vento*, e Yudhishthira abraçou-a calorosamente, com o rosto colado em seus cabelos perfumados. Ela também o abraçou até as forças diminuírem, para então relaxar em seus braços.

Ao meio-dia, Yudhishthira viu os irmãos chegarem com a carruagem branca de oito rodas e dezesseis touros brancos em que iriam para Hastinapura. Com Draupadi ao lado, sobre peles brancas de tigres, Bhima na boleia e os outros atrás, ele entrou na Cidade-Elefante.

59. Yudhishthira torna-se rei

CHEGADA A HASTINAPURA E HOSTILIZAÇÃO DE CHARVAKA (ALIADO DE DURYODHANA DISFARÇADO DE BRÂMANE)

Por todas as ruas havia flores e folhagens penduradas, e na entrada de cada casa um jarro novo de metal transbordando água. Mas as portas e janelas estavam fechadas, as ruas desertas e a cidade muda. Bhima parou em frente ao palácio. Yudhishthira levava flores e incenso para o deus da cidade, mas no pátio interno do santuário estavam reunidos todos os brâmanes de Kurujangala. Então contou-lhes sobre o fim da guerra.

Charvaka, o príncipe Rakshasa, estava entre os brâmanes, disfarçado de eremita. Tinha um pote de água, um colar de contas e a cabeça raspada só com um tufo de cabelo. Fora amigo de Duryodhana e agora dava um passo à frente diante dos outros, exibindo seu cajado triplo. Com palavras hostis, ele agrediu Yudhishthira por ter dizimado membros de sua própria família e recomendou que se matasse. Yudhishthira disse-se o rei mais excelente de todos e que jamais haveria outro tão bondoso e sábio.

E, respondendo, Yudhishthira lembrou o dito de que para matar-se basta exaltar-se, e que para matar o rei, basta insultá-lo; assim, ele já teria morrido duas vezes. E perguntou em que mais poderia servi-lo. Os brâmanes recitaram "Hum" em uníssono, e enquanto o mantra ainda ressoava no prédio, Charvaka caiu fulminado, feito em pedaços. Então um dos brâmanes se desculpou para Yudhishthira dizendo que aquelas não eram suas palavras.

Quando o povo soube da chegada do Pandava, todos sorriram e desejaram que permanecesse entre eles por cem anos. E assim a cidade voltou a ter vida.

CERIMÔNIA

Yudhishthira foi consagrado rei no trono de ouro voltado à direção leste, quando, seguindo os ritos Dhritarashtra derramou em sua cabeça uma concha de água. Os brâmanes trouxeram presentes: jarros com terra, ouro, prata e pedras preciosas foram depositados no altar ao lado de tigelas com arroz frito, leite e mel. Outros rituais se seguiram: usando uma tigela de madeira da figueira sagrada, o rei derramou manteiga clara sobre o fogo aceso desde que o primeiro rei lunar veio à Terra.

O rei Yudhishthira tocou em flores brancas recém-colhidas e *na fronte da virgem mais linda da cidade*. À sua frente, foram colocados quatro jarros cheios de água, um de ouro, um de prata, um de cobre e um de terra, e em cada um ele pôs a mão direita em concha. Umedeceu os lábios com a água dourada, os olhos com a água prateada, o nariz com a de cobre e as orelhas com a de terra.

Dhritarashtra pegou uma concha enfeitada com fios de ouro e a encheu com a água do mar dos quatro cantos e também entornou o líquido sobre a cabeça do rei. Quando acabou a cerimônia, o povo lhe trouxe presentes, e Yudhishthira também presenteou cada um, molhando uma folha de grama e *recitando em silêncio o seu mantra secreto que nunca deverá ser escrito ou recitado para ser ouvido*.

O rei e Dhritarashtra entregaram presentes em nome dos mortos e também em seus nomes. Deram lâmpadas e, onde era seco, construíram tanques que também estariam ao dispor deles após a morte. Yudhishthira pediu que o povo tratasse Dhritarashtra como o pai deles, dando um palácio ao monarca. Aos reinos sem rei por causa da guerra, mandou mensageiros ordenando que dessem os tronos às esposas, filhas ou irmãs dos reis mortos. E mandou imprimir nos editais o nome de Dhritarashtra antes do dele.

E enfim, sob bandeiras floridas, ele entrou no palácio e se dirigiu aos aposentos particulares, onde moças *de cintura como o cálice das flores*, enfeitadas nos tornozelos e com luas douradas nos lábios o ajudaram com suas vestes reais.

ARJUNA E KRISHNA FINALMENTE APARECEM

Quando Yudhishthira retirou suas vestes – correntes, joias, sedas, peles de tigre e faixas de prata –, Arjuna e Krishna entraram, e ele perguntou por onde andavam, pois estavam à procura deles. Arjuna pigarreou e disse que tinham ido nadar por causa do calor.

Dizendo-se filho de Deus, Yudhishthira considerou a honra apropriada. Perguntou sobre o que mais fizeram, e Krishna disse terem comido algumas melancias. Arjuna riu, lembrando de uns balanços enormes no parque, em que disputaram *quem podia ir mais alto com uma linda mulher no colo*, sendo que *ele* quase se espatifara. Krishna se explicou dizendo que levava também um jarro de vinho, que aquela moça guardou... Mas haviam trazido um presente!

Arjuna pediu que ele dissesse "majestade" e lembrou que o parque agora era de Yudhishthira. O rei sentou-se e começou a dizer "o homem que ouve esta inacreditável lenda com fé e devoção...", mas começou a rir e perguntou onde estava o presente. Arjuna prostrou-se e disse que na sacada, naquele vaso simples, com relevos: um pé de manjericão doce com folhas crespas e flores brancas.

Yudhishthira disse ser um belo presente, sorriu, olhou para os dois, agradeceu e desejou sorte. Krishna perguntou como soube; Arjuna pediu desculpa pela vulgaridade do amigo e avisou que iam a pé até Indraprastha, convidando-o a ir também. Yudhishthira recusou e abraçou os dois, pedindo que lhe contassem sobre tudo que encontrassem por lá, pois estaria esperando para ouvi-los.

Os Pandavas e Draupadi

60. Parikshita

FILHO DE UTTARAH E ARJUNA NASCE MORTO, MAS É RESSUSCITADO

Depois que Krishna e Arjuna partiram, nasceu Parikshita. No quarto de Uttarah, em Hastinapura, foram colocados todos os objetos que espantam e destroem os Rakshasas: armas brilhantes na posição certa, fogos curativos, sementes de mostarda, senhoras idosas, carvão molhado em manteiga e mantido apagado, flores brancas e águas nos vasos. Apesar disso, depois do parto o neném ficou imóvel e silencioso, *atingido por parte da arma Brahmasira de uma folha de grama*, que o fez não ter força suficiente para nascer.

Draupadi e Subhadra viram *seu filho* nascer morto do ventre de Uttarah, e então Subhadra, clara como se personificasse os raios da Lua, escondeu-se num canto e sussurrou a Krishna, perguntando o que havia feito o infanticida. E disse que rogavam para que fizesse valer suas palavras diante de todo o Universo. Krishna estava em Indraprastha e interrompeu sua conversa com Arjuna, fechando os olhos. *Uma forte luz e um som intenso tomaram conta do quarto de Uttarah em Hastinapura, e o recém-nascido começou a chorar* (se Yudhishthira precisou matar Duryodhana com *palavras* – os únicos dardos capazes de atingi-lo – também com *palavras* o filho de Arjuna foi ressuscitado).

Draupadi correu para Yudhishthira, e os brâmanes *oniromantes* passaram a escrever o que sabiam da vida de Parikshita no útero, antes do nascimento. Os músicos Bharatas tocaram a canção *de que ninguém mais lembra* – curta, e que é tocada inteira só uma vez, quando nasce o primogênito de um rei, e nessas ocasiões só eles mesmos, e Chitraratha, o rei Gandharva, parecem ouvi--la. Chitraratha voou até Indra e cantarolou as primeiras notas, mas a canção fugiu-lhe da mente antes de terminar. Indra, que a reconheceu, sorriu e quis celebrar o neto, chutando para abrir e vasculhar em sua arca de sândalo a coleção de nuvens e tempestades.

EM PLENO INVERNO INDRA ENVIA UMA TEMPESTADE SOBRE HASTINAPURA E INDRAPRASTHA

Indra foi até o pórtico dos Céus – que poucos veem e em que a cobiça é a tranca e a mesquinhez a fechadura –, e este se abriu para ele, que lançou para baixo furacões e ciclones seguidos de tempestades em um dilúvio ensurdecedor, com ventos de aperitivo, e ainda alguns cometas.

Chitraratha lembrou que era inverno, e que ele assim iria confundir as coisas, mas Indra disse que não importava e abriu seus mil olhos para observar a Terra. O vento arrasador carregou nuvens pesadas e azuladas para cima de Hastinapura e Indraprastha, e a chuva caiu forte. Trovões sacudiram o céu e fizeram tremer seu fundo de relâmpagos irradiantes, mas Indra só com o olhar tirou os ventos de todas as casas e tornou as águas inofensivas. Nenhuma flor ou folha foi destruída, nenhum broto machucado ou plantação danificada.

Nenhum ser se afogou em toca alagada, ou caiu quando voava. Não houve inundações, e as estradas ficaram apenas úmidas, sem atoleiros. Depois da tormenta, todo o feno e toda a palha continuavam secos. Em Kurujangala, um milhão de luzes fracas e de varetas de incenso ardiam ao ar livre em ação de graças *pelo nascimento de Parikshita*. E com todos os ventos e chuvas torrenciais castigando a cidade por um dia e uma noite, nenhuma delas se apagou, e nenhum pote ou jarro ao lado das casas transbordou.

Os mil olhos de Indra haviam apenas piscado.

Em Indraprastha, que estava tomada pela escuridão, *a chuva encharcou o chapéu de penas de pavão de Arjuna,* e debaixo de uma árvore que pingava, *Krishna lhe contava sobre vidas passadas em que estavam juntos,* algo que ninguém mais sabe – como nada do que foi dito entre eles. Trata-se de um *mistério antigo para os homens* e de um *segredo até para os deuses.*

61. O GRANDE FESTIVAL

COMEMORAÇÃO E FARTURA

Yudhishthira proclamou que haveria um festival de duas semanas, e Bhima demarcou uma área de muita beleza nos arredores da cidade. Aterrou o terreno, fez estradas de acesso e construiu casarões de pedra e abóbadas sobre colunas de ouro vermelho e amarelo. Com pó de ouro desenhou no solo *figuras de animais e pássaros* nos triângulos de flores e especiarias. Pôs estacas de madeira para venerar os deuses e cobriu-as de *seda tecida com fios de duas cores*. E em vez grama, como era o costume, espalhou-se ouro para as pessoas sentarem.

Yudhishthira inaugurou o banquete cavando um sulco no solo com um arado dourado, e Bhima cozinhou *montanhas de comida*. Foram *18* tipos de churrasco, arroz selvagem e sementes de gergelim em *30* tipos de molhos, trigo fervido em leite e manteiga, doces açucarados com gengibre e pimenta, conservas doces e azedas, frutas frescas e secas, *70* espécies de verduras e legumes crus e cozidos, *93* tipos de sopas e *11* de guisados, *29* variedades de peixes feitos de *51* modos *diferentes,* pão sem levedo assado e depois frito, *cem* tipos de tortas e bolos, nozes, mel claro, escuro e nos favos, açúcar mascavo, raízes, folhas fritas e salgadas, coalhadas, e mais litros e litros de vinho, água cristalina e leite.

De todas as nações, reinos e províncias, as pessoas vieram se reunir. Na entrada principal havia cestos de ouro e pérolas, e todos que entravam, punham a mão e levavam o que quisessem. E assim Yudhishthira acompanhou o último convidado até os portões.

Vacas e búfalos levados para bênçãos e animais selvagens recebiam suas rações – grãos, cana, hortaliças, leite. A cada cem mil pessoas que alimentava, Bhima soava um gongo de ferro. E antes que o som cessasse, o gongo soava novamente, dias e dias. O rei Yudhishthira deu a todos roupas, sementes, animais, cobertas, casas remédios, construiu 50 mil pousadas para dar água e alimento aos viajantes, e nunca houve história de tamanha *abundância*: os futuros reis teriam dificuldade em alcançar essa generosidade.

APARECIMENTO DE UM MANGUSTO

Não houve mortes por disputas de posição ou dignidade, nem por maldade dos reis. Quando Yudhishthira já recebera a todos, e todos estavam *cansados, felizes e fartos*, quando filósofos e críticos em suas falas esgotaram as proposições *tanto analíticas como sintéticas,* e os perdedores se calaram, quando todas as riquezas já estavam distribuídas por criados vestindo flores e brincos de ouro brilhantes, quando as multidões acalmavam deitando em leitos paradisíacos de almofadas macias, e também as vozes celestiais pararam de entoar o "Este é um dia abençoado", na última tarde do festival, um *mangusto* preto e castanho passou em disparada pela clareira aberta na floresta.

Ele corria atrás de qualquer farinha derramada pelas ofertas de alimento e rolava sem parar sobre os montinhos delas e de cereais que encontrava. Passou veloz pela cozinha de Bhima e correu para o jardim onde todos comiam. Então espirrou e pôs-se aos pés de Yudhishthira, deleitando-se e fixando seus olhos azuis nos do rei para suspirar. Yudhishthira reparou na pele de ouro cobrindo a cabeça e um lado de seu corpo, e então começaram a conversar.

Yudhishthira ofereceu ajuda, e o mangusto disse que, se não estava totalmente dourado, ele nada podia fazer. Disse que costumava frequentar aos atos de generosidade que descobria e tinha esperanças, mas mais uma vez se decepcionara, pois toda aquela celebração não se comparava a uma tigela de farinha dada como esmola onde ele vivia em Kurukshetra. Yudhishthira levantou-se do trono, sentou no chão e convidou-o a sentar-se na almofada ao lado. Perguntou o porquê da decepção e sobre ter a metade do corpo dourada e brilhante. O mangusto acomodou-se, olhou para o rei e disse que contaria o que houve há mil anos.

HISTÓRIA CONTADA PELO MANGUSTO

Um casal de idosos morava com o filho e a esposa dele em um pequeno casebre de galhos amarrados por cipós, revestido de folhas e esterco. Viviam de raízes silvestres, ervas e cereais coletados nos campos. Em um dia quente de verão, em Kurukshetra, no sol a pino o solo se rachava em blocos e a chuva não vinha. As plantas estavam secas e murchas e não havia comida na floresta. Todos passavam fome, e o rei não conseguia alimentar sequer a cidade.

A família sempre guardava alguns grãos de cereal para durar até a safra seguinte, mas nada brotava. Restava uma tigela de farinha grossa e fazia um mês que só comiam cascas secas de árvores e plantas do rio. Tinham aquela farinha, mas estavam tão debilitados pela fome que até para se mexer eles tremiam.

Ao meio-dia apareceu na porta um andarilho apoiado em seu cajado. Magro, franzino e muito idoso, alto e moreno, trajava uma túnica desbotada que já fora vermelha e estava agora toda remendada com um tecido marrom velho. Tinha cabelos longos e brancos, e o corpo não fazia sombra. A família alegrou-se com a visita, o pai saudou-o, e o filho trouxe água para lavar seus pés.

O forasteiro disse que não esperava ver ninguém por ali, achando que fosse uma casa vazia onde se esconderia do sol até morrer, pois estava muito faminto para prosseguir. O pai logo ofereceu-se a dividir o que tinham para o almoço, o que surpreendeu o viajante, achando que já não houvesse comida no mundo. O filho explicou que eram acostumados à pobreza e guardavam comida por hábito, convidando-o a entrar.

A velha colocou à frente do viajante a tigela de farinha, e a filha disse para ele comer primeiro, pois eles depois se virariam. Surpreso, o peregrino lembrou que *a vida é uma dádiva que não deve ser desprezada* e pensou em como poderia aceitar aquilo se as mãos daquelas pessoas tremiam de fraqueza. O pai disse que seria vergonhoso se o recusassem como hóspede, e o andarilho olhou-o com doçura e, depois de misturar com água, comeu toda a farinha da tigela.

Sem fome, ele recuperou as forças. Sacudiu o pó de farinha que restava nas mãos e disse-lhes que vinha parando em todas as casas onde havia comida e só eles foram bondosos. Disse que já chovia ao sul, e perguntou se sabiam de mais alguém que caminhava por terras onde não havia alimento. O pai chamou-o de "Senhor" e disse que agora podiam reconhecê-lo. Yama explicou que a fome *destrói a sabedoria e aniquila a coragem,* e eles o teriam sobrepujado. Avisou que estava para chegar a carruagem de Brahma e que eles o honrariam se fossem até ele como mereciam.

E do mais alto, estável e infinito dos Céus desceu uma carruagem, *puxadas por garças e gansos brancos com arreios de flores.* No ar havia uma fragrância celestial refrescante, e a família, que parecia tão pobre, partiu enquanto o forasteiro moreno sumiu diante de seus olhos observando da toca.

Depois que todos partiram, o mangusto pôs seu focinho para fora, repuxou as orelhas e deu vivas alegres. Saiu da toca e rolou sobre o pó de farinha que Yama esfregara das mãos. Onde a poeira tocou, sua pele virou ouro, mas só deu para metade do corpo.

VOLTA À CONVERSA COM YUDHISHTHIRA

Assim, explicou o mangusto, ele ia a todos os tipos de ofertório, de ascetas e de reis, tentando acabar de ficar todo dourado, mas ainda não conseguira.

Yudhishthira sorriu, acariciou o dorso do animal, elogiou-o e perguntou o que mais poderia dar, sabendo que dificilmente haveria um festival como o que ele presenciara mil anos antes. O mangusto pensou no que pedir, e o rei lhe ofereceu um pires com ovos crus e leite, além de um pedaço de seda vermelha enfeitada com ouro, para a esposa dele usar em casa. Os olhos do animal brilharam, e ele agradeceu. Yudhishthira disse que quem agradecia era ele, por receber a visita e ouvir sua história. Então juntou a mãos em namastê, e o mangusto fez o mesmo.

62. Retiro de Dhritarashtra

CONVERSA COM YUDHISHTHIRA

Depois de 15 dias, Dhritarashtra mandou chamar Yudhishthira. Estava magro e enfraquecido, com as vestes largas e os nervos visíveis. Saudando o sobrinho, disse estar vivendo bem e feliz, sem ninguém a seu lado querendo relembrar o passado. Nada podia fazer por seus filhos, que haviam morrido pelo darma xátria, e ele agora partiria para a floresta.

Yudhishthira disse que não sabia, e Dhritarashtra disse que intimamente comparava-o a Duryodhana, por querer sempre consultá-lo e obedecer aos seus desejos mais simples. Disse que passou a comer pouco (só na oitava hora) e que a esposa sabia, mas os criados não, para que o rei não soubesse. Dormia no chão e dedicava o tempo a orar em silêncio com a esposa.

Yudhishthira perguntou se alguém teria lhe obedecido na aparência, mas não no coração. Dhritarashtra respondeu, com lágrimas nos olhos, que não podia permanecer na Cidade-Elefante. Estava em silêncio para não magoar o sobrinho e mantinha-se sob sua proteção. Reconhecia que da boca de Yudhishthira jamais saíra algo contra ele, que podia dar presentes e perdão como se ainda fosse rei, e que cuidavam para que ele não ficasse triste, mas agora havia algo que estava além dele.

Dhritarashtra de repente se recostou, explicando estar de jejum e só de falar um pouco já se enfraquecera. Yudhishthira o revigorou com um toque na mão, chamou-o de pai e convidou-o a comer, caso lhe desse a honra. Ofereceu-lhe tudo o que tivesse, suas riquezas, e perguntou quem o teria maltratado. Dhritarashtra suspirou, dizendo já ter feito tudo o que lhe cabia e sua obra estaria encerrada. Era parte do costume um monarca idoso se retirar do mundo: os reis deviam morrer na guerra ou na floresta.

Yudhishthira pediu-lhe apenas que comessem juntos mais uma vez, mas o tio recusou, dizendo ter se esforçado e lutado muito. Não deviam se lamentar por ele, que não tinha raiva de ninguém, mas levaria algum mantimento, com o consentimento do sobrinho.

DISCURSO DE DHRITARASHTRA

Quando soube que partiria, o povo de Hastinapura se reuniu em frente à casa de Dhritarashtra, que lhes falou ao vento com seus cabelos prateados e roupas de capim branco. Perguntava qual seria o seu refúgio a não ser as profundezas da floresta. Pediu perdão pelas suas faltas e que entendessem estar velho e ter perdido os filhos. Julgava-se absolvido por não ter ele mesmo eliminado Duryodhana e o defendeu: por mais tolo que fosse, não oprimira o seu povo por orgulho. Causou uma grande guerra com a morte de guerreiros xátrias e reis, e se isso foi mau ou bom, ele não sabia dizer.

Disse-lhes deixar Yudhishthira em seu lugar, pois partiria com Vidura, Sanjaya e a rainha. Saudava a todos e rezava para que se lembrassem dele no coração.

E assim os cidadãos choraram com o rosto coberto, como os pais quando um filho querido está prestes a se afastar para sempre. Sentiam tristeza e nada diziam, apenas encaravam-se. Aos poucos puderam conversar entre si e por um porta-voz deram a resposta: concordavam com tudo o que dissera Dhritarashtra, não havendo *a menor inverdade em suas palavras*. A destruição dos Kurus não teria sido obra dele nem de Duryodhana, nem teria se dado sem a influência do destino. Em sua presença eles absolviam Duryodhana e lembraram que os covardes não conseguiam viver nas grandes florestas. E eles não os esqueceriam.

Houve gritos de "excelente", e todos tomaram aquelas palavras como suas. Dhritarashtra agradeceu repetidas vezes aos súditos e, vagaroso, com as forças debilitadas, entrou de novo na casa.

PARTIDA COM GANDHARI, SANJAYA, KUNTI E VIDURA – DESPEDIDA DOS PANDAVAS

De manhã, Dhritarashtra pôs arroz tostado e flores novas no palácio em que morou por tanto tempo e deu presentes aos criados. Sanjaya pegou o fogo que ele adorava diariamente e, vestindo casca de árvore, caminhou com Dhritarashtra, Gandhari e Vidura pela rua principal de Hastinapura. Kripa e Yuyutsu os escoltaram até as muralhas e voltaram. Kunti encontrou-os lá e seguiu junto, de mão dada com Gandhari, até passar do portão, enquanto Dhritarashtra ia atrás, com a mão nos ombros da rainha.

Os Pandavas estavam do lado de fora da muralha. Bhima inclinou ligeiramente o rosto para saudar o tio, perguntando aonde ia e sugerindo que observasse os reveses do tempo. Respirou fundo e disse tê-lo ouvido no dia anterior, e só com grande esforço pôde se manter quieto. Disse ser aquele o modo dos guerreiros e que era devotado à guerra e à altivez. Pediu desculpas e lembrou que os não vulgares não guardavam as mágoas, guardando apenas os benefícios que receberam.

Kunti voltou a caminhar e pediu a Yudhishthira que cuidasse de Sahadeva, que fosse bom com Draupadi e tivesse afeição pelos irmãos. Yudhishthira reparou ter ouvido o mesmo quando eles perderam o reino. Propôs que voltassem e perguntou sobre o estranho desejo emaranhado na mente dela. Bhima lembrou que todos nasceram na floresta e depois conquistaram o reino. Por que haveria de tê-los levado até lá e desejado que exterminassem a Terra? Seria a hora de gozar junto aquilo que conquistaram.

Kunti pediu que ele não pensasse na razão. Disse que os filhos de Pandu sobreviviam graças à comida alheia, observando rostos alheios. Estavam todos sem forças, distantes da felicidade, e ela não queria que se perdessem. E que ela mesma, que antes se deleitava com o marido naquelas terras, ansiava por reencontrá-lo.

ADENTRANDO A MATA

De tarde, o grupo de Dhritarashtra chegava ao Ganges, longe da cidade. Muitas fogueiras foram acesas pelos camponeses para cozinhar o jantar de todos, e feitos colchões de grama. À volta das fogueiras, cantaram canções antigas, dos reis e rainhas da época, sob a lua dourada e prateada. Descendo o rio, encontraram Vyasa em Kurukshetra, e ele os levou a um retiro nas profundezas da mata, deixando-os lá.

63. Visita dos Pandavas à floresta

YUDHISHTHIRA CONCLAMA OS IRMÃOS E O POVO A VISITAREM OS MAIS VELHOS

Todos na cidade pensavam em como estaria Dhritarashtra. Yudhishthira também e já não tinha prazer em ser rei, nem nas mulheres nem no estudo do *Veda*. Deixou de exercer funções reais e às vezes nem ouvia quando alguém falava. Sahadeva foi até ele e disse também estarem prontos para a jornada.

Yudhishthira conclamou o povo e convidou quem quisesse ver Dhritarashtra a acompanhá-lo, e assim estaria protegido. Deixou a Cidade-Elefante sob cuidados de Yuyutsu e ficou cinco dias do lado de fora dos muros com Bhima e os gêmeos, esperando o povo se reunir para a marcha.

Saíram em direção a um eremitério em Kurukshetra e depois seguiram lentamente, descansando à beira de rios e lagos. Ao cruzarem a planície, entraram nas matas e viram ao longe a casa de Dhritarashtra. Os Pandavas pararam suas carruagens e andaram até o *ashrama*. Todo o exército de Yudhishthira, todos os Kurus, esposas, soldados e filhos seguiram a pé.

Pastavam veados que não se espantaram, viram árvores de fruta semeadas por pássaros e o casebre de palha e flores feito para o tio. Sentindo uma paz verdadeira e permanente, todos pararam. Na quietude eles ouviram o mais longínquo gorjeio de ave, e o murmúrio de vida mais discreto. Yudhishthira prosseguiu sozinho, e Sanjaya sorriu ao vê-lo, indicando a beira de rio onde estavam Dhritarashtra, Kunti e Gandhari. Carregavam potes de água que Yudhishthira se prontificou a levar.

Voltando ao eremitério, Dhritarashtra, magro de tantos jejuns e parecendo um esqueleto, caminhava confiante atrás de Gandhari, ambos cegos, guiados por Kunti. Yudhishthira apresentou-lhe o povo um a um, por nome e raça, e o tio se sentiu novamente em Hastinapura. Disse ao sobrinho que se até os inimigos se sentiam gratificados com sua atitude, o que dizer dos amigos? Desejou que ninguém precisasse mendigar em seu reino. Perguntou se as mulheres eram honradas em suas casas e desejou que os servos o atendessem sem ser preciso dar ordens.

Yudhishthira desejou que o jejum de Dhritarashtra não fosse doloroso e perguntou sobre ter ampliado seus conhecimentos, atingido a serenidade na selva, sobre ter encontrado alimento e não ter sentido aflição. Desejou ter a mente onde quisesse e que houvesse paz, harmonia e felicidade entre todos. Perguntou por Vidura e ouviu dizer que estava bem: vivia no ar, sozinho. Não falava, mas às vezes ouvia-se os ruídos dele na floresta.

Yudhishthira disse que era difícil antecipar o fim dos seres humanos, e para Dhritarashtra, *quem via o mal na separação deveria abrir mão da união*. E que *três preceitos* estavam acima de tudo: não ferir nenhuma criatura, dizer a verdade até onde podia ser dita e livrar-se da ira quando não se corria perigo. Sentia que aquele encontro coroava sua vida de sucesso e ofereceu-lhe raízes e água, lembrando que um hóspede devia conformar-se com o que tinha o anfitrião.

VIDURA FUNDE-SE A YUDHISHTHIRA

Quando Yudhishthira foi tocar a comida, entreviu Vidura saindo da floresta. Tinha os cabelos enlameados, pedrinhas na boca e estava totalmente nu, com pó e pólen no corpo. Percebendo os visitantes, Vidura recuou, mas Yudhishthira foi atrás e precisou de muito fôlego e velocidade para continuar a vê-lo, tentando explicar quem era. Mas acabou sumindo, até que bem no meio da floresta, em um lugar seco e solitário, Yudhishthira o encontrou recostado a uma árvore.

De homem só restava a fisionomia geral, mas sua face estava encovada, irreconhecível. Yudhishthira pediu que ele não mais se escondesse, pois eram amigos. Vidura olhou para o rei e penetrou em seu corpo pelos membros. Primeiro nos pés, pernas, nos braços e mãos. Então uniu sua respiração à do sobrinho, e tornou o interno como se fosse externo e os dois em um só. E entrou em seus sentidos, um a um.

Na árvore tinha um corpo pendurado, que Yudhishthira tentou mover sem conseguir. Antes de voltar e contar para Dhritarashtra o que houve, viu o rio ficar cinza, e a floresta, negra.

Dhritarashtra pediu a Sanjaya que o trouxesse de volta, perguntando se já era noite. Sanjaya respondeu que Vyasa estava lá, e ele então levantou-se e uniu as mãos. Vyasa disse para ele se sentar e que ninguém jamais encontraria aquela árvore novamente, nem a negra figura que jazia sob ela: o corpo de Vidura não deveria ser queimado, mas ficar lá enquanto Yudhishthira vivesse.

Disse a Dhritarashtra que o sobrinho e Vidura eram um só, e explicou a Yudhishthira que, assim como ele, Vidura era Dharma: o corpo de um estava no do outro. Não devia se lamentar pelo tio, lembrando que ambas as mães repousavam em folhas caídas, e que a raça Bharata, brilhante e próspera, agora dependia dele.

Dhritarashtra estranhava estar triste pelo irmão morto, mas não triste de fato: estavam todos muito velhos. Disse que a alma nos revelava prazer e dor, mas não se alterava e, como um espelho, não se modificava pelo reflexo. Pediu que Yudhishthira fosse brando com os pacíficos e severo como uma cobra brava com os cruéis. Recomendou que espalhasse espiões disfarçados de cegos e de tolos e que, quando se reunisse com os ministros, o fizesse de dia, a céu aberto, numa clareira. Ao consultá-los em sua sala, devia afastar macacos, aves e outros bichos que imitassem humanos para não aceitar conselhos errados, sendo essa a sua sabedoria acumulada como rei.

Vyasa avisou que ardiam fogos intensos sob os pratos de cobre e panelas de ferro de Bhima e que as bandejas de madeira, colheres de pau e tigelas, taças de barro e jarros de argila estavam arranjados em ordem. E que seria uma surpresa ver o que ele conseguira preparar só com água e aquelas raízes.

MORTE DO ANTIGO REI E DAS RAINHAS EM UM INCÊNDIO NA MATA

Quando foram novamente deixados a sós, Dhritarashtra, Sanjaya, Kunti e Gandhari partiram para o Portal do Ganges. Lá, apenas vagaram pela floresta, alimentando-se do que encontravam.

Uma vez, Sanjaya foi buscar água, e o fogo sagrado de Dhritarashtra caiu em folhas secas, incendiando a mata. Sanjaya, à beira do rio, viu dois pores do sol entre as árvores, um de cada lado. Viu animais selvagens passarem rápidos por eles, mas Dhritarashtra e as duas rainhas não puderam mover-se, cercados de fogo por todos os lados. E aceitaram as chamas em paz.

Depois, Sanjaya ergueu-se das águas com os veados, ursos e elefantes e rodeou três vezes o local em que acamparam. Jogou as cinzas para Ganga e partiu sozinho para as Montanhas, os solitários Himalaias, velados pelos deuses. As lembranças de Sanjaya o deixaram como cinzas de um fogo apagado. Nada mais existia: as constelações brilhantes de flechas no céu, os sons dilacerantes dos grandes arcos, o reflexo de espadas estilhaçadas, os gritos, nada mais. E ele rezou para sua mãe Terra falando em quanta ingratidão, impiedade e desalento havia no coração dos que rejeitavam sua *fartura e generosidade*, preferindo entregar-se a Yama. E em como era possível a verem como lugar de dor e tristeza, onde ninguém conseguia ficar...

64. Paradeiro de Krishna

SATYAKI LEVA SUBHADRA A INDRAPRASTHA E ENCONTRAM KRISHNA E ARJUNA

De volta a Hastinapura, Yudhishthira ouviu de Satyaki que ele levaria Subhadra na carruagem de Krishna até Indraprastha e depois iriam para Dwaravati. A carruagem chegou à primeira cidade chocalhando e, diferente de todas, brilhava ao sol como fogo de ouro puro.

Satyaki saltou e abraçou Krishna, que perguntou onde ele conseguira aquilo e o que houve com sua antiga quadriga. Satyaki respondeu que no caminho encontrou o Asura Maya, o conhecido (de Krishna e Arjuna) *mestre de mil artes e artífice de todos os enfeites*, que achou uma vergonha alguém em sua posição de glória viajar numa carroça. E o que ele determinou cresceu com a lua na primeira metade do mês.

Krishna disse que gostava de sua velha quadriga e perguntou que posição de glória era essa. Subhadra disse ter perguntado o mesmo e advertido Maya de que o irmão gostava de sua carruagem, mas não quis recusar a oferta de enfeitá-la, feita com tanta amabilidade e cortesia, para não magoá-lo. Ele então teria coberto as rodas com *ouro do Sol e prata da Lua*, e o carro todo com joias preciosas: esmeraldas, jaspes, pérolas, turquesas, diamantes, corais, opalas, rubis, topázios dourados, granadas, ametistas e jades verdes.

Krishna disse não ser rei nem se preocupar com o que pensavam dele. Para Satyaki, a quadriga andava *como um sonho* e continuava sem armas e com a bandeira tremulando sobre ela. Krishna sorriu e disse que, se fosse de fato a mesma carruagem, estaria realmente linda. Subhadra reparou nas pedras solares brilhantes e douradas como luz do sol solidificada. Na sombra ficavam frias ao tato, e ao sol pareciam brasas.

Descreveu-a e a outras joias, *macias e suaves*, feitas de raios lunares espessos e opacas ao sol, penduradas na carruagem por Maya. No luar, elas refletiam e brilhavam, e no orvalho ficavam frias e úmidas. E perguntou ao irmão por que Arjuna nunca estava em casa. Krishna disse que ele sempre viajava porque as maçãs de seu rosto eram muito salientes, sendo este o seu único defeito.

Subhadra, que não admitia falhas em Arjuna, olhou feio para o irmão, mas Arjuna sorriu para eles dizendo que a epopeia estava quase no fim e perguntou quando iriam para o mar. Krishna respondeu que ao amanhecer. Segurou nos braços de Arjuna, cheios de cicatrizes deixadas pelas cordas do arco, dizendo para esperar e que depois se encontrariam onde sempre estiveram.

VOLTA AO LITORAL – DIÁLOGO DE KRISHNA COM O EREMITA UTTANKA E EXPLICAÇÕES SOBRE A GUERRA

A carruagem de Krishna, de bandeiras hasteadas nos mastros, coloridas ao vento, cruzou a região deserta entre Kurujangala e o mar a oeste. Um vento à frente do carro atirava longe as pedras e espinhos. Em meio aos areais, viram o eremita Uttanka pedindo que parassem. Unindo as mãos e sorrindo, ele disse saber que Krishna vinha de Hastinapura, onde teria, por compaixão, impedido a guerra inútil entre Pandavas e Kauravas. Krishna olhou-o fixamente e desceu calmo do carro, dizendo que a verdade era outra: fora obra dos deuses, sendo que *os nós do destino* eram difíceis de desatar. Nascido homem, ele agira como homem, e fez o que pôde.

Uttanka perguntou como pôde fracassar, e Krishna disse que seus esforços se limitavam ao tempo e ao espaço, o que os homens, presos por seus atos, chamavam de destino. Uttanka concordou e disse que quem não via a verdadeira forma de Deus era um tolo. Pediu água, e Krishna a trouxe, dizendo que sempre que precisasse dela, no deserto, pensasse nele. Uttanka aceitou a dádiva e logo a carruagem seguiu caminho, com ele voltando à solidão.

PROVAÇÃO DE UTTANKA – BEBER DA ÁGUA SUJA?

Pouco depois, Uttanka sentiu sede e pensou em Krishna. Apareceu um caçador vestido de trapos, quase nu e imundo, cercado de cães bravios e com uma machadinha cheia de sangue coagulado. Tinha os cabelos e a barba emaranhados e besuntados com gordura animal, os olhos vermelhos e alucinados. Mancava e ria ao estalar os lábios e curvou-se em cortesia. Estendeu-lhe uma cabaça imunda e disse para beber, pois haviam lhe enviado. Uttanka enrugou o nariz e disse que aquilo cheirava a urina. O caçador insistiu e, em nome de Deus, ameaçou-lhe, dizendo que viera por compaixão e que era para ele beber e viver para sempre.

Uttanka achou que ele estivesse gozando de um homem santo, e então bateu na cabaça que caiu e sumiu, assim como o homem e os cães. Uttanka então percebeu Krishna vindo pelo mesmo caminho do caçador, trazendo um pote de água. E então bebeu. Perguntou sobre o tipo de caridade em que antes lhe fora enviado um *pária* com água não potável, e Krishna disse não ser o que parecia, nem a água, e que houve desconsideração. Aquele tipo amava a distração e o disfarce, mas era honesto. Fizeram uma aposta, fecharam negócio, e Krishna perdera.

Então Uttanka percebeu que aquele era Indra e baixou olhos para os pés descalços. Disse que Krishna o imaginou mais sábio do que era, o que seria o seu único erro, e exaltou o *néctar da imortalidade*. Krishna disse que quando ele desejasse água surgiriam nuvens cheias de chuvas sobre o deserto. E que Indra não seria mais do que seu escravo. Assim, até hoje as *Nuvens de Uttanka* periodicamente derramam chuvas sobre o deserto árido.

65. Chegada a Dwaravati – festival e tsunami

FESTIVAL

Em Dwaravati, a octogonal Cidade dos Portais, brilhavam as areias prateadas do mar agitado. Onde a água não era salgada, mas doce, cresciam jardins aquáticos, e as muralhas de diamante eram rodeadas por um fosso circular de água marinha com árvores e bambuzais na margem, patos e garças, com a maré sempre cheia.

Suas torres culminavam em templos de safira azul que de dia transformavam o sol em estrelas, e de noite atraíam raios das constelações. Seus portais traziam estrelas vermelhas de cobre sobre painéis de bronze, sóis redondos de cobre e zinco sobre fundo de ouro, planetas e luas de prata sobre aço polido, e ainda enormes pérolas gravadas com as histórias antigas, de homens já desaparecidos.

O monte Raivataka ficava perto de Dwaravati. Satyaki, de ombros largos, Krishna e Subhadra, vindos pelo leste, chegaram ao anoitecer e viram o morro decorado para o festival anual. Havia flores e arroz colorido por toda a parte, bandeirolas e sinos voando ao vento oceânico, elefantes coloridos ao ritmo das cítaras e tablas, lâmpadas acesas nos postes e nas árvores, deixando noite e dia bem claras as fontes, os vales e as cavernas. Em toda a região os pássaros cantavam o tempo todo e ciscavam o arroz.

Era tanto barulho que parecia ser o próprio monte a gritar e cantar. Ao avistarem Krishna, as meninas de olhos castanhos que nadavam nas lagoas de lótus à beira da estrada o abraçaram com o olhar. E dos pomares e arvoredos ao pé do morro, vieram todos correndo para recebê-lo.

Satyaki e Krishna lançaram sorrisos e olhares amorosos para as mulheres que cercavam a carruagem. Satyaki pulou da boleia e com suas mãos enormes cavou um pouco do solo cor de cobre, lançando para o alto o pó que caiu quase todo sobre o rei Ugrasena, que viera recepcioná-los. O rei riu, abraçou o amigo e, levantando-o num rápido movimento, atirou-o na lagoa mais próxima, onde as meninas se banhavam. E das dobras de seu manto real tirou a flauta de Krishna, jogando-a para o dono. Krishna saltou do carro para pegá-la e se pôs de pé em frente ao rei, pedindo ao "velhote" que não jogasse as pessoas na água daquele jeito. Ainda mais quem chegava de uma longa jornada para contar histórias sobre a maior *guerra dos Bharatas*.

Ugrasena alisou a grande barba branca e enfim se lembrou da guerra. Olhou solenemente à volta e, como todos silenciaram, perguntou quem queria ouvi-la. Todos ficaram quietos, e ele disse a Krishna que poderia contá-la em outra hora, puxando-o pela mão, e rindo satisfeito consigo mesmo.

TSUNAMI E IDA DE KRISHNA À FLORESTA COM BALARAMA – MORRE ATINGIDO POR UMA SETA NO CALCANHAR

Em num dia de vento forte e ondas terríveis, Dwaravati foi inundada pelas águas salgadas e ficou submersa. Todos morreram, menos Krishna e Balarama. Eles caminhavam pela floresta do monte Raivataka, e por fim Krishna deixou o irmão sozinho sob uma árvore, sentado e bebendo tranquilamente o seu vinho em uma jarra. E então saiu só, a vagar sem rumo por aquelas matas.

Quando Balarama sorveu a última gota do vinho, Sesha, a serpente sem fim que sustenta o mundo, sugou sua energia para si. Um jato de luz saiu de entre os olhos de Balarama e penetrou o mar, enquanto o corpo dele tombava, deixado para trás.

Krishna deitou-se na grama e pensou onde estaria Arjuna, agora que atirara seu fogo à água e com os braços erguidos clamava, mas ninguém o ouvia. Franziu a testa e pensou que no dia seguinte destruiria o mundo por causa de sua maldade. Correu a mão por seus cabelos longos e lisos, juntou os dedos morenos com força e dormiu. Nesse instante, o caçador Jara, passando pelo Raivataka à busca de veados, confundiu o pé de Krishna com o rosto de um deles, e lançou uma flecha de capim que acertou o calcanhar. Jara subiu o morro correndo para pegar a presa e viu

Krishna morto em sua túnica amarela, com quatro braços, uma joia bem polida no peito e a flecha ligeiramente enfiada no pé.

Não entendeu como a seta pôde matá-lo e sentiu vergonha, mas já não tinha o que fazer. Então lançou um olhar furioso para o mar, que subia pelo caminho em que Krishna viera, inundando as terras mais baixas e logo chegando aos pés do caçador. Ele pensou que jamais falaria sobre isso, e partiu para longe, para sempre.

Também as torres de safira submergiram, e o mar já chegava às cavernas montanhescas do Raivataka. *O Tempo é a raiz e a semente: ele dá e toma.* O brâmane se curva perante Deus que habita este mundo dentro de nós. A quem O chamar *por qualquer nome,* por esse nome Ele virá!

66. Exílio dos Pandavas

ARJUNA ENCONTRA AGNI E ESCREVE PARA YUDHISHTHIRA – INÍCIO DA PEREGRINAÇÃO

Perto de Indraprastha, Arjuna foi interceptado por um homem vestindo pele negra de veado rasgada e um colar furado de cobre e zinco, largo e chato, alto, de cabelos louros e soltos. Era Agni, que disse, calmo, já ter tomado sua carruagem e pedia agora o arco Gandiva e suas mil flechas. Quando as tocou, elas viraram cinzas.

Então Arjuna escreveu para Yudhishthira contando que a floresta Khandava voltava a germinar e o palácio mágico de Maya virara ruínas em um mato tão alto que cobria sua cabeça. E disse para o irmão que era também chegada a sua hora.

Quando Yudhishthira recebeu a carta de Arjuna, convidando-o a ir até ele, preparou-se para partir com os quatro irmãos e a esposa para Kailasa, a Montanha de Prata. Mas antes, consagraram como rei dos Kurus o recém-nascido Parikshita, ele que governaria bem os seus súditos ao longo de 60 anos.

Assim, acompanhados por Arjuna, Yudhishthira, Bhima, Nakula, Sahadeva e Draupadi caminharam em direção norte, todos vestidos de negro, e não foram mais vistos.

67. Ascensões de Parikshita e Janamejaya

MALDIÇÃO ENFRENTADA POR PARIKSHITA

Um dia na floresta, chateado por ter deixado um veado escapar, o rei flechou uma inocente Naja que antes de morrer decretou que ele morreria em sete dias, picado por uma cobra. Um mateiro ouviu-a proferindo a maldição e contou para o rei, que deixou o palácio e foi morar numa torre cercada de guerreiros.

Mas, mal entrou em retiro, surgiu um velho esfarrapado que sumia e reaparecia aos olhos dos outros. Uniu as mãos para cumprimentar os guardas e dançava no ar como onda de calor. E ele então se declarou Takshaka, o príncipe Naja, que iria queimar o rei. Os solados tentaram atacá-lo, mas ele sumiu.

No sétimo dia de isolamento o rei pegou um besouro e disse ter tanto medo de Takshaka quanto dele. Mas era o próprio Takshaka disfarçado de inseto, que então se transformou em príncipe e picou o rei. Os guardas fugiram, e Takshaka saiu voando pelo céu do anoitecer *como a risca vermelha que divide o cabelo da mulher ao meio*.

JANAMEJAYA SOBE AO TRONO

Ao tornar-se rei, Janamejaya programou um sacrifício de serpentes para queimar Takshaka. Ao saber do sacrifício, Vyasa quis conferi-lo e foi até lá. No ritual da queima (pela manteiga e alguns tipos de madeira), Takshaka foi chamado por diversos nomes, o que começou a atraí-lo. Então o príncipe Naja deixou o seu palácio no submundo (ornado de muitas joias) para se refugiar junto a Indra, Senhor dos Céus. Indra deu proteção a ele, e os mantras dos brâmanes não surtiram efeito.

Mas apresentou-se a Janamejaya o jovem Astika, filho de uma mulher Naja (seu pai fizera na floresta o pedido de ter uma mulher e fora atendido por ela), e contou sobre o refúgio do príncipe. Os brâmanes então desafiaram Indra com mantras.

Indra fixou os olhos e de cima de todos fez aparecer um raio em sua mão. Apontou para os brâmanes com sua mira mortal e levantou o braço para destruí-los. Mas os mantras e encantos dominaram Takshaka, e logo que Indra se distraiu, o Naja ficou suspenso no ar sobre as chamas do sacrifício, entre Indra e os brâmanes, porque Astika não o deixava cair. Indra viu que não tinha mais nada a fazer pela serpente e assim desapareceu.

O príncipe Naja tentou negociar, oferecendo riquezas, mulheres, gado, mas Astika ensinou um mantra para que as *serpentes da fortuna e prosperidade* vivessem em paz com os homens. E Takshaka sumiu de vista.

Assim, Hastinapura seguiu governada por Janamejaya, filho de Parikshita, que herdou o reino de Yudhishthira, que fora o rei dos Kurus.

68. Vyasa e Ganesha produzem o Mahabharata

O ÉPICO EM ELABORAÇÃO

Depois da morte de Krishna, Vyasa escreveu mentalmente o *Mahabharata* durante três anos, até convocar Ganesha para ser o seu escriba. Ganesha quis explicações para dar início ao trabalho, e então largou os objetos de suas quatro mãos – o búzio, o lótus, o disco e o machado – e exigiu apenas que a história não fosse interrompida até o seu final.

Vyasa, por seu lado, exigiu que Ganesha o interrompesse a cada vez que não compreendesse alguma coisa. E assim iniciou-se o trabalho de escrita do *Mahabharata*, com Vyasa narrando e Ganesha anotando a sua fala de folha em folha.

O REI CONVIDA O AUTOR

Janamejaya soube do intento e quis entender a história de seus antepassados, pedindo para chamarem Vyasa. E ao adentrar o palácio, havia um homem escuro, vestindo pele de veado e casca de árvore, a esperá-lo: Vyasa, aos *150 anos*, mostrava-se calmo, digno e de olhos reluzentes, e teceu elogios ao rei por não guardar rancor do Naja.

Janamejaya lavou os pés de Vyasa e pediu que ele contasse a história de seus antecessores Pandavas. O brâmane explicou estar velho, mas acabara de contá-la ao companheiro Vaisampayana, que os esperava ali fora ao pé de uma árvore.

Janamejaya uniu as mãos e foram juntos até lá.

Ganesha e Vyasa

OS BRÂMANES À VOLTA DE JANAMEJAYA

Sob uma árvore, Vaisampayana reservara lugar para Vyasa se recostar ao seu lado e, na presença de Janamejaya, Astika e muitos Kurus convidados a ouvir, explicou do que se tratava a história, passando a narrá-la. Ao concluir, lembrou a importância de haver *cautela e reverência com os nomes de Deus*.

Aos brâmanes presentes foi revelado que a sabedoria do *épico* se assemelhava a um pincel espalhando pó negro à volta dos olhos, por abrir a vista de um mundo que quer se fazer entender, mas está obscurecido pela ignorância. Assim como à noite a lua cheia abre os botões de lírio, também este *romance* amplia a mente. À luz da história, ilumina-se todo palácio nascido da natureza.

Janamejaya disse a Astika que aquele era um sacrifício maravilhoso. E entre os milhares que já estavam em torno de Vyasa, de Vaisampayana e do rei, ergueu-se Takshaka, o príncipe-serpente, vestido no luxo das joias e das estrelas. Saudou primeiro o poeta, depois o contador e em seguida o rei. Tomou o braço de Astika, e partiram juntos no entardecer. Depois entraram no Ganges com as bênçãos de Ganga, desaparecendo, sob as águas, em direção ao reino Naja, nas profundezas.

EM UMA MATA ALI PERTO

Por todo lugar se perguntava de onde vinha a lenda. Sauti, dos olhos de lótus, o contador de histórias, vagava à noite pela floresta Naimisha quando encontrou o fogo (aceso noite e dia) da casa de seu amigo Saunaka. Ele vinha de Hastinapura, do *sacrifício das serpentes* promovido por Janamejaya, rei dos Kurus. Lá ele ouvira o *Mahabharata* de Vyasa, escrito pela primeira vez (a pedido do poeta) pelo deus-elefante Ganesha.

Saunaka lembrou da excelência do *Mahabharata* e que trazia vitória! Então pediu que Sauti começasse a contá-lo e assim trouxesse coisas boas.

Sauti citou primeiro o momento em que os atores, próximos aos galhos frondosos da árvore de Narayana – de folhas que são como canções –, ocupando os capins do planalto alto no *seio eterno e sagrado de Kailasa*, reuniram-se sob as sombras multicoloridas para se perguntar o que fariam depois.

> As longas folhas de grama se curvavam,
> Oh, folhas longas no vento árido,
> Oh, o vento parecendo flechas,
> Cortado pelas espadas longas de capim.

Assim começa o *Mahabharata*:

"Quando o mar era de leite, Krishna disse aos deuses para revolvê-lo..."

I. Algumas explicações, comentários e interpretações pessoais

CAP. 1

Foram concentrados na abertura todos os trechos que se referiam a um passado longínquo de *formação do mundo*, bem como à ocupação das terras em que se formaram os reinos no atual norte da Índia. Os textos foram relacionados pela ordem da *trimúrti* hinduísta, deuses que representam os diferentes estados do Universo: Brahma (da *Criação*), Vishnu (da *Conservação,* Sustentação ou Preservação) e Shiva (da *Destruição*, Transformação ou Renovação). Krishna, ou Narayana, é um avatar (o oitavo) de Vishnu. *Quando Shiva destrói um universo, Vishnu dorme e flutua no oceano primordial até que Brahma, surgido em uma flor de lótus brotada de seu umbigo, possa criar o universo seguinte.*

Em "Explicação sobre a morte" (narrada por Duryodhana quando de sua agonia ao ser vencido por Bhima – **cap. 49**), pode-se notar uma pequena semelhança entre Brahma e o Deus da tradição judaico-cristã, na medida em que ouve os lamentos de suas *criaturas* e em sua ira ameaça incendiar os Céus e a Terra. São inclusive citados os "pecados" a evitar: cobiça, avareza, raiva etc.

CAP. 2

Nas histórias de Kripa e Kripi ("Reino dos Kurus") e de Karna ("Reino de Kunti"), nota-se uma primeira coincidência com a tradição bíblica na qual Moisés fora encontrado dentro de um cesto quando a filha do faraó se banhava no rio Nilo. Ela então o adotou e o educou na corte como príncipe (*Êxodo*).

Em "Reino de Panchala" aparece pela primeira vez uma Apsara, entidade que lembra a sereia grega, mas não tem rabo de peixe. Há outros paralelos entre essas duas mitologias. No período védico, Indra era o rei dos deuses, assim como Zeus, e ambos historicamente perderam importância. E como Apolo, filho de Zeus, Indra era um exímio arqueiro.

Em "Reino de Kunti", Surya é o deus do Sol, também como Apolo, sendo ambos representados em uma carruagem. A cena de envolvimento amoroso lembra a de *Eros e Psiquê*, e há uma nova coincidência com a tradição evangélica: nascerá (e nascerão outros, nesse caso) o filho de um deus com uma humana.

Em "Reino de Banaras", aparece pela primeira vez o termo *swayamvara*, referindo-se ao torneio em que as jovens (recém-adolescentes) escolhiam seus maridos. Como vimos, havia duas formas de casamento entre os xátrias (a classe guerreira, que equivale à dos nobres europeus): o torneio (em que *as mulheres escolhiam*) e o rapto.

CAP. 3

Em "Mortes de Pandu e Madri", mostra-se o evidente paralelismo entre Kama, o deus do Amor indiano, e Eros, o grego (ou Cupido, o latino). Mas suas flechas são de flores, e a corda de seu arco, uma fieira de abelhas, representando doçura.

CAP. 5

Logo na primeira frase, percebe-se que as decisões eram tomadas com base em conhecimentos astrológicos, o que é comum a várias civilizações.

CAP. 6

Repare-se, que pelo acréscimo da vogal *i* (ou de *ini*), são dadas as versões femininas dos nomes Sikhandin (Sikhandini) e Yaksha (Yakshini – como em português, na maioria dos casos, substitui-se o *o* pelo *a*). O mesmo já havia ocorrido no **cap. 2** em relação à irmã de Kripa, *Kripi*, mãe de Aswatthaman, e ocorrerá na nomeação da esposa de Indra, *Indrani* (**cap. 16**). Aparecerá também Raksha e *Rakshasi* (**cap. 17**) e, em um caso diferente, a versão feminina de Uttara, em que sua irmã (como no caso de Kripa) é Uttarah (**cap. 29** e outros).

CAP. 8

A luta entre Bhima e o monstro (*Rakshasa*) comedor de gente faz lembrar, na *Odisseia*, o episódio em que Odisseu (ou Ulisses) consegue vencer o ciclope Polifemo (que, ao perceber a presença dos gregos, agarra e devora dois de seus homens; outros ainda seriam devorados pelos cães do monstro Cila. Diferente de Odisseu, que não pôde lutar diretamente com o monstro em razão da diferença de tamanho e força, precisando recorrer à astúcia, Bhima *se fez* "enorme", "pesado" e "resistente". Mas em outros momentos, Bhima também recorrerá à astúcia, como no episódio da cabana incendiada (**cap. 7**), em que a fuga (trecho de muita ação) lembra a maneira de Odisseu enganar e derrotar o ciclope. A astúcia aparece, principalmente, no modo de Bhima e Dhrishtadyumna derrotarem Drona, já em plena guerra (**cap. 43**). Outra proximidade da literatura grega é no fato de que, já na infância, tanto Bhima (**cap. 8**) quanto Héracles se dispunham a enfrentar as maiores feras felinas (no caso de Héracles, ou Hércules, era um leão).

CAP. 9

Segue-se à derrota do demônio Vaka – imposta por Bhima – a visita de Vyasa à família dos Pandavas nessa espécie de primeiro exílio. Assim como Odisseu, ele se disfarça de mendigo. Na *Odisseia*, Homero estaria representado por Demódoco, o bardo cego que vivia entre os feácios, de quem Odisseu ouve referências à própria história (em versos acompanhados de lira) e assim se faz, a princípio, recuperar a memória (depois de esgotado por um naufrágio, ao sair da ilha de Calipso). Já Vyasa, mais do que narrar e participar da história, é quem a conduz, confere e interfere no andamento de tudo.

Em "Arjuna conquista...", foi destacado em itálico o trecho em que cada rei, ao ser chamado, tenta retesar o arco. Lembra muito (e pretende-se aprofundar este caso específico no segundo estudo) os eventos da volta de Odisseu e de seu encontro com Penélope.

Em "Visita de Krishna", quando Arjuna e Draupadi já estão juntos, é anunciado o casamento coletivo de maneira bastante sutil (no original, "*a princesa Panchala olhou para todos eles. Os irmãos, então, olharam para Arjuna, e ele disse: – Sim*"). Já a frase de Krishna no desfecho do capítulo, depois de se apresentar a Arjuna, lembra de alguma maneira os Evangelhos cristãos (cena em que Jesus, antes de ser preso, se dirige aos discípulos, no Monte das Oliveiras): *Mas devemos ir agora para que ninguém nos encontre aqui!*

CAP. 12

No episódio em que Arjuna forma a abóbada de flechas e destrói as nuvens de Indra, faz-se uma relação dos deuses presentes no embate: Varuna, Yama, Skanda, Surya etc. É possível estabelecer a correspondência de cada um deles dentro do panteão greco-latino, e encontram-se na internet as suas imagens de representação. Já a fala de Krishna a Indra no fim da luta, em defesa de Agni, lembra Odisseu provocando Polifemo depois de já ter escapado.

CAP. 13

Curiosamente o nome *Maya*, do Asura que projetou o palácio dos Pandavas, pode significar tanto "ilusão" quanto "arquiteto, construtor". O Asura é tido como um antideus, inimigo dos deuses, semelhante a "demônio", mas, nesse caso, divertido e amigo dos heróis.

CAP. 14

Em "Chegada a Hastinapura...", sobre o primeiro jogo, sugere-se em outras versões do *Mahabharata* que houve fraude, por uma espécie de hipnotismo.

Em "Tentativa de desonrar...", é mencionado pela primeira vez o padrão cultural de beleza – "cintura fina e quadris largos" –, que será reforçado em outras passagens (como no **cap. 16**, sobre as Apsaras). Ainda nesse capítulo, Krishna realiza o seu primeiro (no dizer da mitologia cristã, mais de um milênio depois) *milagre*.

Em "Segundo jogo...", é interessante a maneira como o vilão Duryodhana fala de si: ele é o que pode ser, assim como a água que só *"flui para baixo"*.

CAP. 15

Em "Reflexões de Dhritarashtra", ele prevê que Duryodhana receberá *destruição e calamidades* pela desonra a Draupadi. Anuncia-se o que seria a maior explicação de toda a guerra (muito mais moral do que territorial e material). O insulto teria se dado à própria Lakshmi, esposa de Vishnu (de quem Krishna era avatar). E, afinal, Duryodhana também estivera na *swayamvara* de Draupadi e se sentira humilhado com a escolha feita por ela.

Em "Trajetória dos Pandavas...", a saída "à primeira luz" faz lembrar o clássico verso sobre a "Aurora de róseos dedos" (Canto 9 da *Odisseia*), ao ser citada a mesma e linda "rosa" aurora (ainda mais pela metáfora de formação da palavra, dando nome à cor do céu pela comparação à flor), que acontece em todas as partes. É nesse cenário que ele reencontra Krishna, anunciado pela flauta com que costumava *chamar as mulheres*, característica que se soma a outras para construir a imagem de um homem bastante sedutor.

CAP. 16

Em "Ida ao Céu...", quando Arjuna chega ao reino de Indra, faz-se referência ao *caminho estrelado que vemos da Terra*, que poderia estar especificado como *Via Láctea*, mas preferi não usar o termo romano, embora nossa própria língua, uma neolatina, esteja contaminada de inúmeros anacronismos (linguajares posteriores) quando se pensa em uma história antiga. Um dos epítetos de Indra, "Senhor das Chuvas", poderia lembrar São Pedro, mas os enfoques são bem diferentes. Ao final deste trecho, há nova referência ao padrão cultural de beleza: quadris largos, cintura fina, pele macia, olhos negros, cabelos esvoaçantes.

Em "Maldição da Apsara", comenta-se que a história do casamento de Urvasi com Arjuna é um acréscimo feito posteriormente ao *Mahabharata*, assim como no episódio da cabana incendiada (**cap. 7**) houve também uma modificação. A fala em que Urvasi diz que Arjuna, embora estivesse no palácio de Indra, só conheceria os Céus quando a tivesse nos braços lembra os diálogos de Odisseu com Circe, Calipso e mesmo com a humana Nausícaa.

CAP. 17

O pretexto de Vyasa para contar a história era que, muito tempo atrás, havia um rei que fora tão "desgraçado" como Yudhishthira em um jogo de dados. Curiosamente, ao final dessa história, Nala recupera seu reino e suas riquezas também com um lance de dados.

Em "Amor entre o rei...", aparece como personagem importante da história um *hamsa*, ou ganso (sendo que na tradução original preferiu-se usar "cisne", animal mais associado à poética dos contos de fadas), sendo um animal que fala – como nas fábulas – e faz a única comunicação entre Nala e Damayanti.

Em "Conversa com asceta...", quando Damayanti procura Nala pela floresta, ela apresenta-se ao eremita de maneira bastante educada e respeitosa (perguntando se estava tudo bem com ele, com as árvores e os animais à volta), o que é recorrente em obras da literatura sânscrita. Finalmente, depois de conseguir carona em uma caravana, ela chega a Chedi em um vestido esfarrapado e com os seios à mostra, despertando interesse nos meninos locais. Homens e mulheres se juntaram para apedrejá-la e foram contidos por um brâmane que, assim como se contaria na história de Maria Madalena, cerca de mil anos depois, teria saído em sua defesa apenas com argumentos.

Mas em "Amparo de um brâmane...", numa espécie de brincadeira, o homem que vira uma cobra na lama trazida à mão parecia sujeito a um poder de ilusão, ou de hipnotismo, dos brâmanes (para não dizer poder "sobrenatural", usado para pacificar conflitos, criar amizades e trazer respeito e reconhecimento a todos) e temia, na verdade, era a arma mostrada disfarçadamente por Sudeva. Ao final, Sudeva é presenteado com "ouro, terras e mil cabeças de gado", em uma sugestão de que os brâmanes deviam ser sempre bem pagos (é bom lembrar que, mesmo quando parece se tratar de um romance de cavalaria, ou de heroísmo, as principais mensagens do *Mahabharata* são de cunho religioso e de valorização da classe sacerdotal). Em seguida, Damayanti vê a mãe e diz que continuará usando a mesma túnica rasgada até encontrar Nala e que, se não voltasse a vê-lo, morreria e trocaria o corpo por um lugar melhor. Nota-se a concepção das reencarnações, ou vida pós-morte, presente como um fato normal, e não meramente suposto.

Em "Por onde andava Nala...", é dito a ele, em referência a Kali, que quem o enganara permaneceria ardendo "em dores agudas pelo seu corpo". Parece se tratar de um caso de possessão, como na cultura dos Evangelhos e em tantas outras.

Em "Encontro com Rituparna", curiosamente, quando Nala assume a sua identidade secreta de Vahuka, passa a ser referido apenas por esse nome, até mesmo pelo narrador. O mesmo acontecerá aos irmãos Pandavas e a Draupadi quando precisarem assumir as suas novas identidades no 13º ano de exílio (**cap. 29**). Isso produz no leitor o efeito (explorado no original do *Mahabharata*) de que a transformação ocorrida não foi só no nome, mas dentro da pessoa. Vahuka já trabalhava há algum tempo para Rituparna quando o *brâmane* Parnada (pois são sempre eles que dirigem a história, já sabem como ela será do princípio ao fim e apenas a controlam) pediu refúgio na cocheira e disse concordar que era melhor ter um lar do que vagar nas estradas empoeiradas, mas explicou que só voltaria para casa depois de entender o significado de um oráculo ouvido no sono. O oráculo era de Shiva, o que aproxima Damayanti de Draupadi.

Em "Ida de Rituparna...", ao final, quando Kali sai do corpo de Nala, parece haver uma mistura de *final feliz* com história de horror e medo, talvez um gosto de época, mas que é fórmula de sucesso até hoje.

Em "Reconhecimento de Nala", quando Vahuka repete a pergunta feita sobre ele mesmo ("deixara a esposa dormindo sozinha na floresta depois de prometer...") para justificar o segundo casamento da princesa, entende-se que o conhecimento palavra por palavra de um determinado fato (a sua memória oral) parece ter sido o método usado para revelar a identidade de alguém sem dizê-la diretamente.

Em "Volta para Nishada", a escolha dada pelo brâmane Sudeva entre *duelar com dados ou com armas* talvez explique a razão de ser desse tipo de jogo: trazer as questões de guerra para o campo da sorte evitava o derramamento de sangue. Só assim se justificaria a moral passada ao final, de bendizer Nala por recuperar o seu reino e a riqueza *em um único lance*, que parece não fazer muito sentido nos dias de hoje – a não ser pelo contexto das palavras de Vyasa (**cap. 18**) de que os trapaceiros merecem ser trapaceados "e quem assim o fizer não terá sua honra turva ou destruída", o que lembra o nosso provérbio luso-brasileiro "*ladrão que rouba ladrão...*". Entre as duas histórias, a maior semelhança que se nota é a obsessão dos príncipes rivais (Pushkara e Duryodhana) pelas lindas princesas (Damayanti e Draupadi), aceitando apostar tudo o que tinham para possuí-las.

CAP. 19

Ainda na floresta, Yudhishthira precisou explicar a Draupadi que Arjuna estava em companhia da Apsara Urvasi, no Céu. A história de Rishyasringa, ingênua e bonita, é um terceiro caso de pai solteiro, ou de criança nascida apenas do gene masculino (as outras foram Satyavati e Drona, ambas no **cap. 2**). Logo no começo, com a cidade de Anga passando por uma seca, são chamados os sábios ministros do reino para fazer "voltar a chuva". Não só na Grécia, mas em inúmeras civilizações, talvez todas (incluindo-se os ameríndios e seus xamãs), haveria aqueles que, pela intermediação entre o mundo físico e o espiritual, poderiam interferir nas forças da natureza. No caso da Grécia, a comunicação com os deuses à espera de uma resposta acientífica inspirou a tragédia de Eurípides, em que Ifigênia fora sacrificada para que os ventos voltassem a soprar, e assim Agamenon pudesse lutar em Troia. Hoje, a ciência (pela certeza de que os ventos voltariam a soprar independentemente de qualquer coisa) condenaria atitudes assim. Mas ao contrário da história de Ifigênia, a de Rishyasringa é leve e até sensual.

Em "Relato ao pai", como curiosidade, há novamente uma menção à "cintura fina" como padrão de beleza.

CAP. 21

Em "O macaco era Hanuman...", Bhima encontra seu irmão que é símio, ambos filhos do Vento, Vayu, e assim faz-se a comunicação entre os dois grandes épicos indianos. No caso dos gregos, as histórias da *Ilíada* e da *Odisseia* ocorrem em sequência, enquanto os eventos do *Ramayana* ("O caminho de Rama", herói que também passa treze anos na floresta acompanhado da esposa, Sita, e do devotado Lakshmana; lá ele conhece o macaco Hanuman, irmão de Bhima, e alia-se a ele) acontecem antes e depois da história do *Mahabharata*. Daí a indagação de Bhima sobre Hanuman ter levado o anel de Rama quando Sita era prisioneira sem tê-la resgatado.

CAP. 25

A cena em que Jayadratha chega a sequestrar Draupadi é significativa em relação aos cinco casamentos, pois cada um reage a seu modo: Arjuna e Bhima partem para a luta; Yudhishthira tenta ser racional, e os gêmeos são os que cuidam dela e a levam de volta. Antes disso, há bastante movimentação (pôs-se "os cavalos a galope"), e a princesa recusa, mas não hostiliza ostensivamente o agressor, o que poderia lembrar, nesse sentido, o rapto de Helena (*Ilíada*).

Em "Os Pandavas impedem...", a cena em que o rei levanta a espada e os irmãos oferecem a ele escolher um dos dois para lutar lembra também as novelas de cavalaria, em que há toda uma ética seguida pelos dois lados em combate.

CAP. 26

Nesse episódio Krishna realiza um novo *milagre*, agora relacionado a alimentos. A comparação chega a ser óbvia, por isso tratei de explicitá-la no próprio título do capítulo. A história bíblica, supostamente ocorrida em um lugar longe e deserto, aparece em *Mateus, 14,* 14-21 e *15,* 32-39, *Marcos, 6,* 35-44 e *8,* 1-9, *Lucas, 9,* 12-17 e *João, 6,* 5-14.

CAP. 27

A história de Savitri, em que Yama permitiu a Satyavan que voltasse do mundo dos mortos (tema também abordado no **cap. 28**) – obsessão antiga na humanidade, em diversas culturas –, pode ser comparada (talvez de maneira óbvia, também) aos episódios em que Jesus ressuscita um homem anônimo (filho único de uma mulher, que aparece em *Lucas 7*, 11-17), ressuscita a filha de um chefe (em *Mateus, 9*, 18-19 e 23-26, *Marcos, 5*, 21-24 e 35-43 e *Lucas, 8*, 40-42 e 49-56) e por fim à história de Lázaro (*João, 11*, 1-44), para não se falar na própria ressurreição do Messias. Também, na *Odisseia*, há a visita de Odisseu a Hades (livro 11).

CAP. 28

Neste capítulo Yudhishthira ganha protagonismo e é ele quem salva os irmãos. Na conversa à beira do lago entre ele e o grou (Dharma), são citados conhecimentos de vivência (para não dizer filosóficos) presentes não só na Bíblia (em especial no livro *Provérbios*) mas também em tratados gregos e romanos. Para não ir muito longe, cito apenas Vitrúvio (c.25 a.C.), em capítulos como "O sábio é um cidadão do mundo", "A importância da educação", "Gratidão para com os pais e para com os mestres" (livro VI), referindo-se a Teofrasto, Epiduro, Crates, Aristófanes, Aléxis etc.

Em "Exame por perguntas...", são passados os *ensinamentos* culturais e religiosos por um método que lembra muito, de fato, os provérbios bíblicos (sendo alguns uma espécie de charada ou adivinhação: – *Qual é o bem mais valioso?/ – O conhecimento./ – O que enriquece quem a lança fora? – A cobiça.*) E são inúmeros os exemplos de desvendamento das paixões humanas pela sua nomeação. Ao final, a voz elogia Yudhishthira e revela ser seu pai, *Dharma*, que viera testar seus méritos e constata serem verdadeiros. Assim, ele *restaura a vida dos irmãos* (tema presente nos Evangelhos e certamente em muitas outras literaturas, como foi dito na nota anterior).

CAP. 29

Em "Início do 13º ano", os Pandavas procuravam disfarçar o que faziam sob uma grande árvore (Sami) e disseram aos caçadores que a mãe deles havia falecido aos 180 anos, uma idade certamente exagerada, mas que também aparece em casos do Velho Testamento. Esse tema será mais detalhadamente abordado em nota sobre o **cap. 68**.

CAP. 30

Na troca feita entre Indra e Karna, todas as mensagens foram passadas por sonhos. Nos Evangelhos há também os casos de muitos diálogos e informações que teriam sido passadas por sonhos, como: "... eis que o Anjo do Senhor apareceu em sonho a José no Egito" (*Mateus, 2*, 19).

CAP. 31

Deste ao 33, há muita ação, e ao contrário de outros, a atenção do leitor se vê totalmente presa ao desenrolar da surpreendente história.

CAP. 32

Em "Uttara desiste...", Arjuna descreve as armas dos Pandavas e uma delas (de Yudhishthira) chama a atenção por ser feita de aço Nishada reluzente. Nishada é o povo de Nala, da história contada por Vyasa, e que reaparece, curiosamente, apenas aqui. Seria um dos 16 reinos, ou cidades-estados dessa época, supostamente um pouco mais ao sul, como aparece no mapa (**cap. 1**).

CAP. 33

Em "Um primeiro duelo...", há toda uma descrição de sinais da natureza ("vacas mugiam tristes", "flores murchavam") como indicativos (ou antecipações) de que os Kauravas perderiam a guerra. Não era uma questão apenas humana, mas que dizia respeito aos deuses e à Natureza, onde tudo se relacionava.

CAP. 34

Na volta ao palácio, Virata oferece a Arjuna sua filha Uttarah em casamento, e com ela, entre outras coisas, *700 mil cavalos*, em mais um caso de números exagerados para passar a ideia de riqueza, opulência, *abundância*.

CAP. 35

Na parte final, Krishna conversa com Arjuna e diz, sobre Duryodhana, que um mentiroso (a exemplo de um veado selvagem em plena cidade) desconfia de todos, imaginando-os *iguais a ele*. Sim, mais uma vez são pensamentos (ou sentimentos) já divulgados muitos séculos antes de a Psicologia propor qualquer coisa semelhante. Também há textos chineses, e sobretudo gregos, que antecedem em muito à teoria psicanalítica.

CAP. 36

Logo no início faz-se referência à estação do orvalho, equivalente ao outono. Na Índia, pelo menos à época dos textos sagrados, eram consideradas seis as estações do ano, sendo uma delas a "das chuvas", também uma época de amor (Kama) e que foi brilhantemente homenageada pelo poeta clássico Kalidasa (c. séc. V d.C.). Também são reconhecidos o verão, o inverno, a primavera e a de monções, os ventos frios e fortes que antecedem o inverno. Sobre a chegada de Krishna a Hastinapura, o evento lembra, nos Evangelhos, a entrada triunfal de Jesus em Jerusalém, montado em um burrico, sob o coro de *Hosana nas Alturas*. Isso porque, do mesmo modo, ele era aplaudido das janelas e por pessoas nas ruas que atiravam flores a seus pés.

Em "Krishna conversa com Karna", a cena em que Karna pula da carruagem e permanece de pé em meio à poeira iluminada pelo sol mostra-se uma descrição verdadeiramente cinematográfica.

CAP. 37

A essas alturas é curioso lembrar que Vyasa era o pai biológico de Dhritarashtra. Mas isso parece não ter influência na história.

CAP. 39

Além de *Canção divina* e *Cântico do Senhor*, também é bastante utilizada a tradução *Canção do bem-aventurado* para o Bhagavad Gita.

CAP. 40

Em "Noite de descanso...", como exemplo das considerações que têm origem em culturas independentes (ou talvez anteriormente interligadas), é dito que o homem pode ser *escravo das riquezas,* mas as riquezas não são escravas de homem algum. O mesmo é passado pelos ensinamentos cristãos, mas foi também expresso pelo engenheiro romano Vitrúvio (c. 25 a.C. – Livro VI) com base nos gregos antigos e, portanto, bem antes do que aparece nos Evangelhos. A consideração acima veio de Bhishma, que também considerou desonroso aos soldados combaterem as mulheres, os que fugiam ou se rendiam, os que lutavam com outros (evitando-se a covardia do dois contra um) e os condutores de carruagens (seria interessante se ele também condenasse os ataques a cavalos e elefantes). Esses comportamentos possivelmente também pertencem à ética grega. E na resposta, Duryodhana fala em um ar da noite (igual para os dois lados) *fresco e cintilante,* notando-se mais um exemplo da natureza integrada às questões humanas (ou vice-versa).

CAP. 41

Em "Drona se alia...", fala-se em lançar bolinhos de arroz ao fogo (para a alimentação dos mortos), aos rios (venerando a Lua, que cuidará deles) e em dá-los às esposas dos soldados (para protegê-las), em mais um exemplo da religiosidade à frente de todas as coisas.

CAP. 42

Em "Outra batalha...", o choro de Arjuna pela morte de Uttara é algo comovente – e apenas o início de uma série de episódios sensíveis. Krishna diz para ele não chorar, pois as lágrimas queimariam os mortos *como fogo líquido,* ideia que ressoa em literaturas de todas as épocas, inclusive as modernas (no Oriente, apenas como exemplo, nos romances de Yasunari Kawabata).

CAP. 43

Dhrishtadyumna, ao confirmar que matou Drona, amigo de Arjuna, diz que, pensando bem, haviam contado a ele uma mentira (disseram que Aswatthaman havia morrido, o que paralisou Drona, mas seria um elefante). Foi condenado por isso, mas tratava-se de um ardil, ou astúcia, como fez Odisseu para derrotar Polifemo (cf. nota do **cap. 8**). E foi como Dhrishtadyumna conseguiu vingar a morte de seu pai.

CAP. 45

Em "Karna usa a lança...", depois da morte do maior guerreiro, o condutor Salya leva embora a carruagem vazia no começo do anoitecer, ouvindo-se tambores na atmosfera. Surya, o Sol, "sempre bondoso com seu filho", toca o corpo de Karna com seu último raio, e assim podemos visualizar a enorme bola de fogo como de fato um ser vivo.

Em "Choque...", vê-se que até os rios pararam, em mais um belo efeito cinematográfico.

CAP. 46

Em "Início da batalha", é citada a bandeira de Yudhishthira ostentando *lua dourada e todos os planetas à volta*, o que traz curiosidade sobre como seria essa representação planetária. Os planetas eram esféricos? Provavelmente sim, e já se tinha a percepção de que os corpos celestes redondos, como a lua, apenas refletiam a luz do sol.

Em "Yudhishthira mata Salya...", o ex-condutor de Karna, ainda de olhos fechados, vê lanças, corvos e outros pássaros voando à esquerda deles. A passagem parece se referir a um agouro igual ao dos gregos (presente na peça *As aves*, de Aristófanes), em que haveria boa sorte quando os pássaros voavam à direita. Na parte final percebe-se o relato cada vez mais emocionado de Sanjaya, ao perceber a derrota dos Kauravas (lembrando que na versão "oficial", o relato da guerra é feito por Sanjaya, e em parte por Vyasa, *depois* de suas voltas a Hastinapura, para que Dhritarashtra se inteirasse dos fatos; e que a ênfase é dada a uma interpretação do mundo místico que sustenta a história).

CAP. 48

Preferi usar aqui o termo "clava", mas também se usa "maça" (ou mesmo "porrete"), um tipo de arma pesada, de ferro, equivalente à de correntes com uma bola de pontas.

Em "Local escolhido...", quando finalmente Duryodhana tomba, houve tremores, as lagoas viraram sangue, e *mulheres se assemelharam a homens e homens a mulheres*. É curiosa a descrição do "androginismo" feita por Sanjaya. Contrapõe-se assim à história de Sikhandini, em que a mudança de sexo fora aceita e bem assimilada nos episódios subsequentes.

CAP. 53

Em "Ao acordar, Arjuna conversa...", Krishna faz menção à morte do filho de Arjuna que estaria no útero de Uttarah, ressuscitado por ele. Talvez se refira à mesma história abordada no **cap. 66**, quando Parikshita acabara de nascer, o que se explicaria pela sobreposição de variadas versões do *Mahabharata* ao longo do tempo.

CAP. 55

Em "Discurso de Vyasa...", os milhares de mortos na guerra se levantam do rio ao encontro das mulheres vestidas de branco, com suas tochas e lamparinas. É talvez a cena mais cinematográfica do épico, chegando a lembrar histórias de ufos e a notar-se semelhanças com a ida à "Terra sem mal", o paraíso guerreiro dos tupis brasileiros. Em meio aos rituais, Vyasa apressa os que não haviam saído da água, não querendo deixar para trás aqueles que duvidassem da *fé em suas palavras*, o que também lembra as inúmeras pregações de diversas partes do mundo.

CAP. 56

Em "Encontro com Bhishma", quando o avô abre os olhos e vê à sua volta, além de Dhritarashtra, apenas os Pandavas, Sanjaya, Krishna, Vyasa, Satyaki, Yuyutsu, Kripa e Vidura, vai se percebendo serem apenas esses os sobreviventes (homens) da guerra (de, pelos números exagerados do *Mahabharata*, no final do **cap. 54**, 660 milhões e 20 mil mortos). E na tentativa de uni-los, superando o passado, é que declara serem *todos Pandavas*.

Em "*Vida que segue...*", dá-se voz a Kama, o deus do Amor, já aqui citado em nota sobre o **cap. 3**.

CAP. 57

Em "Peso da guerra...", quando Yudhishthira compara Krishna a "um saco de couro cheio de palavras e de vento", essa imagem, queira-se ou não, faz lembrar a *Odisseia*, pois todo o erro de navegação do herói grego se dera pela curiosidade de seus homens ao abrirem o saco de couro (com todos os ventos, à exceção do Oeste) recebido de Éolo que o faria voltar tranquilo a Ítaca. Na discussão com Krishna, Yudhishthira argumenta que só os ladrões aconselham o rei a partir para a guerra e obter vitória. Só agora, após a grande tragédia (que pela narrativa envolveria cerca de 660 milhões de pessoas; mas, para ser justo, ele e Arjuna, desde o começo, questionavam a necessidade da guerra contra os primos), o futuro rei passa a defender que se há um objetivo na vida, seria o de alargar a própria alma, despertando-se e descobrindo o que se é verdadeiramente (o que parece um resumo de toda a teoria psicanalítica de Jung). Nota-se que nesse trecho são passados muitos dos *ensinamentos* hinduístas. Questiona-se o rejeitar e o querer algo (em especial o que não se possui), propõe-se o afastamento (visão de fora) da realidade, a observação sobre o preenchimento do espírito e a relação com o nada. O arrependimento de Yudhishthira se dá no sentido de "aliviar o peso da culpa pelo sangue do massacre", sentimento que, portanto, não é só cristão.

Em "Yudhishthira amparado..." há uma cena fofa em que Sahadeva e Nakula pedem que Draupadi demonstre amor por Yudhishthira mesmo sem dizer nada, ficando ao seu lado ainda que ele pedisse para ficar só. Passado um tempo, Yudhishthira sorri, reconhecendo que, se tomar tesouros alheios não fosse correto, não haveria virtude entre os reis (os contos de fadas fazem esquecer que todo rei é ou descende de um guerreiro que tomou o poder pela força, e provavelmente usou de crueldade em suas lutas).

CAP. 58

Em "Conversa com o rei dos deuses", ao final, quando Dharma revela ter seguido Yudhishthira na forma de um cão, as mensagens de moral são válidas independentemente de se viver um sonho ou realidade. O que se ressalta, nesse caso, é a importância de Yudhishthira não ter abandonado o Dharma.

Em "Ainda no sonho...", vendo a rejeição que Yudhishthira mantinha por Duryodhana, Indra mostra que na concepção hinduísta esse sentimento seria temporário (enquanto ainda estivesse no corpo humano), mas entre os mortos não poderia haver *amizade ou aversão*. Lembra a passagem em que Jesus dá explicações sobre o caso de uma mulher que teria se casado sete vezes. Perguntado sobre com qual deles ela casaria no Céu, Jesus explica que as almas não seriam mais homens ou mulheres, mas anjos no Céu, e assim não se casariam ou dariam em casamento (**Mateus, 22, 30, Marcos 12, 25** e **Lucas, 20, 35-36**).

CAP. 59

Logo no início, na chegada dos Pandavas com Draupadi a Hastinapura para Yudhishthira se tornar rei, a cidade parece deserta, mas há *flores e folhagens* penduradas por todas as ruas, além de um jarro novo de metal cheio d'água nas entradas das casas. Novamente (como na chegada de Krishna à mesma cidade, comentada em nota sobre o **cap. 36**), a cena lembra a de Jesus em Jerusalém, montado em um burrico, quando muitos o proclamam o "Rei" dos judeus sob o coro de Hosana das alturas: "Uma grande multidão estendeu seus mantos; outros cortaram ramos de árvores e os espalharam pelo caminho" (**Mateus 21**, 8); "E muitas pessoas estenderam seus mantos pelos caminhos; outros puseram ramos que haviam apanhado nos campos" (**Marcos, 11**, 8); "Então apanharam ramos de palmeiras e saíram ao encontro de Jesus" (**João, 12**, 13).

Em "Arjuna e Krishna finalmente aparecem", a cena em que Arjuna justifica o atraso por estarem disputando *quem podia ir mais alto com uma linda mulher ao colo* – e Krishna quase se espatifou, explicando que *levava também um jarro de vinho que aquela moça guardou* – é talvez um dos melhores momentos da narrativa. Além da competição ser um tanto peculiar ("excêntrica", *sui generis* etc.) é elemento de pura descon(cen)tração. E, contrastando com aquele monte de riquezas em pedra e metal, o presente que eles trazem é o mais lindo: *um pé de manjericão doce com folhas crespas e flores brancas,* em um vaso simples com alguns relevos.

CAP. 60

Curiosamente, enquanto Arjuna e Krishna iam a pé para Indraprastha, Uttarah estava tendo o seu filho (único descendente dos Pandavas) em Hastinapura. A passagem sugere que Subhadra e Draupadi consideravam Parikshita também filho delas ("viram *seu* filho nascer morto"), o que talvez fizesse parte de uma cultura própria de parentesco (como no caso dos antigos tupis no Brasil, em que filhos e sobrinhos eram considerados a mesma coisa e tratados da mesma maneira). Outro exemplo de cultura própria de parentesco, no *Mahabharata*, é Draupadi ser casada também com os irmãos de Arjuna. Na passagem em que *uma forte luz e um som intenso tomaram conta do quarto de Uttarah,* e assim *o recém-nascido começou a chorar,* nota-se um verdadeiro milagre no sentido mais estrito do catolicismo. Nesta, como em outras passagens aqui citadas, podem se encontrar de fato traços de identidade entre Krishna e Cristo. Nesse momento é dito (na verdade por Vaisampayana, brâmane que contava a história para Janamejaya) que Yudhishthira matara Duryodhana *com palavras*, e assim, também *com palavras* Parikshita fora revivificado por Krishna, o que mais uma vez valoriza enormemente os brâmanes, detentores das palavras, assim como os sacerdotes de outras civilizações. O desfecho desse caso se dá por uma belíssima imagem em que os adivinhos do sonho (certamente brâmanes) passam a escrever tudo o que sabiam da vida de Parikshita no útero, antes de seu nascimento.

CAP. 61

Em "Comemoração e fartura", os números citados são realmente impressionantes ("93 tipos de sopas", "a cada cem mil pessoas que alimentava,

Bhima soava um gongo"), o que também foi comentado na nota sobre o **cap. 34**.

Em "Aparecimento de um mangusto", o *Mahabharata* retoma o estilo de fábula (como em "Nala e Damayanti", nas conversas com o ganso) ao narrar conversa entre o rei recém-empossado e o animal que o visita.

Em "História contada...", a família visitada por Yama diz que seria "vergonhoso se o recusassem como hóspede", mostrando que eram (como quase todos) adeptos da chamada "lei da hospitalidade", presente na Grécia e em muitas civilizações não só de cultura indo-europeia.

CAP. 64

Em "Satyaki leva Subhadra...", quando o Asura Maya (conhecido de Krishna e Arjuna) aparece no caminho e transforma a carruagem de Krishna (conduzida pelo parente) em um carro brilhante, com rodas de ouro e prata e pedras preciosas espalhadas na madeira – pois seria uma vergonha pessoas na posição de glória deles viajarem numa carroça –, lembra a história de Cinderela.

Em "Volta ao litoral", na travessia dos areais, o *anacoreta* (palavra grega que significa "monge", pessoa que escolhe viver recolhida, longe do convívio social; não diverge muito do "asceta" e do "eremita" indiano, e nesse sentido usar o termo "Via Láctea" – em nota sobre o **cap. 16** – também não seria anacrônico) pede água, e Krishna a dá, dizendo que, quando estivesse no deserto e sentisse sede, era para pensar nele, faz lembrar algumas passagens evangélicas, em especial a conversa de Jesus com a samaritana, quando ele se refere à "água viva" (**João, 4**, 1-30).

Em "Provação de Uttanka", o anacoreta se sente enganado, e quando bate na cabaça, ela cai e desaparece, levando junto aquele homem (Indra disfarçado de mendigo caçador) e seus cães. Assim, Uttanka teria "descortinado" a ilusão de Krishna, mas no fim tudo não passara de uma aposta, um negócio fechado entre ele e o deus, em que Krishna perdera. Há sempre um espírito bastante brincalhão por trás dessas pequenas histórias.

CAP. 65

Em "Festival", Krishna chama o rei Ugrasena de "velhote" e pede que não jogue as pessoas na água daquela maneira (como fez a Satyaki), em passagem de puro bom humor. E quando Krishna fala em contar histórias sobre a maior *guerra dos Bharatas*, todos ficam quietos, e o rei diz apenas que "em outra hora", puxando-o pela mão e rindo. Com humor, muito bom humor.

Em "Tsunami e ida de Krishna...", no original diz-se apenas que a cidade "afogou-se, inundada", mas assumi a interpretação de que foi submersa. Bastante curiosa é a morte de Krishna, semelhante à de Aquiles (com uma flecha "ligeiramente" fincada em seu pé), mas totalmente desproporcional à força que ele demonstra ao longo da história. Ao final, faz-se uma consideração sobre Deus e é dito que a quem O chamar *por qualquer nome*, por esse nome Ele virá. Seria, de fato, bastante interessante se os seguidores de outras religiões também pensassem assim.

CAP. 66

Em outras versões do *Mahabharata* (como a da peça e posterior filme de Peter Brook, roteirizados por ele, Marie Hélène-Estienne e Jean-Claude Carrière), entende-se os eventos do **cap. 58** como desfecho do *Mahabharata*, e não simplesmente um sonho de Yudhishthira quando de sua conscientização do desfecho da guerra. De tantos acréscimos e transformações ao longo do tempo, não existe, em minha interpretação, uma versão aceita oficialmente como "verdadeira", como ocorre nos casos da Bíblia e da *Odisseia*. Na versão da menina Samhita Arni, por exemplo (de referência na página 5), quando Yudhishthira já está sozinho com o cão, depois de perder Draupadi e os irmãos, o encontro não se dá com Indra, mas com Yama. É de fato o final da história (e não um sonho), mas com eventos muito diferentes dos da versão de William Buck (como o encontro, já no Céu, com Krishna, Vidura, Uttara e outros). E o mesmo se dá ao longo de todo o livro.

CAP. 67

Sobre a história de Parikshita, filho de Arjuna e pai de Janamejaya, tem-se a mesma impressão descrita na nota anterior, de que o episódio narrado no **cap. 53** (anterior à subida de Yudhishthira ao trono, em que Uttarah já estaria grávida) e o no **cap. 60** (à época do parto, com Yudhishthira rei) talvez sejam o mesmo, podendo isso se dever a interpretações independentes da mesma tradição oral.

CAP. 68

Ao entrar no palácio o rei encontrou Vyasa, o seu trisavô biológico (pai de Pandu, como mostra o **cap. 3**), a essas alturas com 150 anos. A idade exagerada remete a outras literaturas, em especial a bíblica: aos 930 anos de Adão (**Gênesis 5,**5), aos 950 de Noé (**Gênesis 9,**29), aos 175 de Abraão (**Gênesis 25,**7), aos 147 de Jacó (**Gênesis 47,**28), aos 123 de Arão (**Números 33,**39), aos 120 de Moisés (**Deuteronômio**), aos 110 de Josué (**Josué, 24,**29) etc. Logo em seguida (antes de pedir que contasse a história de seus antepassados Pandavas), Janamejaya lava os pés de Vyasa em sinal de *humildade*, como fez Cristo com os apóstolos (simbolizando também a *igualdade* entre eles). Lavar os pés parece significar "curvar-se (render homenagem) diante de", vendo-se que era parte de uma cultura bem anterior, mas que ganhou destaque nos Evangelhos.

II. Relação de nomes próprios para consulta

*Os números ao lado de uma linhagem – p. ex. *"Kuru (5)"* – indicam a geração de cada personagem em relação a Pratipa, avô de Bhishma.

**Usei o termo *H. paralela* para referir-me a nomes (personagens, localidades) que aparecem apenas nas *histórias dentro da história*, sem relação direta com a narrativa principal.

ADHIRATHA — *Condutor (4)*
Conhecedor de armas, pai adotivo de Karna em Anga

AGNI — *Divindade*
Deus do Fogo

AMBA — *Banara (3)*
Filha do rei de Banaras raptada por Bhishma e devolvida a Salwa

AMBALIKA — *Banara (3)*
Raptada para se casar com Vichitravirya, mãe de Pandu

AMBIKA — *Banara (3)*
Raptada para se casar com Vichitravirya, mãe de Dhritarashtra

APSARA — *Ser místico*
Mulher celestial, linda e exímia dançarina e musicista

ARJUNA — *Kuru (5)*
Filho de Pandu, ou Kunti com Indra, melhor arqueiro

ASTIKA — *Brâmane*
Filho de uma mulher Naja e um eremita, ajuda Janamejaya

ASURA — *Ser místico*
Pequeno demônio

ASWAPATI — *H. paralela*
Rei Madra, pai de Savitri

ASWATTHAMAN — *Guerreiro (5)*
Filho de Drona e Kripi, lutou pelos Kauravas

ASWINS — *Divindades*
Deuses gêmeos

AVANTI — *H. paralela*
Cidade em Nala e Damayanti

AYODHYA — *H. paralela*
Cidade-sede do reino de Kosala, do rei Rituparna

BALARAMA — *Yadava (5)*
Irmão ébrio de Krishna

BHARADWAJA — *Asceta (3)*
Pai solteiro de Drona

BHARATA — *Antepassado*
Lendário rei lunar

BRAHMA — *Divindade*
Deus criador do Universo, indestrutível e maior autoridade

BHIMA — *Kuru (5)*
Filho de Pandu, ou de Kunti com Vayu, o Vento, muito forte

BHIMA — *H. paralela*
Rei Vidarbha, pai de Damayanti, que se casou com Nala

BHISHMA — *Kuru (3)*
"Avô" dos Pandavas e Kauravas, organizador da dinastia Kuru

CHITRARATHA — *Ser místico*
Rei dos Gandharvas, os músicos celestiais

DAMAYANTI — *H. paralela*
Princesa de Vidarbha que se casou com o rei de Nishada

DEVI — *Divindade*
Esposa de Shiva e mãe de Ganesha

DRONA — *Guerreiro (4)*
Filho de brâmane solteiro, tornou-se mestre entre os Kurus

DHARMA — *Divindade*
Deus da Justiça, pai de Yudhishthira

DHRITARASHTRA — *Kuru (4)*
Filho de Ambika e Vyasa, tornou-se rei com a morte de Pandu

DHRISHTADYUMNA — *Panchala (5)*
Filho de Shiva que vingaria Drupada de Drona

DRAUPADI — *Panchala (5)*
Filha de Shiva, linda, esposa dos Pandavas, nascida do fogo

DRUPADA — *Panchala (4)*
Rei, aliou-se aos Pandavas quando Draupadi casou com Arjuna

DURYODHANA — *Kuru (5)*
Filho mais velho de Dhritarashtra, quis ser o único sucessor

DUHSALA — *Kuru (5)*
101ª filha de Dhritarastha com Gandhari, a única menina

DUHSASANA — *Kuru (5)*
Segundo filho de Dhritarashtra e segundo vilão da história

DWAITAVANA — *Localidade*
Lago próximo à floresta onde os Pandavas acamparam na volta

DYUMATSENA — *H. paralela*
Rei cego, exilado de Salwa, pai de Satyavan

GANDHARI — *Gandhara (4)*
Esposa de Dhritarashtra, mãe de 101 Kauravas, usava venda

GANDHARVA — *Ser místico*
Ser celestial, cantor e instrumentista

GANESHA — *Escriba*
Deus com cabeça de elefante, filho de Shiva e Parvati (Devi)

GANGA — *Divindade*
Deusa e rainha dos rios, primeira esposa de Santanu

GRANTHIKA — *Codinome*
Identidade de Nakula em Matsya como cuidador de cavalos

HANUMAN — *Ser místico*
Chefe dos macacos, um dos heróis do *Ramayana*

INDRA — *Divindade*
Deus e rei dos deuses nos Céus, que envia as chuvas e os raios

JANAMEJAYA — *Kuru (7)*
Rei, filho de Parikshita, derrotou o Naja que assassinara seu pai

JAYADRATHA — *Sindh (5?)*
Rei, casou-se com Duhsala e tentou raptar Draupadi

KAILASA — *Localidade*
Montanha no Himalaia onde os Pandavas viveram após o exílio

KALEE — *Divindade*
Deusa do Mal

KALI — *Divindade*
Deus das Desgraças, aparece apenas em "... Nala e Damayanti"

KAMA — *Divindade*
Deus do Amor, recebe maiores referências nos capítulos 3 e 56

KAMYAKA — *Localidade*
Floresta próxima a Hastinapura

KANKA — *Codinome*
Yudhishthira na sua identidade de brâmane entre os Matsyas

KARNA — *Kunti (5)*
Filho de Kunti com o Sol, tornou-se o maior dos guerreiros

KARKOTAKA — *H. paralela*
Rei Naja que ajudou Nala a mando de Indra

KAUSIKI — *H. paralela*
Rio de Anga, que só aparece na história de Rishyasringa

KICHAKA — *Matsya (4)*
General, quis envolver-se com Draupadi e foi morto por Bhima

KOSALA — *H. paralela*
Reino em Nala e Damayanti, governado por Rituparna

KRIPA — *Guerreiro (4)*
Achado em um cesto com a irmã, tornou-se mestre de armas

KRIPI — *Esposa (4)*
Achada em um cesto com o irmão, casou-se com Drona

KRISHNA — *Homem-deus*
Primo dos Pandavas, muito amigo de Arjuna e de Draupadi

KRITAVARMAN — *Yadava (5?)*
Parente de Krishna, lutou do lado dos Kauravas

KUNDINAPURA — *H. paralela*
A cidade ou palácio Vidarbha em "... Nala e Damayanti"

KUNTI — *Kunti (4)*
Mãe de Karna e de três dos Pandavas, os quatro, filhos de deuses

KURU — *Antepassado*
Lendário rei que deu nome ao povo Bharata e à planície

KURUJANGALA — *Localidade*
Reino ou território dos Kurus, com sede em Hastinapura

KURUKSHETRA — *Localidade*
Planície onde se deu a grande guerra

LAKSHMI — *Divindade*
Deusa da boa sorte e da fartura, esposa celestial de Vishnu

LOMAPADA — *H. paralela*
Rei de Anga, que tinha como sede a cidade de Chamba

MADRI — *Madra (4)*
Esposa de Pandu, mãe dos gêmeos Pandavas, filhos de Aswins

MAHABRISHA — *Antepassado*
Reencarnou-se em Santanu

MANIBHADRA — *Ser místico*
Rei dos Yakshas, protetor dos viajantes e ajudante de Vaishravana

MANKANAKA — *H. paralela*
Vegetariano que virou árvore e fez tremer a Terra

MATALI — *Ser místico*
Condutor da carruagem de Indra

MAYA — *Ser místico*
Asura arquiteto, construtor e ilusionista

NAKULA — *Kuru (5)*
Filho de Pandu, de Madri com um Aswin, gêmeo de Sahadeva

NALA — *H. paralela*
Rei de Nishada que se casou com Damayanti

NARA = ARJUNA
Primeiro homem, espírito do homem

NARAYANA = KRISHNA
Vishnu (8ª encarnação), Deus que preserva o Universo

NARAYANA — *Localidade*
Árvore sob a qual os Pandavas foram morar aos pés de Kailasa

PANDU — *Kuru (4)*
Filho de Ambalika com Vyasa, rei escolhido por Bhishma

PARASHARA — *Chedi (2)*
Menestrel, namorado de Satyavati e pai de Vyasa; quem o criou

PARIKSHITA — *Kuru (6)*
Filho de Arjuna e Uttarah, reinou em Hastinapura por 60 anos

PARNADA — *H. paralela*
Brâmane que localizou Nala

PRATIPA — *Kuru (1)*
Rei de Hastinapura, a Cidade-Elefante

PUSHKARA — *H. paralela*
Irmão de Nala, jogador de dados e vilão da história junto a Kali

RAKSHA — *Ser místico*
Pequeno monstro ou demônio

RAKSHASA — *Ser místico*
= Raksha

RISHYASRINGA — *H. paralela*
Ser puro, filho da corça que bebeu o sêmen de Vibhandaka

RITUPARNA — *H. paralela*
Rei Kosala que acolhe Nala e torna-se seu amigo

SAHADEVA — *Kuru (5)*
Filho de Pandu, de Madri com um Aswin, gêmeo de Nakula

SAIRINDHRI — *Codinome*
Identidade de Draupadi em Matsya, como dama de companhia

SAKUNI — *Gandhara (4)*
Príncipe montês, tio dos Kauravas, especialista nos dados

SALWA — *Salwa (3)*
Rei que, por medo do Bhishma, rejeitou Amba

SALYA — *Madra (4)*
Rei, irmão de Madri, aliou-se aos Kauravas e foi vencido

SANJAYA — *Condutor (4?)*
Braço direito de Dhritarashtra, fez todo o relato da guerra

SANTA — *H. paralela*
Linda princesa de Anga que "seduziu" e casou-se com Rishyasringa

SANTANU — *Kuru (2)*
Rei, casou-se com Ganga (mãe de Bhishma) e com Satyavati

SATYAKI — *Yadava (5?)*
Parente de Krishna, guerreiro e condutor de carruagem

SATYAVAN — *H. paralela*
Príncipe exilado, escolhido por Savitri para se casar

SATYAVATI — *Chedi (2)*
Gestada numa peixa, segunda esposa de Santanu e mãe de Vyasa

SAVITRI — *H. paralela*
Jovem e linda princesa de Madra que conversou com Yama

SAUTI — *Brâmane*
Ao final conta o *Mahabharata* para Saunaka, outro brâmane

SESHA — *Ser místico*
Serpente de Narayana, que boiava no grande mar original

SHIVA — *Divindade*
Grande Deus que destrói os Universos pelo terceiro olho

SIKHANDIN/I — *Panchala (5)*
Princesa que virou príncipe por intervenção de um Yaksha

SUBHADRA — *Yadava (5)*
Irmã de Krishna e segunda esposa de Arjuna

SUDESHNA — *Matsya (4)*
Rainha, irmã de Virata

SUDEVA — *H. paralela*
Brâmane que acolhe Damayanti

SURYA — *Divindade*
Deus Sol

SUSARMAN — *Trigarta (4?)*
Rei de Três Castelos, aliado de Duryodhana

TAKSHAKA — *Ser místico*
Serpente Naja que matou Parikshita

TANTRIPALA — *Codinome*
Identidade de Sahadeva em Matsya, como vaqueiro e astrônomo

UGRASENA — *Yadava (4?)*
Rei no território de Dwaravati, cidade de Krishna no litoral

UPARICHARA — *Chedi (1)*
Rei, pai biológico de Satyavati, que foi gestada por uma peixa

URVASI — *Ser místico*
Apsara, esteve com Arjuna no começo do mundo

UTTARA — *Matsya (5)*
Príncipe, filho de Virata e Sudeshna

UTTARAH — *Matsya (5)*
Princesa, filha de Virata, terceira esposa de Arjuna

VAHUKA — *Codinome*
Identidade de Nala em Kosala, como cocheiro e condutor

VAISHRAVANA — *Divindade*
Deus das riquezas, Senhor do Tesouros

VAISAMPAYANA — *Brâmane*
Quem ouviu o *Mahabharata* de Vyasa e contou para Janamejaya

VAKA — *Ser místico*
O rei Rakshasa, grande Raksha, monstro que lutou com Bhima

VALLABHA — *Codinome*
Identidade de Bhima em Matsya, passando-se por cozinheiro

VARUNA — *Divindade*
Deus dos Mares e dos Rios, é citado nos capítulos 12 e 17

VAYU — *Divindade*
Deus do Vento, pai de Bhima

VIBHANDAKA — *H. paralela*
Brâmane tentado por Urvasi e pai biológico de Rishyasringa

VICHITRAVIRYA — *Kuru (3)*
Filho de Santanu e Satyavati, recebeu esposas, mas morreu antes

VIDURA — *Kuru (4)*
Terceiro filho de Vyasa, com uma criada de Satyavati

VINDHYA — *H. paralela*
Morro em Nishada, que só aparece em "... Nala e Damayanti"

VIRASENA — *H. paralela*
Pai de Nala, rei Nishada

VIRATA — *Matsya (4)*
Rei idoso que acolhe os Pandavas no 13º ano de exílio

VRIHANNALA — *Codinome*
Identidade de Arjuna em Matsya, como musicista e dançarino

VYASA — *Autor*
Chedi (3), brâmane, filho de Satyavati e do bardo Parashara

YAKSHA — *Ser místico*
Pequeno demônio ou monstro, meio brincalhão

YAMA — *Divindade*
Deus dos Mortos

YUDHISHTHIRA — *Kuru (5)*
Filho mais velho de Pandu e Kunti, sábio, filho de Dharma

YUYUTSU — *Kuru (5)*
Filho de Dhritarashtra com uma criada palaciana

@ 2023, Filipe Moreau
Todos os direitos reservados à Laranja Original Editora e Produtora Eireli.

www.laranjaoriginal.com.br

EDIÇÃO *Filipe Moreau*
ILUSTRAÇÃO *Antônia Perrone**
REVISÃO *Bruna Lima e Filipe Moreau*
PROJETO GRÁFICO *Paola Papini*
DIAGRAMAÇÃO *Paola Papini*
PRODUÇÃO GRÁFICA *Bruna Lima*

*sobre desenhos de Filipe Moreau com base em imagens disponibilizadas gratuitamente na internet.

Dados Internacionais de Catalogação na Publicação (CIP)
(Câmara Brasileira do Livro, SP, Brasil)

Moreau, Filipe
    Três estudos sobre a Antiguidade : 1 : o Mahabharata / Filipe Moreau. – 1. ed. – São Paulo : Editora Laranja Original, 2023.

    ISBN 978-65-86042-70-2

    1. Hinduísmo e cultura 2. Índia - Religião - História I. Título.

23-153184   CDD-294

Índices para catálogo sistemático:
1. Índia : Diversidades religiosas 294
Henrique Ribeiro Soares - Bibliotecário - CRB-8/9314

LARANJA ORIGINAL EDITORA E PRODUTORA EIRELI
Rua Isabel de Castela, 126
05445-010 São Paulo – SP
contato@laranjaoriginal.com.br

FONTE Source Serif Variable
PAPEL Pólen Natural 80 g/m²
PÁGINAS 336
IMPRESSÃO Oficina Gráfica
TIRAGEM 200

Maio de 2023